法学实践教学成果：社会调研报告

蔡高强　编著

FAXUE SHIJIAN JIAOXUE CHENGGUO
SHEHUI DIAOYAN BAOGAO

湘潭大学出版社

本书为湖南省教学改革研究项目“基于法学实践教学社会调研的模式研究”(湘教通[2014]247)研究成果

“法治湖南建设与区域社会治理协同创新中心”为本成果提供资助

本书系“湘潭大学法学院实践教学改革与研究中心”系列成果之一

前　言

21世纪以来，随着各项改革的深入，学生就业压力的加剧，国家和社会对人才的要求全面提高，单方面侧重知识灌输的传统教育模式面临着前所未有的挑战。强化实践教学改革，突出职业能力训练，成为当下中国高等教育改革的主要内容。党中央、国务院多次明确指出，社会实践是大学教育的重要环节，有不可替代的作用。社会调研是实现感性认识和理性认识结合与升华的有效途径，是大学生参加社会实践的重要形式。因此，为提高社会实践的质量和效果，高等学校应不断探索大学生开展社会调研的模式与方法，这是高等教育的一种创新性改革。

社会调研，是指人们运用特定的方法和手段，从社会现实中收集有关社会事实的信息资料，并对其作出描述和解释的一种自觉的社会认识活动。马克思主义者历来重视调查研究，认为没有经过调查研究而获得的知识是不会对人类有益处的。调查研究是马克思主义的基本工作方法，是辩证唯物主义的重要组成部分，也是做好一切工作的基础。因此，高校教师指导大学生积极开展社会调研，有利于进一步深化教学改革和全面提高大学生综合素质。

第一，有利于扩展教学空间。社会调研使教师将教学从课堂扩展到社会，将开发取之不尽的教学资源与案例。同时，从课堂到社会的转变，使学生在真实的社会情境中认知基本原理，扩展学生的学习空间；从课堂的被动接受到社会的主动参与，使学生主动发现、分析、解决问题，拓宽学生的思维认知空间。

第二，有利于创新教学方法。社会调研的开展，从课堂到社会，强调现实情境教育，培养学生处理现实问题的能力；从个体学习到团队参与，强调角色定位与团队合作，培养团队精神；从被动接受到主动参与，强调师生互动，凸显学生主体地位；从掌握知识到运用知识，强调智慧与创造性思维，培养学生发现新问题、运用新知识的能力。

第三，有利于提升学生的职业能力。开展形式多样的社会调研，使学生具有丰富的人文社会科学知识和良好的职业道德,充分了解社会职业人员的角色和责任,提高探知社会事实的能力和进行知识诠释、科学推理和逻辑论证的能力。

第四,有利于增强学生的社会责任感。通过指导学生开展丰富多彩的社会调研,将使学生深入接触社会现实,深化对有关理论问题的理解,促使学生形成良好的社会公德,提高社会责任感与公平正义感,提高学生运用理论知识和其他人文知识认知社会、服务社会的能力。

毛泽东说:“没有调查,就没有发言权。”“调查就是解决问题。”深入社会实际,进行深入调研,了解掌握客观真实情况,解决现实问题,是大学生开展社会调研的基本内容。面对现实生活各种错综复杂的社会问题,如何选取调研主题,是保障社会调研顺利开展和成果的关键。

学者们一致认为,要选好社会调研主题应根据社会实践需要,选取有能力研究破解的题目,一般要把握好以下几点:(1)应从当前党和国家或当地党委政府的重大实践举措,或中国特色社会主义实践中的疑难热点问题,或社会广泛关注的民生问题中选取调研题目,有针对性地提出解决问题的建议方案或总结值得借鉴的成功改革实践经验。(2)选取自己感兴趣或长期关注的社会实践问题,也就是已经有了一定思考和见解,仅缺少全面深入的了解和系统理性分析的问题。研究破解这样的问题,困难较少,易于成功。(3)调研的题目要具体,不宜过大。问题具体,易于查清问明;题目不大,才好小题大做,全面深入地分析,说清论透。(4)了解相关行政机关对此问题关注解决的情况,以确定该问题是否值得去调研,或应当从哪个角度入手,从而有针对性地进行调研。

我们认为,学者们的观点有一定的参考价值,但是,对于象牙塔里的大学生来说,各种问题和主题离他们都有较远的距离。对于高校教师和大学生来说,教学和科研是永恒的话题,是高校师生耳熟能详的日常生活。因此,我们按照高等学校的实际情况,将高校教师指导大学生开展社会调研的各类主题或问题,分为三种基本的模式。

一是课题研究型社会调研模式。为了提高学生运用理论知识解决实际问题的能力,高校教师以自己主持和参与的项目为依托,吸纳学生参与课题调研,指导学生设计从事社会调研的形式、内容、问卷、数据统计和调研报告的撰写。同时,可以利用国家级、省级和校级大学生创新项目,指导学生运用社会调研直接从事创新项目的研究。这样,学生既能从课题研究的理论性、前沿性、系统性感知所学的基本理论,又能将社会调研获得的感性认知提升为系统理论。一方面使学生掌握所学基本理论,另一方面又提高学生认识社会、了解社会、服务社会的能力。

二是专项教学型社会调研模式。为了使学生对所学基本理论和基本知识有全面深入的理解，高校教师在教学中可开展专项教学，并以专项教育内容引导学生开展社会调研。如，法律的违宪审查、规范性文件的合法性审查、政府信息公开、公益性行政诉讼、人权保护、贸易争端解决等专项教学内容；经济学的国家收入分配、居民消费、财政预算、货币政策等专项教学内容；管理学的社会保险、公共事业管理、政府绩效评估等专项教学内容等。教师在进行专题知识讲授后，可有针对性的引导学生从事社会调研，就教学中的理论问题和社会现实结合起来，从而使教学体现"学生参与的真实主动性""教学内容的公益性""教学效果的全方位性"，融"理论学习""实践操作""关注民生"于一体，从而有效提升学生的参与意识，全方位训练学生的职业技能，同时提高学生的理论研究能力、社会交往能力与社会责任感。

三是社会热点型社会调研模式。知识的价值在于实践。高校教师在传授知识的同时，应注重将知识应用于社会实践，特别是运用理论知识分析和解决社会热点问题。分析和解决社会热点问题将为大学生的学习打开另一大门。针对社会热点问题，如环境保护、社会群体性事件、留守妇女儿童、食品安全、上访、钉子户等问题，不同学科的老师都可以组织大学生开展社会调研，倡导学生用所学知识服务社会、解决社会问题，针对社会热点反映的具体问题进行深入调研。这种调研模式，将全面培养学生的社会交流能力、辩论能力、文书写作能力和学术研究能力，养成相应的专业思维、社会问题意识和良好的研究习性。

按照社会学的理论，开展社会调研要进行一系列的前期工作，特别是调研提纲（思路）的确定和调研方法的选用。

为了提高调研的效率，保证调研的针对性，调研思路或调研提纲内容应包括调查对象的选择及其基本概况、调查问题的大体纲目。如果将村民委员会作为调查对象，其基本概况应包括：村名、行政区划所在、人口、土地面积、主要物产、其他产业、人均年收入以及乡土民风等情况。同时，应根据调研的主题确定有关调研提纲。如果调研该村相关改革的典型经验，其具体纲目应当包括：改革的原因、改革的基本做法及其过程、改革的成效影响等内容；若调研该村出现的社会疑难热点问题，具体纲目则为：问题的基本概况、具体表现形式和方方面面的影响，问题产生的原因、解决的基本做法和成效等内容。

调研方式方法的选用要依据调查问题和被调查对象实际决定。确定调研方法是指通过什么方式来收集资料，一般在社会调研中经常用到的有问卷法、观察法、专题讨论法、问询法、体验法等，有些方法还可采取不同的方式，如问询法可采用电话问询、面谈、邮寄问询等。并且，毛泽东在《反对本本主义》一文中推荐的开座谈会这一简便易行的调查方式方法,今天仍旧有效管用。在确定调研方法时一定要根据实际情况,采取既适合于调研问题和目标,又具有经济可行性的方法。

因此,高校教师指导大学生开展课题研究型社会调研、专项教学型社会调研、社会热点型社会调研,要按照不同类型、模式的要求,进行科学设计。

第一,课题研究型社会调研的方案设计。该模式的调研重点是对课题研究的某一问题、现象、数据进行具体调研,进行调研的内容单一、问题集中,具体调研方案可以在教师指导下,由学生自己设计完成,教师应就调研方式、调研对象、调研方法、数据统计与材料分析、调研结论等具体问题与学生进行探讨和分析,指导学生开展调研前的准备工作和实施具体调研,并得出正确的调研结论。

第二,专项教学型社会调研的方案设计。该模式的调研相对较为复杂,调研的主要目的是为教学服务,解决理论教学脱离实际或以实践检验理论的问题。因此,该调研方案设计要充分发挥教师的指导作用和学生的自主性,既不能老师包办代替,也不能学生自生自灭,教师要全面指导学生进行调研主题的确立、调研方式的选择以及具体调研工具的使用、调研材料特别是调研数据的运用以及调研报告的撰写。

第三,社会热点型社会调研的方案设计。该模式的调研应该说是难度最大的。首先,教师应指导学生确立调研的社会热点问题。该问题应该具有相应的理论价值、现实价值和社会价值,不提倡为热点而热点的调研。如近几年国内学界和高校对留守儿童、留守妇女、失独家庭开展的相关调研,取得了很好的成果,产生了良好的社会效果,为党中央和国务院的决策提供了参考和依据。其次,教师指导学生就选定的热点问题进行分析和探讨,确立调研的主题和中心,明确调研要解决的问题,选取适合的调研方式与具体调研方法。再次,教师应该对调研中可能面临的问题、难题和突发事件的处理进行分析,一方面提高学生处理实际问题的能力,另一方面也能提高调研效率。最后,教师应悉心指导学生撰写调研报告。调研报告是调研的中心和重点,调研报告既要反映社会热点问题的真实性,又要提升认识的理论性,还要注重应对和解决社会热点问题的实用性和可行性,使调研报告成为学生学以致用解决实际问题的载体,成为服务社会、为有关部门提供对策建议的载体。

高校教师指导大学生开展社会调研的目的是:提升理论水平、提高解决实际问题的能力与水平、增强社会责任感和使命感,使学生在学习中自主感知社会、认知社会、服务社会。因此,社会调研完成后,应进行科学评估。尽管评估的形式、内容、方法种类繁多,但是作为高等学校的教学活动与人才培养,高校教师指导大学生开展社会调研的科学评估应包括三项主要内容。

首先,对社会调研的全程进行评估。按照社会调研的基本原则和理论,对学生进行社会调研的整个过程进行评估。一是总结本次社会调研的成功经验与不足之处,二是提升社会调研的整体水平。

近年来,笔者以“湖南省出口贸易纠纷及其解决模式研究”为题指导学生开展课题研究型社会调研、以“湘潭市九华经济开发区外商投资主要法律问题调研”为题开展专项教学型社会调研、以“农村留守妇女健康权保护调研”为题开展社会热点型社会调研。每项调研的全程评估,使学生充分认识到调研中取得的成绩和存在的问题,对评估中发现的问题进行认真分析,集体探讨,力求在以后的调研中避免问题,提高调研质量。如,尽管“湖南省出口贸易纠纷及其解决模式研究”社会调研取得了很好的效果,但是全程评估时发现了一个主要问题,就是调研对象的不科学、不完整,我们对三一重工集团、中联重科集团、华凌湘潭钢铁集团、湘潭电缆集团、湖南省商务厅、湘潭市商务局等企业和政府部门进行了调研,但是没有对有关司法机关(如法院)和贸易纠纷解决机构(仲裁委员会)进行调研。因此,在指导学生开展“农村留守妇女健康权保护调研”时,学生能主动汲取教训,对与农村留守妇女健康权保护相关的主要机构与部门进行了全面调研。

其次,对学生在社会调研中的收益进行评估。学生是教学活动的主体和最终受益者,学生参加社会调研,不仅要学习和巩固所学知识,提高运用知识解决实际问题的能力,而且要感知社会、认知生活,增强社会责任感和服务社会、改造社会价值观。因此,评估社会调研不仅要按照课程教学要求,更应按照社会主义人才培养的要求,评估整个社会调研中学生的具体实践与收获。在笔者近年指导学生进行的10次调研活动中,此项评估得分最高,反响最好。相当于传统的课堂教学,学生参加社会调研的收益无疑是丰富的、不可比拟的。

最后,对社会调研的社会效果进行评估。社会调研不单是一项教学活动,也是一项认识社会、改造社会的社会活动,必然产生相应的社会效应。因此,调研活动结束后,还要进一步评估社会调研的科普效应、宣传效应、媒体反响、社会声誉等客观反响。笔者指导学生开展的各类调研活动,在此项评估中都能得高分,其中以“湘潭市食用槟榔安全标准调研”的社会效果评估最好,几乎是满分。一方面是这一选题非常好,既涉及消费者权利保护、产品标准等理论知识,也涉及食品安全这一热点问题,还切合湘潭老百姓的日常生活;另一方面,调研组进行了广泛扎实的工作,获得了相关知名媒体和新媒体的关注,完美地取得了调研的科普效应、宣传效应、媒体反响、社会声誉。

综上所述,高等学校的教学改革正在有利地推动大学生开展社会调研,有关高校已经取得了良好的效果,正在全国高校进行推广和实验。大学生开展社会调研,不仅需要高校教师的指导,更需要相关改革和配套政策的支持。随着高等学校教学改革的深化,大学生开展社会调研将是一项基本的教学活动。

目　录

第一篇　湘潭市食用槟榔安全标准现状及对策研究*

引言

“槟榔”一词源于印尼语“pinang”。“原产于马来西亚，分布区域涵盖泰国、印度、斯里兰卡等热带地区。槟榔树高约 12 - 15 米，无分支，茎直径约 15 厘米，6 - 9 枚叶簇生于茎的顶端。果实外皮坚硬，内含一粒槟榔子。采收期为每年的 8 - 11 月，去皮煮沸晒干处理后呈深色，咀嚼时可以蒟叶包覆。槟榔中主要的生物碱为槟榔碱。槟榔在以前是重要药用植物之一，剖开煮水喝可驱蛔虫。”湖南吃槟榔的习俗最早始于湘潭，最初是因为槟榔能治病，所以在湘潭广为人民所喜爱，湘潭人尤其爱嚼食干壳槟榔，消费群体广泛，不分男女老少，后来槟榔演变成“礼”的象征，逐渐成为湘潭人平日交往的工具。

湖南本地并不出产槟榔干果，用于加工生产的槟榔干果大多从热带地区诸如泰国和我国海南岛、台湾地区输入。即食型槟榔分为干壳和加工成品两类，我国以后者为主。湘潭人吃槟榔很是讲究，手工制作槟榔时期，加工作坊将买回的槟榔干果用清水洗净，开水烫泡，喷上少量糖水，存放二十四小时左右，嚼食前用刀把槟榔剖成两至四瓣，抹上配好的卤水，有的人还爱点上一滴桂子油，放入口中反复咀嚼，又甜又涩，芳香满口，越嚼越有味，余味悠长。一口好槟榔能嚼得人面颊潮红，浑身燥热，甚至遍体生津；现代加工槟榔时期，企业先对槟榔干果

---

* 本调研报告由蔡高强教授担任指导教师，陈露任调研团长，刘功奇、刘蓉、焦园博、付冬博、谭星、徐伟杰、曾茜等同学组成的 2015 年暑期调研团全体成员共同完成。

进行清洗和高温煮，通过清洗来洗掉槟榔残存的灰尘，起到清洁作用，通过高温煮来消毒杀菌，软化纤维。然后将槟榔放入发籽罐中，高温高压密封48小时。接着将槟榔晾干，上食用明胶，人工切籽，最后点卤，加入饴糖、食用香精香料等添加剂，统一包装销售。

槟榔产业的发展经过了三个阶段：第一阶段，新中国成立前至20世纪70年代的传统作坊式加工，湘潭槟榔加工经营户不足百家，但老百姓自己普遍制作槟榔作为逢年过节和喜庆的零食；第二阶段，1981－1991年，改革开放的推动下取得了突破性发展，加工经营户发展到4000多户，年销售700余吨，销售额5000万元；第三阶段，1993年至今，为腾飞阶段。槟榔已由最初的手工作坊式生产、地摊销售为特征的小卖经济，迅速发展为按照国家《食品生产通用卫生规范》和GMP·HACCP要求生产，拥有相当规模的新兴产业。胖哥、小龙王、宾之郎、皇爷、口味王、友文等都建有规模化的工厂，并不同程度实现机械化生产。槟榔品种由原来的单一到现在的多品种、多口味；销售由原来散装到现在的定型包装、精装销售，产品销往全国二十九个省、市、自治区及海外一些地区。一批上档次、上规模的食用槟榔生产企业应运而生，其中有胖哥、小龙王、宾之郎、口味王、皇爷等7家槟榔企业的产品获湖南名牌和中国驰名商标称号。目前从事食用槟榔加工的规模企业50余家，年产量20余万吨，年产值近100亿元。槟榔行业属于就业容量大的劳动密集型产业，解决了20多万人的就业问题，同时还带动了香精香料、食品包装、广告媒体、运输业等一大批相关产业的发展。槟榔产业作为非公有制经济、民营经济的重要组成部分，已成为湖南省食品工业的龙头和支柱产业，为解决劳动就业、提高群众收入、促进地方经济快速发展做出了重大贡献。

目前，槟榔产业已经成为湘潭的支柱产业，但现阶段关于食用槟榔安全标准的规定相对落后，迫切需要加强对槟榔食用安全的研究。对此，我们于2015年7月15日至8月8日在湖南省湘潭市、湖南省株洲市等地展开实地调研，旨在通过自身专业特长，借助理论深入研究，为完善现有的食用槟榔安全标准，以及出台新标准提供数据，化解目前所出现的食用安全问题，使湖南槟榔生产企业能有明确的法律依据可循，保障行业有序发展，并消除消费者对槟榔行业的误解，从根本上解决横亘在两者间的难题。

一、调研方法

调研前期，团队查找有关食用槟榔安全标准方面的论文和案例资料百余件，并从知网、LexisNexis、Westlaw 等网站获取该课题研究的最新资料，了解目前湘潭市槟榔行业的发展动态，经过多番讨论后拟定调研计划并与相关部门进行实地调研协调。这些资源为本项目的顺利完成奠定了坚实的基础。

此次调研采用访问法和问卷法相结合的方式，于 2015 年 7 月 15 日起去往湘潭市质量技术监督局、湘潭市工商局、湘潭市食品药品监督管理局、湖南省食用槟榔检测中心、湖南省槟榔行业协会、湘潭市宾之郎食品科技有限公司、株洲市食品药品监督管理局、湘潭市皇爷食品有限公司、湘潭市本土槟榔加工作坊、湘潭市槟榔食品零售商、株洲市槟榔食品零售商等地区，通过结构式访谈和面对面发放问卷来收集资料。此外，由于嚼食槟榔的消费者庞大，无法对所有人群进行调查，因而采用了抽样调查的方法，对湘潭、株洲两地社区居民进行随机调查，为确保数据的科学性和完整性，还在网上设置调查问卷，面向全国消费者发放，使之更具有说服力。团队实地走访时，针对消费者发放问卷 200 份、对零售商发放问卷 50 份，收回消费者有效问卷数量为 200 份，零售商有效问卷数量为 35 份。网上数据调查设置两份问卷①，共收回有效问卷 401 份。调研结束后，团队对调研过程中收集的资料进行了数据整理和分析，并制作出相应的数据表格，应用于调研报告中。

二、食用槟榔安全标准及执行现状

食用槟榔安全标准主要划分为两类，一类是与食用槟榔相关的国家安全标准，一类是食用槟榔地方安全标准。与食用槟榔相关的国家安全标准，包括《GB2760－2014 食品安全国家标准 食品添加剂使用标准》《食品质量安全市场准入 28 大类食品分类表》《NYT－487 槟榔干果标准》；食用槟榔地方安全标准，主要是湖南省为规制槟榔生产加工和销售而制定的法律法规，包括 2004 年《湖南省食用槟榔安全标准》《湖南省食品生产加工小作坊和食品摊贩管理条例》《食用槟榔生产许可证审查细则》。

① 来源网站：http：//www. sojump. com/wjx/manage/myquestionnaires. aspx.

（一）与食用槟榔相关的国家安全标准及执行情况

1、《GB2760－2014 食品安全国家标准 食品添加剂使用标准》

由于食品工业的快速发展，食品添加剂已经成为现代食品工业的重要组成部分。食品添加剂指“为改善食品品质和色、香、味，以及防腐、保鲜和加工工艺的需要而加入食品中的人工合成或天然物质”。[①] 食品添加剂在改善食品质量、档次、质地，提高食品的营养价值，保障食品加工生产工艺的顺利进行以及新产品的开发等诸多方面都发挥着极为重要的作用。鉴于我国允许使用的食品添加剂种类多和应用广，一些食品添加剂并没有规定使用范围和限量，而超范围、超剂量使用会产生致癌、致畸等副作用，因此我国先后出台了一系列的法律法规来规制食品添加剂的使用。依据《中华人民共和国食品卫生法》的规定，卫生部制定并与国家标准化管理委员会联合颁布了《GB2760 食品添加剂使用卫生标准》。该标准自实施以来，在规范食品添加剂的安全使用、促进食品工业发展方面发挥了巨大的作用，但 GB2760 在使用和执行过程中问题日益凸显，特别是在我国加入 WTO 以后，标准的不一致导致国际食品贸易纠纷解决面临困境。为此，卫生部启动《食品添加剂使用卫生标准》修订，自《食品添加剂使用卫生标准》出台至今，该标准已修订多次，目前执行的是 2014 年 12 月 31 日国家卫生与计划生育委员会通过的《GB2760－2014 食品安全国家标准食品添加剂使用标准》。相比于 2011 年版《食品添加剂使用卫生标准》，新版《GB2760－2014 食品安全国家标准食品添加剂使用标准》有如下改变：第一，增补了原卫生部 2010 年 16 号公告至国家卫计委 2014 年 17 号公告的食品添加剂规定；第二，将食品营养强化剂和胶基糖果中基础剂物质及其配料名单调整由其他相关标准进行规定；第三，对含铝食品添加剂使用规定进行调整；第四，梳理无工艺必要性的食品添加剂；第五，“带入原则”中明确“预混料”中食品添加剂的使用；第六，修订了添加剂的必要性审查；第七，修订了无质量规格标准添加剂的使用；第八，修订食品香料食用规定；第九，修订“食品分类系统”。[②] 这些改变使得我国食品添

① 中华人民共和国卫生部：《食品安全国家标准——食品添加剂使用标准〈GB2760－2011〉》，中国标准出版社 2011 年版，第 3 页。

② 邓春源：《解读 GB2760－2011 食品安全国家标准 食品添加剂使用标准》，载《中国调味品》2011 年第 9 期。

加剂的种类和使用范围更加明确，国家对食品添加剂的规定也更科学化和系统化。

团队在湖南省槟榔行业协会调研时，协会周会长告诉调研成员“企业之间主要是卤水熬制和发籽罐两大程序不同，所以生产出的槟榔口味不一样”。在食用槟榔制作过程中可添加的佐料包括食品添加剂在内约有几十种，卤水熬制和发籽罐这两项食用槟榔制作工艺中则更是食品添加剂添入的重要环节。卤水熬制包括加入饴糖、食用香精香料、食用氢氧化钙、软化剂等环节，这可使得槟榔口感变得更为柔软。发籽罐的作用主要是在密闭空间中添加香精香料，高温高压密封48 小时，使槟榔渗入香味甜味，这对于食用槟榔的口感、色泽、味道起着关键作用。不论是香精香料还是软化制剂，皆是槟榔制作加工过程中不可缺少的物质，因此使用过程中更应该严格控制添加、遵从食品添加剂标准的规定。譬如《GB2760 - 2014 食品安全国家标准 食品添加剂使用标准》中规定环已基氨基磺酸钠（又名甜蜜素）在凉果蜜饯类项下可添加的最大使用量是 1. 0g/kg；糖精钠在凉果蜜饯类项下可添加的最大使用量是 1. 0g/kg，这些都为企业使用食品添加剂提供了明确的标准。

在湘潭市食品药品监督管理局调研时，相关负责人告诉团队，“《GB2760 - 2014 食品安全国家标准 食品添加剂使用标准》是添加剂领域的‘宪法’，目前所有食用槟榔生产企业在槟榔加工制作过程中都严格按照规定，《GB2760 - 2014 食品安全国家标准 食品添加剂使用标准》中禁止使用的添加剂都不应被使用。”但是，相关负责人亦表示，在对食用槟榔生产企业进行监管过程中“仍存在两大主要问题——菌落总数超标以及甜味剂、防腐剂的超剂量使用”。过去近一两年，不断爆出一些槟榔生产企业食品添加剂过量使用的新闻，如 2013 年湘潭县湘滋味槟榔有限公司的“湘滋味 TM”食用槟榔被检测出甜蜜素超标。而就在 2016 年 1 月，湖南省食品药品监督管理局在进行省本级食品安全监督抽检任务时，检查出湘潭十八子食品有限责任公司生产的食用槟榔（1779）（5 元）、食用槟榔（湘潭味道）（10 元）脱氢乙酸超标，脱氢乙酸即是在槟榔生产过程中与山梨酸作用类似的一种防腐剂。由此可见，《GB2760 - 2014 食品安全国家标准食品添加剂使用标准》在食用槟榔领域的执行尚存在漏洞，虽然生产企业都能按照 GB2760 的规定使用能够使用食品添加剂，但也有一些企业在法定使用添加剂的种类内违法，即过度过量地添加食品添加剂。

2、《食品质量安全市场准入 28 大类食品分类表》

《食品质量安全市场准入 28 大类食品分类表》是国家实施食品质量安全市场准入制度的依据。食品质量安全市场准入制度是关于市场主体和交易对象进入市场的有关准则和法规，也是政府对市场管理和经济发展的一种制度安排。其主要是指食品生产企业必须在生产环境、生产设备、制造工艺、产品标准等方面达到国家标准，并获得国家颁布的食品生产许可证后，才有资格从事食品生产，它具体通过政府有关部门对市场主体登记、发放许可证以及营业执照等方式来体现。[①] 随着人民群众生活水平的不断提高，食品质量安全问题也日益凸显。因食品质量安全问题造成的中毒及伤亡事故屡有发生，假冒伪劣产品屡禁不止，已经严重影响到人民群众的安全和健康。为从食品生产加工的源头确保食品质量安全，我国逐渐确立了一套符合社会主义市场经济要求、运行有效、与国际通行做法一致的食品质量安全监管制度，即食品质量安全市场准入制度，该制度从 2004 年 1 月 1 日起实施，对食品进行二十八类划项并逐步实行市场准入。依次是粮食加工品（如大米、小麦粉）、食用油及油脂和制品、调味品（如酱油、食醋）、肉制品、乳制品、饮料、方便食品、饼干、罐头、冷冻饮品、速冻食品、薯类和膨化食品、糖果制品、茶叶及相关制品、酒类、蔬菜制品、水果制品（如蜜饯、水果制品）、炒货食品和坚果制品、蛋制品、可可及焙炒咖啡产品、食糖、水产制品、淀粉及制品、糕点、豆制品、蜂产品、特殊膳食食品、其他食品。这些类别下细分多种食品品种，同时在《食品质量安全市场准入 28 大类食品分类表》中对这些食品的类别编号、申证单元、是否允许分装等进行规定，使得市场在对此类食品生产时能更为有效的监督。

而细观《食品质量安全市场准入 28 大类食品分类表》，团队却找不到明确的分类是可以囊括食用槟榔的。团队调研时发现，实践中，不同行政机构以及企业间对食用槟榔的定位各不相同。国家工业化和信息化部将其作为普通食品类，湖南省制定地方标准又将其视为凉果蜜饯类，而发放生产许可证时将其视为地方特色食品即其他类。换言之，行政机构在对食用槟榔实行市场准入时是参照凉果蜜饯类的规定，而槟榔生产企业采购食用槟榔时将其视为热带水果类。因此，目前的食用槟榔在采购、生产及加工不同环节仅仅只能依照比对《食品质量安全

① 来源网站：www. nnn. net. cn.《28 类食品年底全部纳入质量安全市场准入制度》，载《中国乡镇企业技术市场》2005 年第 2 期。

市场准入 28 大类食品分类表》的方式，在不同时期依照不同类别由不同主体进行规制，如在对槟榔原果采集、槟榔原果加工时将其视为水果制品类，纳入食品分类表第十七类。未在《食品质量安全市场准入 28 大类食品分类表》中明确规定食用槟榔的类别，这给行政机构制定食用槟榔地方标准以及生产企业执行标准带来困难。

3、《NYT－487 槟榔干果标准》

《NYT－487 槟榔干果标准》由农业部农垦局提出，由农业部热带作物及制品标准化技术委员会归口，由农业部热带农产品质量监督检验测试中心起草，于 2002 年 2 月 1 日正式实施。该标准规定了槟榔干果的要求、试验方法、检验规则、标志、包装、运输和贮存，是槟榔种植商种植槟榔和检验收获槟榔是否合格的依据。

湖南省内食用槟榔主要来源于热带地区诸如泰国和我国海南、台湾等地，其中 90% 的来自海南。《NYT－487 槟榔干果标准》一方面为生产企业的槟榔选籽提供了直接依据，譬如在《NYT－487 槟榔干果标准》中，判断槟榔果实大小均匀程度的指标可分别从品种特征、果实完整、色泽、皱纹、洁净、异味、虫果、病果、畸形果、腐烂果等方面，其基本要求是在所有级别中，每一级别的槟榔果应当是洁净、无异味以及无腐烂果。且槟榔的卫生指标检测中不得测出含有六六六以及滴滴涕的残留，通过同一品种特征率、皱纹均匀率、色泽一致率、果实完整率、虫果率、病果率、畸形果率、果实均匀指数和果实含水率的不同，还可以划分出槟榔原果的质量规格指标，从而清晰明了地知晓何种果实为优等品。此外，在《NYT－487 槟榔干果标准》中，还指出了选购槟榔时相应的检测方法，生产企业可以通过质量检测等方式来选择槟榔果实。另一方面，《NYT－487 槟榔干果标准》中相应的规定亦对槟榔树种植商的种植进行规范，这主要是体现在农药等物质的使用上。《NYT－487 槟榔干果标准》中规定了对食品中有机磷农药残留的测定方式、食品中汞限量卫生标准、食品中铅的测定方式等项类，通过对这些项类检测，可以提醒种植商在种植时注意该类物质的使用以保障产出的槟榔干果农药残留物不超标、对人体不会产生化学危害。另外，《NYT－487 槟榔干果标准》也为槟榔干果的运输制定标准。无论是槟榔生产企业自行运输或是槟榔种植商进行运输，都可以依据《NYT－487 槟榔干果标准》中关于槟榔的包装、运输、储存等规定，最大程度上保持槟榔在运输过程中的完好性。

农业部颁布的《NYT－487 槟榔干果标准》作为目前唯一一部由国家级立法

对槟榔规制的法律，从源头上确保了槟榔食品的安全。槟榔种植地区依据《NYT－487 槟榔干果标准》发展槟榔产业，槟榔采购商亦可以据此采购槟榔。湘潭市大中型槟榔生产企业皆依据该标准进行槟榔选籽、采购、检测，有些企业还在海南等槟榔种植地设有公司专门的槟榔采植区，这无疑为制作食用槟榔提供了良好的基础。除了大中型槟榔生产企业以其为标准，小型企业同样将《NYT－487 槟榔干果标准》作为从选果到干果运输储存的规范，即使人力、物力和财力相对处于劣势，但是小型槟榔生产企业对于《NYT－487 槟榔干果标准》的贯彻执行并不亚于大中型企业。当然，这并不意味着该标准已被普遍遵守，一些现场制售的小摊贩和制售分离的小作坊仍有利用劣质槟榔干果生产食用槟榔的情况，而这些干果的检验、包装、储存等程序也同样不符合《NYT－487 槟榔干果标准》的规定。

（二）食用槟榔地方安全标准及执行情况

1、2004 年《湖南省食用槟榔安全标准》

《湖南省食用槟榔安全标准》于 1993 年由湖南省卫生厅提出，省卫生防疫站技术归口，湘潭市卫生防疫站负责起草，湖南省标准局审定发布，现已推行 20 年。标准的制订与实施，使食用槟榔结束了无序无标的生产状况，步入了规范化、科学化、法制化管理轨道。为适应形势发展，标准起草单位分别在 1999 年、2004 年对细菌总数、氟、糖精钠、农药残留等指标进行两次修改，使之更趋完善，成为一直以来质检、卫生、工商等职能部门监督检查、法律仲裁和生产企业产品出厂检验评价把关的依据。目前实施执行的《湖南省食用槟榔安全标准》是 2004 年 6 月 30 日发布的，基本内容包括前言、范围、规范性引用文件、术语与定义、技术要求、试验方法、检验规则、标志及包装、储藏和运输等，其对于技术要求中的感官要求、净含量、理化指标、微生物指标、标志及包装、储藏和运输等规定是强制性的，其余则为推荐性的。感官要求中规定食用槟榔应符合三项标准，一方面外观应当是呈褐色、无霉变的，另一方面食用槟榔应是甜度适当、有涩味但无苦味和异味的，这为生产企业生产食用槟榔提供了最低标准。而食用槟榔中对食品添加剂的应用被规定在理化指标中，譬如对游离酸度（以 NAOH 计算），其指标不应当超过 8.0 mg/kg，乙酰磺氨酸钾（安赛蜜）指标不应当超过 0.5g/kg 等，而对其他食品添加剂的指标规定则按照 GB2760－1996 中陈皮、话梅类执行，虽然对食用槟榔在《食品质量安全市场准入 28 大类食品分类表》中的分类不明确，但是 DB43/132 - 2004《湖南省食用槟榔安全标准》中依据对食用槟榔在摄入食品添加剂时的用量作出了类比规定。DB43/132 - 2004《湖南省食用槟榔安全标准》中关于检验方法的规定十分清晰详尽，但是其中 5.4.9 对黄曲霉毒素 B1 的检验方式依照 GB/T5009. 22 - 2003 这一规定在调研中发现其实是滞后的，有待进一步修改。

依据团队调研，DB43/132 - 2004《湖南省食用槟榔安全标准》作为目前省内唯一一部规制槟榔生产的行业法规，已被普遍执行。正规的槟榔生产企业皆依照该标准的规定生产作业，行政机关执法检查时亦以此为依据对槟榔行业进行规范。DB43/132 - 2004《湖南省食用槟榔安全标准》从各个方面对食用槟榔进行细致规定，但由于该标准自制订起从未修改。2008 年下半年，DB43/132 - 2004《湖南省食用槟榔安全标准》就已经开始酝酿第三次修改，但恰逢政府部门职能调整，所有食品标准都划归卫生部门管理，因此需要重新在卫生部门申请槟榔食品地方标准修订立项，开展一系列工作仍需要时日。直至 2011 年 7 月 26 日，湖南省卫生厅湘卫监督发［2011］30 号文件《关于确定 2011 年度湖南省食品安全地方标准制（修）订立项项目的通知》，将食用槟榔食品安全地方标准（修订）正式立项。2013 年 4 月 7 日省卫生厅湘卫食安发［2013］4 号文件又将《食用槟榔生产规范》列入 2013 年湖南省食品安全地方标准制订立项计划，但由于槟榔舆论危机等种种原因，新的《湖南省食用槟榔安全标准》至今仍未能出台。因此，现今各生产企业及检验、监督部门仍然执行原《湖南省食用槟榔安全标准》即 DB43/132 - 200。

新标准未能出台，旧标准日益滞后，给执法机构和生产企业带来了极大不便。虽然调研时行政机关表示，对于 DB43/132 - 2004《湖南省食用槟榔安全标准》中滞后的以及与新国家标准相冲突的部分，会通过原则性文件、解释性文件及时作出变更以作为监督部门执法的依据，并将变化后的标准传达给各生产企业，但这容易在发生纠纷的时候引起对法律法规适用不明确的冲突，制订出台新标准迫在眉睫。

2、《湖南省食品生产加工小作坊和食品摊贩管理条例》

食品小作坊在我国食品行业中具有举足轻重的作用，其生产产品的销售区域和范围主要针对社会底层的低收入弱势群体。由于小作坊食品极具价格和便民的优势，市场对其产品具有一定程度的依赖，槟榔行业亦不例外。在湖南省湘潭市，依旧存在着为数不少的槟榔食品加工小作坊和槟榔食品零售摊贩，这些小作坊和零售摊贩无论是从生产经营规模还是人数资金设备等方面都难以与大型生产企业媲美，因此不能强制要求其拥有如大型企业一样的生产场地、人员、设备等。为规范食品生产加工小作坊和食品摊贩的生产经营行为，加强食品安全监督管理，保障公众身体健康和生命安全，湖南省人大常委会于2012年11月颁布了《湖南省食品生产加工小作坊和食品摊贩管理条例》。该条例中所称食品小作坊，是指从业人员较少、生产加工规模小、生产条件简单，在固定的门店或者其他固定场所从事食品生产加工的经营者，包括制售分离食品小作坊和现场制售食品小作坊。制售分离食品小作坊，指生产加工场所与销售场所相分离的食品小作坊。现场制售食品小作坊，指在同一场所或者紧密连接的场所，现场即时加工制作并直接零售食品的食品小作坊。食品摊贩，指不在固定门店，从事食品流通或者提供餐饮服务的经营者，包括流通类食品摊贩和餐饮类食品摊贩。[①] 在实地调研中，团队发现湘潭市目前仍有许多小作坊，主要是制售分离食品小作坊，现场制售食品小作坊较少。且在车站、购物街等人流量集中的区域亦存在有少数的散装槟榔售卖摊贩。因而，现有的食用槟榔现场制售食品小作坊以及制售分离小作坊、流通类食用槟榔贩卖摊贩都应当受《湖南省食品生产加工小作坊和食品摊贩管理条例》的规制，其生产经营严格按法律法规进行，相关监管机构亦依照该条例进行监管。在湘潭市食品药品监督管理局调研时，相关负责人指出“每到一个作坊都会指出其不足之处，十全十美的生产作坊基本上是不存在的，在2015年度不符合法律规定因而停产整顿的作坊大概有3家”。

《湖南省食品生产加工小作坊和食品摊贩管理条例》规定设立食品小作坊应当具备的条件主要包括：与生产经营规模相适应的固定场所、符合食品安全要求的设施、有合理的设备布局和工艺流程、有保证食品安全的管理制度。另外，对于制售分离食品小作坊生产许可证的取得规定应当办理工商登记，领取营业执照，未取得食品小作坊生产许可证、营业执照的，不得从事生产经营活动。团队前往湘潭市工商行政管理局调研时得知，自国发［2014］50号《国务院关于取消和调整一批行政审批项目等事项的决定》实施起，生产销售食用槟榔即采取后置许可制度进行登记注册，也就是说生产和销售食用槟榔不需要先获得湘潭市食品药品监督管理局审批即可以直接在工商局取得营业执照。依此，工商局的数据统计后表明，截至2015年8月，湘潭市生产、销售食用槟榔登记注册的企业

① 段小明：《我国食品摊贩食品安全现状及有效监管探讨》，载《食品工业》2014年第9期。

（包括个体户在内）约有566家，其中大中型生产企业约占22%，小型企业及生产加工小作坊约占34%，销售商约占44%。调研中发现，大部分食用槟榔生产加工小作坊以及食用槟榔销售摊贩都能严格遵守《湖南省食品生产加工小作坊和食品摊贩管理条例》的规定，譬如湘潭市雨湖区口口香槟榔店，其位于雨湖区民主西路的食用槟榔零售店铺，有工商局登记注册的营业执照，并且保存散装槟榔的场所设备干净、完善。

3、《食用槟榔生产许可证审查细则》

《食用槟榔生产许可证审查细则》是湖南省质量技术监督局为规范食用槟榔生产企业硬件设施，落实质量安全主体责任，保障食品质量安全，依据《中华人民共和国食品安全法》及其实施条例、《食品生产许可管理办法》等有关法律、法规、规章而制定的。《食用槟榔生产许可证审查细则》主要内容包括发证范围及申证单元、食用槟榔基本生产流程及关键控制环节、必备的生产资源、产品相关标准、原辅材料的有关要求、必备的出厂检验设备、检验项目以及抽样方法。其不仅细致描述了食用槟榔的基本生产流程、卤水的配制、关键控制环节等，还明确指出在食用槟榔生产过程中容易出现的质量安全问题，譬如食品添加剂（如防腐剂、甜味剂）超范围和超量使用、非食品添加物的添加、微生物尤其是霉菌的超标等问题，这能够引起生产经营企业在槟榔加工制作过程中的充分注意。

在《食用槟榔生产许可证审查细则》中，依据国家回复湖南省质量技术监督局的批复函，将槟榔作为《食品质量安全市场准入28大类食品分类表》中的第28类即其他类来管理，范围包括所有以槟榔干果为主要原料，添加甜味剂、食用香精香料等辅料，经泡制、切分、点卤、干燥、包装等主要工序加工制作而成的槟榔产品，在生产许可证上应注明获证产品申证单元名称和产品名称，即其他食品（食用槟榔），生产许可证有效期为3年，其产品类别编号为2801，相关职能部门依据《食用槟榔生产许可证审查细则》对湖南省内槟榔生产加工企业实施市场准入管理，通过认证的企业即取得QS认证。《食用槟榔生产许可证审查细则》是目前管理食用槟榔生产企业的重要法规之一，其执行过程中凸显的问题主要是一些槟榔产品外包装缺陷、不完整，并未依据该细则进行生产。

三、食用槟榔安全标准存在的突出问题

通过介绍与食用槟榔相关的国家安全标准及执行情况、与食用槟榔相关的地方标准及执行情况等法律法规，我们能看到不论是从国家层面还是地方层面，槟榔行业在现实操作中是有规可依的，可即使如此，食用槟榔的安全问题仍为人们所诟病。从消费者的角度来说，对中国食品安全缺乏信心这一因素毫无疑问被映射到了食用槟榔产业，食品安全标准缺失、过时与人们对食品安全多样化的需求之间的矛盾被放大。安全标准问题没有终点，矛盾的暂时解决只会使其升华为更高层次的矛盾，人们总归会寻求更高的标准。这是人的本性使然，我们不能也没有办法改变，因此在食品安全问题上并不存在使主观适应客观的路径，相反我们能做的只有使客观适应主观，即安全标准的不断提升。近些年来，国家在食品行业安全标准的完善上下了不少工夫，新修订的《食品安全法》于 2015 年 10 月施行，各类具体标准也在逐渐成熟，其中包括各类原料标准、辅料标准、食品添加剂标准、包装材料标准、检验方法标准等。同样，食用槟榔行业的飞速发展也要求其安全标准能够不断提升。

食用槟榔所涉及的《GB2760 食品添加剂标准》前后历经了 1999，2007，2011，2014 共四个版本，DB43/132－2004《湖南省食用槟榔地方标准》自 1993 年制定后也分别于 1994 年和 2004 年进行了修订，其他有关标准的更新更是数不胜数，我们的探讨将以现行有效的执行标准中出现的问题为中心，进行深入的阐述。需要说明的是，这一探讨是基于调研团队在湘潭市的调研结论得出的，即使调研样本限制在一定区域，不能被认为是全面的，但就湘潭市是槟榔消费的最集中区域这一点而言，本次调研的结论依然可以被认为是具有代表性的。本次调研对湘潭市各相关政府职能部门、企业、零售商及消费者进行了大量的访谈和问卷调查，依据现实情况指出槟榔行业目前面临的问题以及问题产生的多样化原因，我们在论述中将尽可能从多视角出发，使读者有全面的认识。

（一）食用槟榔的定位不科学

依据食品质量安全市场准入制度，我国将食品列入《食品质量安全市场准入 28 大类食品分类表》中进行规制，这一做法能有效地提高食品质量、保障消费者食品安全。可惜的是，食用槟榔作为我国食品行业中一员，虽然海南岛地区

有规模庞大的槟榔种植园，湖南省地区有广大的消费人群，但却并没有将食用槟榔明确纳入《食品质量安全市场准入 28 大类食品分类表》之中。团队通过调研，从各行政机关和组织收集到的资料显示：槟榔属于特殊产品，海南将其作为热带水果类，湖南将其作为地方特色类，国家工业和信息化部组织制定的《产业转移指导目录》（2012 版），将湖南省区域的高附加值槟榔产品列为食品类。国家工商行政管理总局商标局 2007 年在《商标注册用商品和服务国际分类》中将加工过的槟榔【C290094】列入腌渍、干制水果及制品类，国家质量监督检验检疫总局［2007］125 号质检食监函“关于对地方特色食品《食用槟榔生产许可审查细则》的批复”中明确将食用槟榔按 28 大类中其他食品类进行发证和市场准入管理。而制定地方标准时行政机关又将其作为《食品质量安全市场准入 28 大类食品分类表》中第 17 类即凉果蜜饯类管理，另在地方特色食品未有政策层面的规定时，湖南省槟榔行业协会仍将槟榔作为地方特色食品管理。

无论是出于怎样的考虑，各方不一致的看法已使食用槟榔定位问题陷入混乱。一方面，这种相异的定位在政府各部门的职能分化过程中愈加分散，当细化到一定程度时，分散的状态必然造成各部门之间合作的障碍；另一方面，这不仅会在政府部门内部衍生出沟壑，在外部也容易导致监管失职的问题。换言之，不科学的定位使应当适用的标准得不到准确适用，从而引发了监管不到位的问题。具体而言，将槟榔定位为不同种类可能会影响其适用不同的添加剂标准、检验方法标准等，如定义为食品分类表第 17 类蜜饯项下的凉果类，将适用 GB/T10782－2006《蜜饯通则》及 GB14884－2003《蜜饯卫生标准》，而定义为食品分类表下第 28 类下的地方特色食品时，将适用地方制定的相应标准。

实际上，当前各种定位本身的科学性也有待考究。目前，针对食用槟榔产品本身的质量监管问题，其分类依据主要遵循国家质量监督检验检疫总局在《食用槟榔生产许可审查细则》批复中所认定的地方特色食品。政府职能转移之后，食品标准的制定权限转移到卫生部门，2012 年 10 月，国家卫生部在对食用槟榔企业的调研中指出：可将食用槟榔按地方特色食品监督管理。由此可见，短期内食用槟榔作为“地方特色食品”的定性不会改变。但随着在湖南省之外槟榔消费市场的逐渐扩张，这个定性将来是否有必要随之改变，这将取决于槟榔消费市场的扩展速度。如果单论食用槟榔的自然属性，而不考虑槟榔的地方特色属性，应当如何将其定位呢？我们所能想到的选项并不多，无论是水果制品类或者是可食用药材类，抑或是参考我国台湾地区的食品分类将其归为嗜好品，都有一定的依据。总而言之，应积极将槟榔正式列入食品分类表中，为制定食用槟榔国家标准或湖南省地方标准提供基础。

（二）标准的滞后性

法律本身就具有滞后性，在其被制定出来的时候就已经滞后于社会现实。社会是动态的体系，而法律条文则是相对静止的体系。因此，法律规范有必要随着社会的新陈代谢完成自己的迭代更新，就食用槟榔而言，标准的滞后性在国家标准层面体现的并不明显。作为食用槟榔生产最重要的规范之一，《GB2760 食品添加剂标准》修订于 2014 年，因此相对较为严格，可以满足人们对食品安全的需求。但其中凸显的问题主要集中在以下几方面：

1、地方标准滞后

团队在与湘潭市食品药品监督管理局相关负责人进行调研访谈时得知，目前《湖南省食用槟榔地方标准》是 2004 年制定的，其中关于食品添加剂的内容，在旧版的《GB2760 食品添加剂标准》中是可以使用的。在 2014 版《GB2760 食品添加剂标准》中已经剔除，不再是食品可用添加剂，而应当定义为非食用物质，譬如在 DB43/132－2004《湖南省食用槟榔地方标准》中所规定的石灰，按照旧版《GB2760 食品添加剂标准》是可以使用的，而在 2014 版《GB2760 食品添加剂标准》中已经取消，代替的是氢氧化钙，石灰已成为非食用物质。若槟榔生产企业仍在生产过程中添加石灰则是违背法律法规的行为，换言之，当前的食用槟榔地方标准与国家标准是有所冲突的，而国家标准中不确认是食品添加剂的在地方标准中亦应当剔除并停止使用。这一点在团队与湖南省槟榔行业协会负责人访谈时得到证实，协会会长指出目前槟榔行业存在的最大问题在于：国家颁布《GB2760 食品添加剂标准》，其更新速度快，有 1999、2007、2011、2014 四大版本，而 DB43/132－2004《湖南省食用槟榔地方标准》，更迭缓慢，其中对添加剂的规定较国家标准而言相对落后，跟不上国家对添加剂标准的规定。其实，DB43/132－2004《湖南省食用槟榔地方标准》的修订距今已有十多年之久，其中涉及的各种标准大多已经过时。依据法理，当上位法与下位法冲突时，下位法中与上位法冲突的部分无效。

现状是，DB43/132－2004《湖南省食用槟榔地方标准》正在执行中，与食品添加剂相关的滞后规定，行政机构譬如湘潭市食品药品监督管理局、湘潭市工商局、湘潭市质量技术监督局等在地方标准与国家标准相冲突的部分中严格执行了国家标准，大多数食用槟榔生产企业譬如湖南省宾之郎食品科技有限公司等也表示会按照国家标准严格执行，不会逾越《GB2760 食品添加剂标准》。但是 DB43/132－2004《湖南省食用槟榔地方标准》冲突部分依然生效还是为实践中带来了不少困扰。首先，DB43/132－2004《湖南省食用槟榔地方标准》冲突部分的存在本身就是对法律权威的损害。法律的权威来自两个方面，一是其外在的强制力保证，二是法律内在的合理性，而内在的合理性毫无疑问应当包括法律体系内部的统一性、一致性，一个内部混乱不堪的法律体系又谈何合理性。再者，现实的执行过程中依然存在需要参照该地方标准的内容，但是至于 DB43/132－2004《湖南省食用槟榔地方标准》之中何处应当参照，何处已经无效，槟榔企业执行 DB43/132－2004《湖南省食用槟榔地方标准》时容易产生混淆，尤其是在食品安全标准这个存在细致分类的领域，更是不易判别。这一方面容易在纠纷发生过程中引发由于法律法规规定不明确而产生争论，另一方面通过不断地解释来废除 DB43/132－2004《湖南省食用槟榔地方标准》滞后的规定，亦会使得 DB43/132－2004《湖南省食用槟榔地方标准》效力降低。

2、检验标准、方法滞后

食用槟榔的种植、运输、加工、销售等环节都应当有严格的安全把控，以防止有毒害、有污染的槟榔进入市场，危害消费者的健康。因而，槟榔种植过程中，槟榔种植商、生产企业会严格按照《NYT－487 槟榔干果标准》中规定的检验检测方法对槟榔果实进行样本检测，确保作为食用槟榔制作加工的原材料槟榔干果完全符合《NYT－487 槟榔干果标准》。团队在与湖南省宾之郎食品科技有限公司访谈时得知，其对槟榔干果的选种亦会依照《NYT－487 槟榔干果标准》，食用槟榔的选籽一般是看颗粒大小、形状、长短、干湿度等，采购员还会进行最基本的检测即霉菌检测，只有按照上述检验合格的槟榔干果才会收购。到生产加工环节，在 DB43/132－2004《湖南省食用槟榔地方标准》中亦有规定检验检测方式，譬如湖南省槟榔生产加工企业诸如宾之郎、皇爷，在团队调研时其表示采集回来的槟榔果实在入库之前会进行分批检验，检验合格后一种是烘干储存，一种是冻库储存，而出库进行生产加工时亦会进行检测，查看槟榔果实是否存在变质的情况。而在槟榔产品进入销售领域时，为确保食品的安全，也离不开检验检测。由此可见，检验检测实质上遍布整个槟榔链条，其重要性不言而喻。通过调研得出结论，目前湖南省食用槟榔检测中心依据的检测标准主要有三种，第一是产品质量评判标准，譬如 DB43/132 -2004《湖南省食用槟榔地方标准》，其列出来的检测点有 22 项，但往下还可以细分，如“添加剂符合《GB2760 食品添加剂标准》要求”下面包括“有机磷类”；第二是检验方法标准，如对碱度氢氧化钙、氟、呻、铅、微生物的检测规定，每一种类指标国家都有检验方法标准，检测中心会严格按照标准执行；第三是原果材料标准，譬如《NYT -487 槟榔干果标准》。

此处检验标准是指对食用槟榔进行质量检测时所依据的规范标准，检测方法则是指在该检测中所应用的技术手段。细读 DB43/132 -2004《湖南省食用槟榔地方标准》发现，其本身就包括了大量的检测标准相关的内容，包括 GB/T5009.18 -2003《食品中氟的测定方法》、GB/T5009.11 -2003《食品中砷与无机砷的测定》、GB/T5009.12 -2003《食品中铅的测定》、GB/T5009.121 -003《食品中脱氢乙酸的测定》、GB/T5009.31 -2003《食品中对羟基苯甲酸酯类的测定》、JJF1070 -2000《定量包装商品净含量计量检验规则》等近二十余项检验标准，检验的复杂性和难度性是非专业人员无法估量的。湖南省食用槟榔检测中心负责人表示，除国家、省、市、县级的抽检外，仅检测中心对食用槟榔的检测次数一年就有 2 -3 次，而有些槟榔加工企业还会对自己生产的槟榔进行批次的样本委托检验。繁多的送检工作给检测中心带来巨大压力，食用槟榔检测中心负责人在访谈时提出，就现况而言，目前检测工作有两大滞后性，第一在于检验方法的滞后性，突出表现即 DB43/132 -2004《湖南省食用槟榔地方标准》中有黄曲霉毒素，当时引用 DB5009.22，这是用酶标法做，现在是用液质做，检验程序更高，老方法比较滞后，但在标准中未更新；第二在于标准的滞后，DB43/132 -2004《湖南省食用槟榔地方标准》允许使用的食品添加剂比较少，但国家标准中食品添加剂规定可以使用的较多，所以有可能限制企业添加剂的使用，且在检测时不利于统一结果。

细思之，访谈内容中提到的检验标准滞后实际上仍是指标准之间的冲突，但可以预见还应当存在另一种情形，即为保障食品安全而应当予以检测的内容没有设立检测标准的情形。调研团队并没有得到这方面的相关数据，这些新的待检测项目需要社会舆论的反馈与政府职能部门的主动发现。至于检验方法的滞后则是指检验标准中的检验手段与实际操作中采取的检验手段存在偏差。技术手段的更新速度往往更快，当存在一种新的更有效或者更便捷的检验手段时，检验部门更偏向于采取新的方法，以提高检验效率或者降低检验成本。但新的检验手段没有检验标准之类的法律规范为其背书，最开始的阶段其可信度总会遭受质疑。因此，怎样让更先进的检验方法被认可也是食用槟榔检测面临的问题之一。

（三）标准执行与监管过程中存在问题

以上皆是针对标准本身提出的问题，无论规范是否合理，其生命仍在于执行，活在现实中的法律才能实现其意义。与食用槟榔相关的各类规范和其他许多规范一样在适用中也面临诸多困境，存在问题是常态，但并不意味着我们要以消极无奈的态度来对待现实，而是提醒我们应当不断去反思，去寻找解决方案。目前，食用槟榔相关标准在实施时仍存在以下困境：

1、标准执行难

标准执行难，既指执行标准的行政机关，亦指执行标准的生产企业，这里主要有“两难”问题。一方面是不同规模的主体在遵循统一的类似环境卫生标准时存在困难，另一方面是行政机关对多样化且层出不穷的生产经营主体执行统一标准存在困难，这些问题在团队调研时得到印证。

“检测中发现的食品安全问题，目前而言相对较少，存在问题的一方面主要是生产环节中的卫生条件不达标，以至于产生微生物超标，这一问题在大型企业中很少见，主要存在于中小型企业和手工作坊。另一方面就是甜味剂的使用，为了追求口感企业在生产加工过程中可能超范围超量使用甜味剂。”“湘潭目前小作坊数量约有 100 多家。工商部门依据 2013 年《湖南省食品生产加工小作坊和食品摊贩管理条例》的规定，对食品生产小作坊发放小作坊生产许可证。依据发证细则对小作坊进行指导，指导投入后能达到发证基本要求的发食品生产许可证，指导投入后能达到发证基本要求的发小作坊许可证。小作坊生产槟榔与大企业生产槟榔最大的不同是环境条件，其次是香精香料方面，小作坊生产槟榔添加的香精香料较大企业少，这些差异都要求政府在管理时以遵守法律的大原则为前提作出决定。真正要管理好小作坊，做到统一化、规范化，如将小作坊集中划片区管理，既需要政府投入，也需要政府态度的转变和增强。”以上材料分别引自团队与湘潭市食品药品监督管理局、湘潭市食用槟榔检测中心相关负责人的访谈，此处调研团队认知的标准执行难，主要是针对执行标准的主体，亦即受行政机关监管的对象由于规模、条件等不同使得监管存在难度。

通过分析访谈材料可见，实际监管中不同规模的经营者有不同的问题：规模较大的经营者生产卫生条件较好，但在甜味剂的使用上欠缺节制；小经营者相对而言在添加剂上的问题较少，但生产卫生条件不尽如人意。考虑到成本问题，小经营者的生产工艺往往相对较简单，且缺乏取得多种食品添加剂的渠道，其食用槟榔的添加物一般不会超过标准要求，但由于成本限制，小经营者的清洗消毒等设备并不完善，因此容易产生微生物超标等问题。大规模经营者有能力达到卫生标准，为获得大众青睐，他们会更注重食用槟榔的口感，因此在各类食品添加剂的使用上容易产生超标添加等问题。两者的问题都对食用槟榔未来的发展起到阻碍作用，但相比之下，小经营者生产条件方面的问题更为严重，应当得到迅速有效的规制。

而行政机关对多样化且层出不穷的生产经营主体执行统一标准存在困难主要体现在以下方面。第一，从执行准入标准方面而言。我国目前仍在深化改革时期，政府提出“大众创业，万众创新”的目标。因此，依据调研团队与湘潭市工商局相关负责人的访谈知悉：食用槟榔生产企业在工商部门准入无门槛，直接可以进行登记。工商登记制度已由前置许可变为后置许可，即现在食品相关许可证可以在工商局办理营业执照之后再通过食药监局办理。“后置许可”的政策推动了更多的人参与创业，可是这也为监管部门带来不少困扰。现实中不可避免会有已经取得营业执照而未取得食品经营相关许可证的企业、个体先行经营待到检查时再申请许可证的情形，这容易造成监管的真空，在这种情形下行政机构对经营企业执行标准就会面临选择困境；第二，从执行环境卫生等标准方面而言。著名大型的槟榔生产企业屈指可数，目前还是以中小型生产经营者数量居多，此类经营者能够达到的标准也不一，中小型企业无论是从财力、人力、物力的任何一方面都无法和大型企业相媲美，其达到标准的程度亦会有区别，而此时行政机构依据统一标准要求，该类企业便要付出更多的资源和精力，一些不愿耗费精力和财力的企业必定会想方设法逃避法律，利用法律漏洞；第三，从执行处罚标准方面而言。小型作坊的经营收入往往关系全家的生活来源，基于人道立场，行政机构无法采取吊销执照等行政手段，若是选择民事处罚，其亦难以负担，处罚便成为空头支票。

2、标准监管难

政府职能部门监管的依据在于法律法规，因此标准本身存在问题时，监管主体会无所适从。至于标准的问题，已经在问题一、二中表述，此处不予赘述，此处重点探讨对标准监管过程中，职能部门自身存在的问题。

监管主体的问题多体现为监管资质与监管能力的问题。目前，对食用槟榔的监督管理主要归属于湘潭市食品药品监督管理局，其与湘潭市工商局、湘潭市质量技术监督局等行政部门分工明确，责任归属清晰，因此不存在监管资质的问题，主要还是在于监管能力的问题。作为食品药品行业的监督权属机关——湘潭市食品药品监督管理局，其对食用槟榔的监管与食品类似，总的来说监管分为四个方面。第一，企业培训，主要是在法律法规新出台或修改后，对其原则精神进行会议传达；第二，要求生产企业签订承诺书，落实食品安全主体责任。企业作为食品安全责任的第一责任人，应当承担食品安全项下的14类责任；第三，现场检验抽查，既包括食品药品监督管理局的抽检和送检亦包括国家层面免费的监督检查；第四，违法行为的查处，主要是对群众举报以及监督检查过程中出现的违法行为进行处理。依据“权责统一的监管标准，谁负责审批谁监管”，目前对食用槟榔从流通至生产加工至销售环节的监管职能皆划分至食品药品监督管理局。但在政府机构改革的当头，食品药品监督管理局却面临着巨大的难题。这在调研团队与湘潭市食品药品监督管理局以及湘潭市食用槟榔检测中心负责人的访谈内容中清晰可见：“湘潭市食品药品监督管理局目前在监管过程中遇到的两大难题，一是监管人数的缺少，食品质量安全仅靠监管是不够的，食品监管科才3个人，包括分局和所，管理市区内150多家企业，管理人员不到10个人，食品生产监管所才刚成立，某些地区的监管所仅一个人，要管理制售摊贩、小药店、小餐饮店等，监管难以落实到位。二是监管的设备以及经费缺失，政府职能改革使得原属湘潭市质量技术监督局的职能都划分到湘潭市食品药品监督管理局，人员调配早已到位，但是供监管的设备、经费并未及时落实，缺少设备、经费和人员，让监管活动的开展变得困难。”“湘潭市食品药品检测中心实属编制是40人，包含食品和药品的检测，但食品方面检测只有10人，承检量一年几千个批次，不同产品有不同检验量，所以人均检测任务比较重。另外，监督检验不收费，委托检验按国家标准收费。食品生产监管和检验经费没有列入财政预算，是不固定的。另外，检测中心虽然人员设备皆已到湘潭市食品药品监督管理局，但其仍归属于湘潭市质量技术监督管理局，经费由湘潭市质量技术监督管理局管理。经费未拨放到湘潭市食品药品监督管理局，其管理活动不便于开展。现在的经费仍是湘潭市食品药品监督管理局自筹的，相当于以前湘潭市食品药品监督管理局管理药品和检测的经费，现在要用于管理、检测食品和药品。”

政府职能改革之前由湘潭市质量技术监督管理局承担食品质量监管职能，之后转移到湘潭市食品药品监督管理局，所以材料中提到湘潭市食品药品监督管理局工作人员在人员编制上仍属于湘潭市质量技术监督管理局，其活动经费也因编制问题而得不到解决。随着新的《食品安全法》出台，国家越来越重视食品安全问题，为此赋予了食品药品监督管理局更多的职能，目前看来其职能与其能力并不相适应。上述与湘潭市食品药品监督管理局、湘潭市食用槟榔检测中心负责人的会谈反映出两大问题，一是监管机构的人力、物力缺乏，二是监管机构经费缺失。“巧妇难为无米之炊”，这两大难题使得监管工作的开展尤为困难。

3、产品检测难

“食用槟榔与食品相比，粗纤维含量较高，又是经过再加工，其甜味依靠纤维的吸附能力，在检测的时候，纤维的软化程度不同，给检测带来了一定的难度。同一包槟榔中，不同果实检测出来的偏差比较大，大企业一个发籽灌中取出来的样品，检测出来的含量可能各不相同。”

以上内容是调研团队与湘潭市食品药品检测中心负责人的访谈。产品检测难主要体现在食用槟榔的检测样本差异过大，原因有两个：一是由于槟榔原果形状的不规则，即使经过选籽这一环节，该偏差仍然较大，可以说不存在没有差异的原果，只能尽量将其差异控制在最小范围，原果形状不规则的特点让食用槟榔生产企业煞费苦心，槟榔的口感不止取决于酵制与点卤两个关键环节，原果的形状粗细以及果实纤维的软化程度也相当重要，这也是为何经营者增加人工成本来选籽的原因；二是因为不同生产者工艺的差别。正因为工艺程序复杂，细微差别也可以产生截然不同的口感，因而生产者大多都有自己的“独门秘方”。不仅不同企业之间的产品口感存在差异，传统手工作坊与企业的产品之间差别更大。综合以上两点，为了确保检测的食用槟榔样本具有代表性，能够全方位覆盖同一批次的食用槟榔产品，检测中心便要把握样本差异的问题，样本差异大使得检测样本数量急剧上升，要做到检测样本的全面性，势必要完成大量的样本检测，着实不是一项简单的工作。

4、修订出台新标准困难重重

这是一个需要改变的行业。改变需要从最基础的法律规范开始，修改现行过时的标准无疑是最紧要的任务，但在出台新标准的路途上却横亘着巨大障碍。

首先，食用槟榔作为地方特色产品的定位使其得不到重视，故其标准的制定和修改也难以得到相应的支持。作为非全国性质的产品，国家并没有给予其过多的重视，因此这里提及的新标准制定与修订都是且只能是指地方标准。但令地方政府尴尬的是，受到2013年“槟榔致癌”舆论危机的影响，相关部门在槟榔产业难有“动作”。但即使是遭受舆论危机，食用槟榔的销量仍不断上升，产值已经超过百亿。如此庞大的产业，不能不作为而又难以作为使地方政府头疼不已。在湖南省卫生与计划生育委员会掌管食品标准制定的职能之后，先后修订了2011年版《湖南省食用槟榔地方标准》和2014版《湖南省食用槟榔地方标准》，却都未正式出台，正说明了这种尴尬的境地。

其次，新的地方标准出台势必提升食用槟榔产业的整体水平，对现有的产业格局造成一定影响，格局的改变又将触动既得利益者的奶酪。总体而言，大企业是新标准的支持者，其联合促进新标准出台的举措，将使中小企业的生存空间被压缩。因此，新的标准有必要照顾中小企业的利益，避免遭受更多的阻力。

再者，对新标准出台造成负面影响的来源还有消费者。受2013年舆论危机影响，使得非嚼食槟榔的人也对槟榔的态度转向冷淡甚至怀疑，修订新标准的主导部门因而一再认为不适合出台新标准，使得DB43/132－2004《湖南省食用槟榔地方标准》适用了长达十余年之久。事实上湖南省槟榔行业协会与各企业在舆论危机后对食用槟榔进行了宣传，以期转变消费者的态度，但还是有很多消费者认为他们已经因为嚼食槟榔产生了身体不适，调查问卷数据如下：

问题：您是否因为嚼食槟榔产生身体不适？

答案选项	是	否
选择比例	51.5%	48.5%

为回应消费者的质疑，湖南省卫生与计划生育委员会要求建立模型完成食用槟榔致癌的相关实验。依据湖南省槟榔行业协会提供的《关于槟榔产业发展及＜食用槟榔食品安全地方标准＞修订工作情况综合汇报》显示：2011年7月26日湖南省卫生厅湘卫监督发［2011］30号文件《关于确定2011年度湖南省食品安全地方标准制（修）订立项项目的通知》，将制订食用槟榔食品安全地方标准（修订）正式立项。2013年4月7日省卫生厅湘卫食安发［2013］4号文件又将《食用槟榔生产规范》列入2013年湖南省食品安全地方标准制订立项计划。两个标准立项以后，湖南省槟榔行业协会主要完成了以下工作，一是对食用槟榔有效成分分析，二是食品安全动物毒理试验，三是开展了近6万人的人群嚼食槟榔情况流行病学调查，四是开展并补充完善了食用槟榔对口腔黏膜健康影响情况调查。虽然，湖南省槟榔行业协会已经对食用槟榔的有毒实验、流行病学调查、成分分析等方面开展调查，但是由于在评审时遇到2013年舆论危机，所以被湖南省卫生与计划生育委员会要求制作“致癌”实验，由于无法建立动物模型，“致

癌”实验难以进行。因此，完善、修订《湖南省食用槟榔地方标准》依旧存在诸多困难，槟榔行业也因重重困难而发展缓滞。

不论是监管主体，抑或是监管对象，往往如同两个困境中的囚徒，双方在追求其自身利益的最大化时，总会形成两败俱伤的局面。“囚徒困境”告诉我们，合作共赢并不容易，被利益驱使的人类与被食物驱使的兽类没有区别。但是当我们学会了融洽的共处时，会发现取得共赢的局面并不难，关键在于如何克制每个人只追求自身利益最大化的恶习。无论是标准制定者还是被适用者，标准执行者还是被执行者，学会摆脱“囚徒困境”方能使局面更为乐观。

四、食用槟榔安全标准问题的解决

（一）重修食用槟榔地方标准

第一，科学定位。

食品，顾名思义，即指经过加工制作可以供人食用的物质。《辞海》中将食品定义为“可直接经口摄食的食物，包括可生食的和经加工后方可食用的食物”。2015 年新颁布的《食品安全法》中对食品的定义是指各种供人食用或者饮用的成品和原料以及按照传统既是食品又是中药材的物品。既可以作为食品，也可以作为药品的物质在我国药食两用的中药名单中有 87 类，虽然目前尚未有组织或个人对“既是食物又是药物”的物品做过统一认定，但这类物品都是进行食品或保健食品开发的重要原料，是人体既可以从中获取营养素，又可以获取生理活性物质的一类物品。① 目前在我国药食两用名单中槟榔依旧被列为药物。槟榔，又称为仁频、宾门、橄榄子等，古代被列为四大南药之一，是医家治病救人的药果。《本草纲目》中将槟榔记载入《果部第三十一卷：果之三》，“槟榔可消谷逐水，除痰，杀三虫，伏尸，疗寸白”。

随着现代工艺的发展，食品行业种类繁多，休闲食品的种类也不断增加，大量的传统煮制食品、腌泡食物通过新型科技成为休闲食品的行列，从产品属性来看，主要包括烘焙食品、糖果、干果等。而目前湘潭对槟榔干果进行挑选、煮

① 王庆稳、朱云龙：《“既是食品又是药品”名单探析》，载《四川烹饪高等专科学校学报》2013 年第 2 期。

沸、发籽、烘干等一系列程序后生产出的食用槟榔也成为快速消费品的一类，是人们茶余饭后的休闲食品，与休闲食品类的糖果、干果极其类似。

槟榔既可作为药品又可作为食品，无疑应当被囊括在《食品安全法》所定义的“食品”之中，也理所应当受到《食品安全法》的规制。目前，世界上槟榔的年产量98万吨，中国是第二大槟榔出产国，其中海南省年产量约20万吨，年产值近30亿元，湖南省仅湘潭市从事食用槟榔加工的规模企业就多达50余家，年产量20余万吨，年产值近100亿，远销国内各地。面对如此庞大的产业，要保障其健康有序的发展需要与时俱进的法律法规，现今规制槟榔行业的标准却仍是2004年出台的《湖南省食用槟榔地方标准》，亟待用新的食品安全地方标准取代原标准。

修订、制定新标准要求行政机关明确对槟榔的定位问题，对于这一问题各界众说纷纭。不论是将槟榔定位为“地方传统特色食品”，抑或是“凉果蜜饯食品”，都撇开了槟榔的自身属性。所谓“地方传统特色食品”，即是具有某一区域特点，经过历史而流传下来具有独特加工工艺的食品。这一定位在科技较为贫瘠的年代无疑是对湘潭槟榔最好的阐释，古老的槟榔加工制作都是通过传统手工工艺，但是面对日新月异的科技，槟榔加工已经注入太多工业化特色。随着食用槟榔人群的扩张与企业规模的扩大，如果依旧坚持将槟榔定位为“地方传统特色食品”未免过于牵强；而将食用槟榔归入凉果蜜饯类，其一槟榔制作加工与凉果蜜饯大相径庭，其二将槟榔作为凉果蜜饯类实质上否定了槟榔作为药物的基本属性，其三将槟榔作为凉果蜜饯类，所应当遵循的GB/T10782－2006《蜜饯通则》及GB14884－2003《蜜饯卫生标准》与实践中槟榔添加使用的剂量有所不同，在一定程度上会影响槟榔生产工艺。

鉴于此，笔者以为，可将槟榔作为既是食品又是药品来定位食用槟榔，归入《食品质量安全市场准入28大类食品分类表》中第二十八类，即其他类。

第二，修订标准滞后的部分，完善标准内容。

地方标准作为我国标准的一个重要层级，是对国家标准和行业标准的一个重要补充。地方标准是在市场需求下产生的，它的出现必然弥补国家标准和行业标准的空白，因此有其存在的必要性，通过制定地方标准可以促进经济发展，提高人民生活水平。另外，“技术专利化、专利标准化、标准垄断化”[①]已经成为知识经济条件下市场竞争的新规则，地方标准也不例外，地方标准中融入的知识产

① 姚贵宝、王立海、任增杰：《对地方标准法律属性的探讨》，载《森林工程》2007年第5期。

权特性，将智力成果转化为经济价值，完善的地方标准成为区域经济发展的助推力。

《湖南省食用槟榔地方标准》作为湖南省槟榔行业的风向标，是指引槟榔企业规范生产、保障槟榔行业有序发展的“无形之手”，能将标准性能不合格的产品阻挡在市场之外。[①] 概括而言，食用槟榔地方标准的功能有三：第一，保护公众的健康权。食用槟榔地方标准通过设定特定区域特定食品的具体指标、规格、方法等来保护湖南地区公众身体健康和生命安全；第二，在湖南省内通过实地调研考查制定出食用槟榔地方标准，有助于调整和改变湖南省内食用槟榔生产经营者的行为方式；第三，有利于政府部门有效履行监管职能。[②] 一类食品若没有国家标准，又没有地方标准，会使得行政机关缺少有效的监管准则，市场可能失序，可能出现“劣币驱逐良币”的现象，而通过修订食用槟榔地方标准，有助于政府部门在执法过程中有法可依、有效履职。《湖南省食用槟榔地方标准》的内容分为范围、规范性引用文件、术语与定义、技术要求、试验方法、检验规则及标志、包装、贮藏、运输七个部分，现行2004版地方标准的滞后性突出体现在技术要求和检验规则部分。因此，对地方标准进行修订时，应当完善其中的滞后部分，譬如在技术要求部分修订关于使用石灰的规定，用食用氢氧化钙代替，在检验规则部分，更新对黄曲霉毒素B1的检验方法。

实践中，地方标准内容的形成，或来自食品安全风险评估结果、国家标准、国际标准和国外先进标准、其他省市地方标准，或以专业文献和试验数据为依据。依据目前现状，食用槟榔既没有国家标准、国际标准、国内外先进标准作为模板，也缺乏完善的食品安全风险评估，因此，在修订和完善《湖南省食用槟榔地方标准》的时候应当建立一个专业的食用槟榔标准制定评审委员会。依据《标准化法》第十二条第二款：“制定标准的部门应当组织由专家组成的标准化技术委员会，负责标准的草拟，参加标准草案的审查工作。”通过调研，笔者发现在制定《湖南省食用槟榔地方标准》时并没有固定评审委员会，而是由高校、研究院的专家临时组成委员会来对标准进行修订和评审。一项标准的制定往往都是基于现实已存在的情况，因此在某种程度上而言其缺乏前瞻性，这亦成为标准需要不断修订的重要原因。建立一个专业的食用槟榔标准制定评审委员会，便于

① 姚贵宝：《地方标准对区域经济发展的影响》，载《森林工程》2008年第3期。

② 《标准化草案引起人大常委争论，主要分歧在于：是否应规定设立地方和专业标准》，载《人民日报》1988年11月6日第4版。

及时高效的对食用槟榔地方标准中的滞后部分进行修订。另外，应当不断完善食用槟榔的安全风险评估。目前湖南省槟榔行业协会已经对食用槟榔的安全风险评估进行了几项调查，一是食品安全动物毒理试验，二是开展了近 6 万人的人群嚼食槟榔情况流行病学调查，三是开展并补充完善了食用槟榔对口腔黏膜健康影响情况调查，四是对食用槟榔有效成分进行分析。但是由于槟榔的致癌试验无法建立动物模型，因此无法完成食用槟榔的致癌试验。基于已有的安全风险评估，笔者认为相关部门应当在此基础上继续展开对食用槟榔安全风险的调查试验，尤其是关于食用槟榔中是否含有致癌成分、其微量元素对人体影响以及食用槟榔单独作用下与香烟、酒共同作用下对人体产生的影响进行比对①，借此来完善食用槟榔相关标准，淡化舆论危机对修订标准的影响。

（二）增添食用槟榔各生产环节的相关标准

标准是维护市场秩序的核心要件，市场的正常运行必须在一定的规范下进行，法律的实施在许多情况下也需要通过标准来实现。标准与自主创新之间存在互动关系，一项标准的“产生—实施—修订”的过程，实质上就是科学技术经验的“创新—应用—再创新”过程。② 在一个区域内，大量的技术成果通过标准转化为现实的产品，势必推动区域经济结构优化和繁荣发展。在我国食品行业，依据《食品安全法》的规定，食品安全标准体系包括国家标准、地方标准和企业标准三个部分。所谓食品安全标准，《中华人民共和国食品安全法解释与应用》中定义为：是国家为保证食品质量安全，保障公民身体健康和生命安全，防止食源性疾病发生，对食品、食品相关产品、食品添加剂的卫生要求及其在生产、加工、贮存和销售方面所规定的技术要求和措施。③ 食品安全标准作为重要的监管工具，是对食品行业加以规定或引导的一般性规范。④ 其不仅是生产经营者在生产经营中所必须遵循的准则，也是监管部门日常监管的重要依据，还为消费者识别食品质量提供了导引。

我国的食品安全标准涉及食品生产、加工、流通等环节，包括食品品种标准、食品生产环境标准、食品过程控制标准、产品标准、加工过程控制标准、物

① 许丹：《食用槟榔的安全风险分析》，中南林业科技大学 2012 年硕士毕业论文。

② 宋华琳：《中国食品安全地方标准法律制度研究》，载《北京行政学院学报》2012 年第 6 期。

③ 李援、宋森：《中华人民共和国食品安全法解释与应用》，人民出版社 2009 年版，第 80 页。

④ ELIZABETH FISHER：《风险规制中的标准制定和对责任行政的探求》，杨建顺：《比较行政法——方法、规制与程序》，中国人民大学出版社 2007 年，第 318 页。

流标准等。食用槟榔作为食品的一种，在对槟榔进行管理时亦应当建立一套环环相扣的实施标准：第一，应当确立槟榔原材料选择标准。目前，湘潭的槟榔原果90%来自于海南，少量来自于泰国以及我国的云南、台湾地区。团队在槟榔生产企业进行实地调查时发现，大型生产企业譬如宾之郎、皇爷等在原果种植地挑选槟榔原材料时会一般较为关注槟榔颗粒的大小、形状、长短、干湿度，而且更为偏爱纤维更细软一些的槟榔，但一些自做自贩的小作坊基于成本、价格等因素，在槟榔原果选择方面鲜有注意，甚至有些商家会选取劣质、不达标的槟榔原果。槟榔原果的选取对加工生产至关重要，湘潭作为目前槟榔加工生产的主场地，如果能制订统一具体的槟榔原果选取标准，譬如对选取原果槟榔的形状、大小、新鲜度、色泽、软化度等进行细化规定，减少生产商可选择性空间，既从选材源头保证食用槟榔行业的安全，又能有效的打击不法商家在源头上的偷工减料以及选择不达标的槟榔原果进行生产。此外，在与食品检测中心访谈时，检测技术人员提出："在检测的时候，纤维的软化程度不同，给检测也带来一定的难度"。众所周知，槟榔是一种通过口腔咀嚼汲取汁液的食品，依据湘潭市200名消费者的问卷填写（见表一）以及网上建立的问卷调查表（见表二），笔者发现，口味是消费者选择食用槟榔的一个重要标准。

（表一）问题4：您选择食用槟榔的标准？（此表为实地调查数据）

答案选项	口味	品牌	价格	包装
选择比例	54%	38%	10%	3.5%
本题有效填写人次：200人				

（表二）问题5：您选择食用槟榔的标准？（此表为网上调查数据）

答案选项	口味	品牌	价格	包装
选择比例	64.12%	26.91%	5.65%	3.32%
本题有效填写人次：301人				

日常生活中我们所提及的"口味"，一般指食物的口感和食物的味道。槟榔的味道取决于槟榔在制作生产中添加的甜味剂、添加剂，而槟榔的口感则与槟榔原果的选择息息相关。槟榔本身就是纤维含量较高的食品，因此比较难咀嚼。纤维的软化程度，即槟榔纤维的粗细程度不仅可以使槟榔在制作过程中味道更浓郁，而且对嚼食者而言，对口腔黏膜造成的磨损会降低。目前，对于槟榔的原材料标准，虽然有国家农业部颁发的《NYT－487槟榔干果标准》作为槟榔原果种

植的依据，但这并不代表生产企业一定要按照《NYT－487 槟榔干果标准》来选取槟榔原果，该标准更多是对槟榔种植、收获方面的规定，并不涉及槟榔纤维细软度。基于此，笔者认为，湖南省作为槟榔加工生产销售的主要基地，又是购进槟榔干果的主要市场，确立湖南省食用槟榔原材料选择标准，从源头上进一步规范产品选择十分必要。

第二，确立生产加工场地及人员管理标准。槟榔干果从原材料变为加工制成品，需要经历一系列复杂的流程。食用槟榔制作加工的规范化流程是：首先，对槟榔干果进行清洗和高温煮，主要是洗掉槟榔残存的灰尘，起到清洁作用，而高温煮既可以消毒杀菌，又可以软化纤维；其次，将槟榔放入发籽罐中，高温高压密封 48 小时；再次，将槟榔晾干，上食用明胶，人工切籽；接着，进行槟榔点卤，即加入饴糖、食用香精香料等添加剂；最后，将槟榔包装销售。实地走访槟榔生产企业时发现，大中型生产企业诸如宾之郎、皇爷等都是有序化、规范化的工艺流程，因其拥有足够的人力、物力、财力以及完善的配套设施和专业团队，生产加工能严格按照中华人民共和国国家卫生和计划生育委员会颁布的《食品安全国家标准——食品生产通用卫生规范》执行。在保持工厂生产环境方面，大中型企业有明确的企业制度保障。在参观宾之郎的生产加工场地时，其生产车间始终保持通风状态，并装有中央空调，室内温度保持在 27 摄氏度左右，操作人员每日会定时对车间内部进行消毒，晚上则开启臭氧发生器对车间进行全面消毒，而制作出来的槟榔成品仍会通过紫外线进行消毒。但大中型生产加工企业数量毕竟不多，能真正做到规范有序的企业并不是 100%。湘潭市作为有着四百年槟榔文化的地方，老辈人流传下来的手工槟榔制作方式已成为一大特色，目前湘潭市仍存在 150－200 家槟榔手工作坊，其中不乏一些生产加工作坊在生产环境、生产场地方面不达标的生产加工作坊，譬如在对槟榔晾干环节，某些作坊由于缺乏设备可能就会选择“晴日路边晒”的方式，在消毒杀菌环节，会用“炒一炒”“焖一焖”的办法。这些所谓的“传统方式”，其实是现代工艺中某些作坊为了节省成本、降低劳动所采取的办法，这种不符合生产卫生标准的制作方式，既难以保证食品的安全，也会给槟榔声誉带来损害。

另外，关于槟榔加工人员，目前也没有统一的管理标准。譬如，对槟榔加工人员的健康管理制度、对槟榔加工人员的卫生要求等。食品行业的生产加工对加工人员要求应当是严格的，最低限度是取得健康证，加工人员执证上岗，另外定期的健康检查也是必不可少的。而在车间加工过程中，加工人员的消毒、操作等都应当有细致的规定。调研团队在对槟榔加工企业进行实地调研时发现，有些槟榔加工是“一家子”自做自贩经营，其不仅没有规范的生产环境，加工人员也未采取任何消毒措施，至于是否取得健康证、是否定期进行身体检查更难说了。生产加工是食品制作的关键步骤，如果这一环节的卫生标准得不到保障，又何谈保障食品安全呢？目前，湖南省并没有真正从食用槟榔加工生产角度制定的卫生规范，依据《食品安全国家标准—食品生产通用卫生规范》“本标准适用于各类食品的生产，如确有必要制定某类食品生产的专项卫生规范，应当以本标准作为基础”的规定，制定《湖南省食用槟榔生产卫生规范》势在必行，槟榔加工生产是保证食品安全至关重要的环节，加工人员是保障槟榔制作规范的重要因素，制定标准，既可以进一步提升槟榔行业的生产加工水平，又可以打击、查处“黑作坊”“黑企业”。另一方面，要加强对槟榔加工从业人员的职业素养的培训。槟榔加工作业工人大部分是临时工，绝大多数来自农村，文化水平低，缺乏职业卫生常识和自我保护意识，极易在生产作业中忽略细小问题或使自身受到伤害。因此，必须在食用槟榔加工过程中，做好工作台面、工作容器及车间空气等消毒措施，提高从业人员的个人卫生素质，加强加工人员接触性皮肤的消毒，譬如规定包装车间的工作人员每隔2小时应进行一次洗手消毒。

第三，统一槟榔产品包装标准。2004年《湖南省食用槟榔地方标准》对食用槟榔外包装的规定主要体现在第七章，产品标签必须标明：产品名称、生产厂名、厂址、净含量、配料、生产日期、保质期、执行标准，这是产品外包装的强制性规定。在实地走访调查中，笔者对比了许多槟榔产品的外包装，几乎每一槟榔包装袋都涵盖上述法律规定的信息，但是仔细对比后发现，并不是每一包装袋的信息细致程度、准确程度都是一致的。譬如有些食品包装袋既包含了2004年《湖南省食用槟榔地方标准》第七章的规定，又额外标明了卫生许可证号、生产许可证号、标签认可号、监督电话等信息，其外包装内容详实，有据可依，从外观上、视觉上给人带来安全、放心的感觉；而有些食品包装袋简单、粗糙。虽然对于2004年《湖南省食用槟榔地方标准》第七章规定的产品标签必须标明的信息，包装袋上都有，但是仔细看便可发现，在执行标准一栏中，该商品标示的是“执行标准：DB43/132－204”。此处的执行标准都是指企业生产加工槟榔过程中依照何种标准进行操作，目前湖南省的执行标准有且只有一个，即2004年《湖南省食用槟榔地方标准》，其在包装袋上的准确写法应当是“执行标准：DB43/132－2004”。通过对比发现有些包装袋上的关于执行标准的标示是错误的。而且，有些包装袋除了2004年《湖南省食用槟榔地方标准》标明应当标示的信息外，再无其他信息，十分不完善。

规范食品添加剂的标示方式：槟榔包装标签上的食品添加剂标示越是明晰、规范，公众对所购买、食用的食品便越了解，越能有意识地根据自身需要自主选择。反之，则会使消费者对槟榔的属性产生误解，也极易出现冒用、盗用产品外包装和商标的情形。譬如，团队在湘潭市工商管理局调研时得知，2015 年上半年槟榔企业“打假”时市局查获一个“傍名牌”的生产窝点，立案查处一起使用与知名商品“湘潭铺子”槟榔和“老湘潭”相似包装袋的事件；湘潭县工商局组织了一次保卫“皇爷”品牌的专项打假行动，共查处了 7 处侵犯“皇爷”注册商标专用权的销售点，共罚款 10.3 万元，而这些假冒知名商品的厂家都是从外包装上进行仿冒。要解决由于槟榔外包装引发的一系列问题，应当确定统一的槟榔外包装标准，不仅仅是简单在槟榔外包装上注明产品名称、生产厂名、厂址、净含量、配料、生产日期、保质期、执行标准，且应当更为细致具体。槟榔包装食品添加剂的标示应注意避免出现诸如虚假标示、笼统表示，抑或仅为标示出未使用某种添加剂等情况，而应要求食品生产企业在槟榔外包装上依食品添加剂的使用量按顺序如实地全部标示出来，并且要求其把具体的使用量也如实地标示出来。对于复配食品添加剂则可借鉴国外的做法，将其分为主剂和辅剂并正确区分哪些需要全部标示，哪些可以免除标示义务。① 当然，槟榔生产企业可能会担心将添加剂的具体使用量全部标示出来会泄露自己的商业秘密。其实，这种担忧是多余的。一方面，将食品添加剂的成分含量标示出来，有利于保障消费者的知情权和选择权，使执法部门更易于发现企业是否虚假标注等问题，节约执法成本；另一方面，在现代食品生产行业中，同行竞争非常激烈，而知名企业之所以能脱颖而出靠的不仅仅是各种食品添加剂生产出独特风味的食品，而是其他企业所不具有的品牌价值。因为，依靠现代的分析技术和反向工程，其他企业通过破解生产配方同样能生产出相同风味的食品。

因此，统一食用槟榔产品包装标准是十分必要的。产品外包装，是产品的“门面”，是槟榔产品在加工过程中规范、有序的侧面反映。湖南省是槟榔加工的聚集地，其槟榔产品销往全国二十九个省、市、自治区及海外一些地区，年产值以年平均 20% －30% 的速度增长，规模庞大。确立统一的槟榔产品包装，在标准中细致、明确规定产品外包装应当包含的内容，真正做到槟榔产品“包装有特色，信息全统一”。另外，依据湖南省疾控中心，湘潭市、常德市疾控中心、常德市第一人民医院、湘潭市雅康口腔医院开展的《食用槟榔对口腔黏膜

① 胡国华：《复合食品添加剂》，化学工业出版社 2007 年版，第 211 页。

健康影响的研究》报告：嚼食槟榔人群出现口腔黏膜充血为4.6%，张口受限为3.4%，口腔黏膜纤维化临床表现为4.8%；嚼槟榔年限和量为口腔黏膜异常的影响因素，日嚼槟榔量越多、嚼槟榔年限越长，出现口腔黏膜异常的概率越高。通过网络面向全国各地嚼食槟榔的群众发放的调查问卷显示，嚼食槟榔是否致癌不能判定，但长期大量嚼食槟榔会产生不适感是毋庸置疑的，尤其是口腔的不适（见表三）。对此，湖南省槟榔食品行业协会以及相关行政机构大力倡导槟榔生产厂家效仿香烟厂家做法，在槟榔包装袋上标注“过度食用槟榔有害口腔健康”①，但这只是提倡性方式，并无法律保障，全依靠企业的自觉。目前，除去一些自做自售的零散摊贩不符合这一规定外，基本上槟榔产品外包装都含有该字样，只是商家标示的方式、内容不一致，但经过笔者后期网上调查数据显示，68%的群众基本上不知道槟榔包装袋上印有“过度食用槟榔有害口腔健康”字样（见表四）。

对此，笔者认为，为了保证该方式的有效性，应当将在外包装上印“过度食用槟榔有害口腔健康”作为明文规定，且应当规定该标示标注的位置，这样既能够确保消费者的知情权，又能使消费者对槟榔的危害有理性认识，保护老百姓的健康，打击对槟榔产品不利的流言蜚语，还能防止某些商家逃避规定，将“过度食用槟榔有害口腔健康”印刷在不显眼的位置。

（表三）问题11：您嚼食槟榔产生过何种不适？（此表为网络调查数据）

答案选项	口腔	胸闷	胃部不适	其他
选择比例	47.74%	18.8%	13.53%	19.92%
本题有效填写人次：266				

（表四）问题4：您是否知道槟榔包装袋上印有“过度食用槟榔有害口腔健康”字样？（此表为网络调查数据）

答案选项	是	否
选择比例	32%	68%
本题有效填写人次：100		

综述，笔者认为，法律法规的制定应依据产业链条上下游协调的原则，从整

① 王洁：《槟榔包装应标“过度食用有害”》，载《长沙晚报》2012年3月4日第A04版。

体出发，规范食用槟榔原材料选择标准、生产加工及人员管理标准、槟榔产品包装标准，形成标准间的无缝链接式配套，使食用槟榔在选取、生产、加工、销售等全方位的安全监控都能保证有效的技术指导和技术依据。

（三）畅通公众参与制定食用槟榔安全标准机制

公众参与是政府和公众就立法决策等涉及自身利益和公共利益的事项进行反复沟通、协商和磋商的过程，它通过多种形式进行，旨在保障公众行使管理国家事务的权利，从根本上维护其自身合理权益，保证行政立法和决策的民主性并提高其质量，公众参与以行使知情权为前提，行使参与权为核心，行使监督权为保障。① 公众来自于社会各个层面和各个领域，能反映一个方面的真实情况和真实要求，可以从不同角度、不同层次提出关于槟榔安全地方标准的丰富信息。而且，公众参与槟榔地方标准的制定，有利于畅通利益表达机制，现实社会中，不同的利益主体有不同的利益差别，在槟榔地方标准制定过程中，存在着普通利益和特殊利益、公共利益与私人利益、企业利益和机关利益等差别，“如果一个行政决定或政策将要对个体利益产生影响，这些不同的利益主体应当通过参与和协调来追求他们自己的利益”。② 充分让各方的利益得到表达，然后加以整合、平衡，这样才能使制定出来的标准正确反映和兼顾各方利益要求，从而取得民众对标准的广泛支持。另外，建立槟榔标准的公众参与制定模式，其本质是一种向公众宣传槟榔标准的手段，能够加深公众对标准的理解，增强公众对标准的认同感。调研期间，笔者发现，虽然槟榔行业有 2004 年《湖南省食用槟榔地方标准》的规制，但除了企业、行政机构以外，知道该标准存在的群众很少（见表五、表六）。

（表五）问题 5：您了解湖南省食用槟榔安全标准的规定吗？（此表为实地调查数据）

答案选项	了解	不了解
选择比例	19%	81%
本题有效填写人次：200		

① 王锡梓：《公众参与和行政过程——一个理念和制度分析的框架》，中国民主法制出版社 2007 年版，第 34 页。

② 王锡梓：《公众参与和行政过程——一个理念和制度分析的框架》，中国民主法制出版社 2007 年版，第 34 页。

（表六）问题6：您了解湖南省食用槟榔安全标准的规定吗？（此表为网络调查数据）

答案选项	了解	不了解
选择比例	10.63%	89.37%
本题有效填写人次：301		

由于公众缺乏参与，在某种程度上会导致其对法律法规的抵触。在无真实依据情况下，风靡的谣言——槟榔“致癌”，终归是通过口口相传的。食用槟榔地方安全标准制定的信息公开不到位，间接导致了这种谣言的肆意传播。虽然行政机构的一些有关立法的会议都会进行宣传报道，但是普遍存在着报道表决一致通过的场面多，而对具体立法审议、讨论、辩论的过程报道少，介绍正式立法文件的内容多，而介绍立法背景、立法后果、利益冲突和协调的内容少的诟病。[①] 在制定食用槟榔安全标准的过程中，只公开标准草案供征求意见和最终的标准文本，而对于究竟哪些专家参与讨论、核心观点是什么、标准讨论中专家之间是否有争论等问题并未公开。在制订食用槟榔安全标准过程中，有关专家学者、非政府组织、政府机构对食用槟榔的定位问题就有过争论，却并未向公众透露。实质上，湖南省作为槟榔大省，嚼食槟榔的人数庞大，大家对槟榔有着自己的看法和了解，如果在制定标准过程中，能将关于食用槟榔定位的争论放置于大众视野下讨论，或许会有更新、更有说服力的结论。

因此，具体就如何健全食用槟榔安全地方标准的信息公开制度，笔者认为应把握以下几个方面：第一，食用槟榔地方安全标准制定前的信息公开，即公开食用槟榔安全地方标准制定规划和计划，将政府计划制定食用槟榔安全地方标准的意图、制定的必要性和可行性、现状等公之于众，也可以通过新闻媒体、官方网站或政府公报的形式进行公告，并由专门的组织和人员收集社会各界的意见；第二，食用槟榔地方安全标准制定过程中的信息公开。“过程更加民主、透明，是解除公众疑虑的一个重要途径。”[②] 因此，公众参与食用槟榔安全标准制定应更加注重标准制定过程的公开，明确规定通过媒体、网络、包装等多种方式就食用槟榔安全地方标准起草、各种专家论证会议情况、征求意见处理情况等及时公开，让公众详细了解食用槟榔安全地方标准制定的全过程，有利于公众在标准制

① 马春生：《浅谈法规规章草案的征求意见工作》，载《政府法制》2008年第17期。

② 黄碧梅：《详解乳品新国标出台：谁在制订食品安全标准》，载《人民日报》2011年11月28日第013版。

定的不同阶段就所熟悉的、感兴趣的问题提出自己的意见或建议，从而缓解各方利益矛盾，解除公众疑惑；第三，食用槟榔地方安全标准制定结果的信息公开。通过信息公开，应该告诉公众食用槟榔安全标准的制定已经通过或即将实施，在一定程度上确保了公众的知情权，也有利于公众辅助相关监管部门行使自己的监督权，打击不遵守法纪法规的企业，确保群众食用槟榔的安全。

（四）加强政府企业间沟通，建立意见反馈机制

食用槟榔地方安全标准制定中公众参与的主要目的一方面是为听取公众建设性和多样性意见，提升标准的科学性和合理性；另一方面是为了畅通利益表达机制，赢得公众对最终标准的支持。建立意见反馈机制，主要包括建立行政部门对意见表达给予“回应”的反馈机制和生产企业对标准执行能力的反馈机制。行政部门对意见表达给予“回应”，即对公众参与过程中表达出来的意见和建议给予“回应”，或是通过总括或个别的方式给予参与者以明确的答复或解释，或是采纳公众的建议或意见，进行实质性的改进，并以能够使参与者知晓的方式反映出来。① 只有建立完善的意见反馈机制，才能保证行政部门认真思考公众意见，才能保持公众的参与热情。具体而言，行政部门对意见表达给予“回应”，可以在公布地方标准时，在前面附上一段文字性的说明，内容包括行政机关收到的意见种类、对每类意见的考虑、最终采纳哪些意见、没有采纳哪些意见等。

生产企业对标准执行能力的反馈机制，主要是中小型槟榔生产企业以及手工家庭小作坊在执行食用槟榔地方安全标准中对行政机关进行意见反馈。通过调研发现，目前湘潭有300多家槟榔生产厂家，小作坊数量有100－200家，大型的槟榔生产龙头企业仅为6－7家。因此，执行湖南省食用槟榔安全标准的主体大部分为大型企业、中小型企业和小作坊，而企业类型的差异化，其对标准的执行能力亦存在不同。湘潭市食品药品监督管理局负责人反映：“小作坊生产槟榔与大企业生产槟榔最大不同是环境条件，其次是食品添加剂的添加情况。”无论是环境条件还是食品添加剂的添加情况，都是执标的关键。2004年《湖南省食用槟榔地方标准》的起草主体，主要是湖南省几家大型槟榔生产加工企业，诸如湖南湘潭小龙王食品有限公司、湘潭胖哥槟榔加工厂、湘潭宾之郎食品有限公司、湘潭市皇爷槟榔食品有限公司、益阳市口味王槟榔有限公司以及长沙友文食

① 贾娜：《食品安全地方标准制定中公众参与立法研究》，内蒙古大学2012年硕士毕业论文。

品有限公司。对2004年《湖南省食用槟榔地方标准》的执行，大型槟榔生产企业无论是人员、配套设施、资金等都是较为容易达标的，而且大型槟榔生产企业都有自己的研发人员，对槟榔安全标准的理解和执行更为深入。所以要提升对食用槟榔安全标准的执行能力，一定程度上取决于小型企业和小作坊的执行力度。要求中小型槟榔生产企业以及手工家庭小作坊在执行食用槟榔地方安全标准中对行政机关进行意见反馈，一方面强化了中小型企业和小作坊执标时对自身的监督，从一定程度上能让中小型企业和小作坊更好地理解标准制定内容，另一方面为行政机关完善旧标准、制定新标准提供实践依据。湘潭市目前存在很多中小型企业和小作坊，如果要行政机关一一收集执标情况显然不可能，所以笔者认为，可以通过以下三种方式：第一，通过行政机关设立反馈意见信箱或者网站的方式收集；第二，通过湖南省槟榔行业协会进行意见收集；第三，通过行政机关在抽查调查过程中的走访调研来收集。

（五）完善行政部门的监管职能

依据《食品安全法》对食品安全监督管理机关的职责调整，目前的食品行业监督管理职能划分至食品药品监督管理局，槟榔行业作为食品行业的一种，也划归食品药品监督管理局监督管理。针对调研中湘潭市食品药品监督管理局发现的监督管理问题，笔者认为监督管理应当着重从以下方面进行完善：第一，提高安全生产监管的科学技术含量。随着科技的发展，安全生产的监管建设越来越依靠科技的发展，安全科技含量已经成为安全监管质量的重要因素。虽然目前我国的科技研究成果在实践中发挥了很大作用，但是落实到地方的安全生产监管中还是很薄弱，为了扭转这一局面，地方政府应着重加强以下建设：首先是制定安全科技发展规划。湘潭市政府应针对湘潭市的实际情况，聘请科技型专家，具体分析湘潭市槟榔企业的发展状况和发展潜力，制定短、中、长期发展规划，实现槟榔企业发展的科技型发展。安全生产监督管理部门依据规划的要求，合理安排监管工作，提高在日常监管中的技术含量。其次，实施槟榔安全生产信息化管理，提高政府的监管效率。完善槟榔安全生产信息化管理是安全科技运用的体现，其中应着重建立较为完善的槟榔安全生产执法信息管理，通过执法信息系统可以及时发现隐患、记录整改情况、实施重点监管，及时发布安全生产信息，通报安全生产事故，提高安全生产的应急监管能力，接受社会监督，全方位实施安全生产监管;[①] 第二，加强安全生产监管的责任、政策落实。首先，严格落实基层监管部门的安全生产责任制。基层的安全监管部门直接面对被监管对象，换言之基层食品药品监督管理局及其下设的所是直接管理槟榔生产企业的行政机构，是法律法规的直接执行者，同时也是加强安全生产工作最重要的一环，但是由于受各种原因的影响，诸如在调研中发现的一系列监管问题，基层的安全监管部门在硬件配置和人员安全方面的问题都严重影响到安全生产的监管，这就要求基层政府进一步加大基层安全生产监管的硬件装备，加强人员配置，严格依法监管，跟踪检查，切实做到监管措施到位、隐患整改到位。与此同时，提高安全监管部门执法人员的业务素质，提高政府综合监管的能力和水平。其次，准确界定政府监管与企业自身监管的安全管理职责。政府监管的主体是政府及有关部门，其对安全生产负监管责任，企业管理的主体是生产经营单位，其对安全生产负主体责任，明确监管职责可以为事故后追究责任提供明确的法律依据，督促企业自身积极开展安全监管工作；第三，建立职业化的执法队伍。调研团队后期去往株洲市食品药品监督管理局调研时，发现其已完成职能转型。食品药品监督管理局石局长表示“目前株洲市食药监局市区加上城区机关人数在200人左右，车辆30－40台，人力、物力充足，经费也比较充裕。食用槟榔在株洲市主要是销售广，生产企业极少，因而在监管过程中主要发现的是槟榔知识产权侵权事件，株洲现在基本上也都是小超市销售槟榔，很少有流动摊贩，这给监督管理带来便利化”。

与株洲市监管不同的是，湘潭市既是槟榔销售地，亦是槟榔生产基地，更需要职能部门完善监督和管理。为解决湘潭市的食品监管机构在人员配备、设施配置等问题，更好地对安全生产进行监管，加强监管的力度，笔者认为可以从以下方面展开：第一，建立专业化执法队伍。一是通过提高执法人员的业务素质，采取定期培训、执法演练等多种形式组织执法人员和基层的监管人员学习业务知识，二是提高执法的知识水平，可以通过联合高校定点培养的方式为基层监管队伍充电，三是实现执法队伍的专业化，通过公平招考平台将法律、食品等专业的毕业生招录到基层安全监管部门，调整基层安全监管人员的专业化结构比例，充实基层的安全监管力量，解决基层安全监管队伍人员缺乏问题；第二，全程对生产过程进行监管。监管部门的日常监管应包括事前、事中和事后全过程监管。事前监管主要指对企业申请从事食品添加剂生产的相关资质的审查，具体包括企业的生产场所、设备、技术条件、资金状况等是否符合食品卫生、安全标准和行业

① 张建莉：《地方政府安全生产监管研究》，山东大学2012年硕士毕业论文。

准入标准，从源头上把好食品添加剂生产经营者进入食品行业这道关卡；事中监管则包括监管部门定期或不定期地对食品添加剂生产经营者的厂房、车间、超市等场所及食品的现场排查或突击检查，定期向社会发布食品及食品添加剂的安全报告、检验报告、合格率情况等信息，对群众的举报及发现的违法添加、使用添加剂的企业、个人采取严厉的措施；事后监管包括诚信经营、具有良好社会责任感的食品添加剂生产企业、经营企业、个人的表彰，对违法滥用食品添加剂的企业、个人及失职的监管部门及责任人的整肃与处理，以及对食品安全事件处理的最新进展情况的通报等；第三，充分发动群众力量监督，普及食品安全法规。“民以食为天”，食用槟榔在湘潭市广受欢迎，在经费和人员不够充裕的情形下，监管部门可以通过日常的普法活动，提升消费者食品安全意识，普及与食用槟榔安全标准相关的法律法规，通过消费者来监督生产企业、销售商，对提供“情报”的消费者予以奖励和匿名保护。

（六）借力槟榔协会监督行业发展

行业协会是行业内企业及其他经济组织自愿组成的自律性行业组织，是独立于政府与市场的第三方，既是沟通政府和市场的纽带，又是社会多元利益的协调机构，还是实现行业自律、规范行业行为、开展行业服务、维护行业利益、保障公平竞争的社会组织。[①] 湖南省槟榔行业协会是槟榔食品自我管理、自我服务的重要组织，其通过制定行业自律公约，如《湖南省槟榔企业自律公约》，对基础技术、市场价格、产品质量、制作工序等进行规定，建立起行业自律管理体制，有效遏制了行业的不正当竞争行为。此外，湖南省槟榔行业协会也是槟榔行业整体利益的代表者，可以从维护会员企业的共同经济利益和全行业的合法权利角度出发，向有关部门反映行业的诉求和愿望，并通过对整个行业情况的调查研究、数据统计，为政府决策提供重要的参考依据。

湖南省槟榔行业协会作为槟榔产业管理的中介力量，其作用是不容忽视的。槟榔行业协会周会长说：“湘潭市食品药品监督管理局举办‘食用槟榔安全规范管理年’，并依据《食品安全法》第四条提出‘社会共治模式’，因此在管理过程中将由槟榔行业协会来承担一部分职责，搞好行业自律。通过对生产车间设计、生产工艺流程、添加剂使用、产品检测等自查自纠，来打击黑作坊或者条件

① 张凤仙：《论行业协会的法律地位》，中国政法大学2005年硕士毕业论文。

未达标的加工企业。但是槟榔协会仅为社团组织，无处罚权、无行政执法权，日常监督管理主要依靠会员企业的自觉。”究其监督权缺失的原因，笔者认为主要是以下几点：第一，《食品安全法》规定不足。《食品安全法》第七条规定：“食品行业协会应当加强行业自律，引导食品生产经营者依法生产经营，推动行业诚信建设，宣传、普及食品安全知识。”该条规定，行业协会对自己内部企业的监督是基于行业协会自身的自律性，以意思自治为原则，通过平等协商的方式对协会成员进行管理，并没有赋予行业协会参与到食品市场监管中的权利；第二，槟榔行业协会角色单一，信息优势发挥不到位。槟榔行业协会不仅是连接企业、消费者、政府的桥梁，更是行业内各企业信息交流的平台。当前，我国食品行业协会工作的重心更偏向于服务于企业，槟榔行业协会也不例外，更多的是为促进整个槟榔产业的发展助力，其次是服务于政府，促进地方经济的跨越式发展，在协助政府进行槟榔行业安全监管方面，槟榔行业协会的职能又没有得到应有的发挥；第三，槟榔行业协会会员太少，无法全员监督。通过调研得知，目前湖南省槟榔行业协会入会会员有50家，有6家大型槟榔生产企业，其中还包括除槟榔企业以外如香料香精企业、加工企业、包装企业等，涉及北京、海南、云南、湖南、台湾等地区的槟榔相关加工企业。目前湖南省就湘潭市而言，槟榔生产企业有100多家，而湖南省槟榔行业协会入会会员比例仅达17%。协会会员偏少，在依靠协会章程对入会会员进行监督时，能够监督到的槟榔生产企业十分有限，难以在食品安全监督方面起到应有的作用。

对此，笔者认为，充分发挥槟榔行业协会的作用，要以最大限度发挥槟榔行业协会的信息优势为出发点，塑造服务于食品产业、消费者和政府三位一体的角色：第一，槟榔行业协会作为槟榔生产企业的守护者，应为槟榔企业的发展壮大扫清各种障碍，既为其提供更多的信息、技术、政策方面的支持，又要及时对行业内槟榔安全信息进行披露，帮助企业规避系统性风险，譬如在三聚氰胺事件中，部分企业的非法生产经营行为招致消费者对整个牛奶行业的不信任，转而投向国外的牛奶企业，给国内整个牛奶行业带来了系统性风险。槟榔行业协会应当助力整个行业规避此种系统性风险，尤其是在槟榔“致癌”疑云未解开之前，对违规、违法的槟榔生产加工企业的信息进行披露；第二，从消费者角度而言，槟榔行业协会应该与消费者建立伙伴关系。一方面积极地向消费者宣传和普及槟榔食品安全知识，灌输科学的食品安全观，引导消费者进行科学、理性的槟榔消费，另一方面，应该做好就食品安全问题与消费者进行风险沟通的相关工作，防止消费者的生命健康权受到侵害，维护消费者的合法权益，这不仅是槟榔行业协会公益性的具体表现，更是为合法槟榔生产企业谋取长远利益的必然选择；第三，槟榔行业协会应该成为政府相关部门对槟榔产业进行规制的得力助手。既要及时向政府反馈槟榔产业发展的状况，帮助政府部门制定促进产业发展的政策、法规，又要协助相关部门肃清槟榔产业内的违法犯罪行为，维护合法槟榔生产经营企业的权益。

另外，对于《食品安全法》第七条关于食品行业协会角色定位的法律法规的滞后，笔者认为，可以通过在制定《湖南省食用槟榔安全标准》中赋予槟榔行业协会一定的监督权，槟榔行业协会在对其会员企业或非会员企业的生产经营状况进行监督时才有"话语权"，并可以通过槟榔行业协会对整个产业链条的相关情况的披露，保障槟榔产业的有序发展。

（七）建立 HACCP 管理体系

近年来，随着市场经济的快速发展和人们物质生活水平的提高，特别是加入 WTO 后，消费者对食品安全更加关注，食品安全与食品贸易的关系更为密切，国内食品市场的准入制度亦大力推进，在大型食品产业中间形成了建立和实施 HACCP 管理体系的热潮。所谓 HACCP（Hazard Analysis Critical Control Point）即"危害分析关键控制点"，是适用于各类食品企业的简便、易行的系统方法，是对食品生产加工过程中可能造成食品污染的各种危害因素进行系统和全面分析，从而确定能有效预防、减轻或消除危害的加工环节，进而在关键控制点对危害因素进行控制，并对控制效果进行监控，当发生偏差时予以纠正，从而达到消除食品污染的目的。[①] 目前，我国在餐饮业、食品制造业、化妆品行业等都不同程度地推广实施了 HACCP 管理体系，并取得了较好的经济和社会效益。[②] 而湘潭市槟榔生产企业却几乎没有一家采用这一先进的卫生质量控制系统，缺乏良好的自身管理机制，更无针对每一个作业环节而制定的具体、可操作的卫生标准操作程序，导致难以对卫生质量实施全方位控制。虽然现在槟榔生产由小作坊式发展到大规模集中式，产品质量得到一定程度的提高，但还存在诸如槟榔保质影响槟榔质量、氟污染等问题。在对槟榔卫生质量管理时，采用对成品进行抽样检验的管

---

① 王友水、蒋小平：《试论在槟榔加工过程中建立 HACCP 管理体系》，载《实用预防医学》2005 年第 6 期。

② 金海曙：《浅谈在港口食品储运工艺流程中建立 HACCP 管理体系》，载《中国卫生监督杂志》2004 年第 2 期。

理方法，很难分析出槟榔安全缺陷产生的原因，缺乏预见性和可溯性，不符合现代工业管理发展的趋势。[①] 因此，急需在槟榔生产过程中引进和实施一套科学、高效的安全控制体系，即 HACCP，以切实提高槟榔产品卫生质量。

HACCP 体系的建立，要求企业首先具备一定的基础，这些基础包括良好的生产规范（GMP）和卫生标准规程（SSOP）。[②] GMP 主要是针对槟榔在原材料采购、卤水制作、槟榔加工、储运、销售各个环节的要求，包括储存场所、设施和设备等方面的卫生管理均需符合良好的生产规范。GMP 管理制度可在一定程度上减少来自人员、环节、设施等方面的危害，防止食品在不卫生条件下生产、销售。SSOP 规程主要是环境卫生标准的规范化，具体包括食用槟榔加工用水安全、槟榔接触面的条件和清洁、加工过程中交叉污染的控制及槟榔被污染物污染、设施的清洁与维护、员工的健康状况、整个加工场所的虫鼠类防治等，在具体实施过程中 SSOP 既能控制一般危害又能控制显著危害，可以使 HACCP 中的关键控制点简化而有针对性。[③]

依据国际食品法典委员会推荐的 HACCP 原则和实施程序[④]，结合湘潭市实际情况建立 HACCP 系统。首先，应建立专门的体系工作小组。小组成员包括具体负责实施的计划者以及生产管理、工艺技术、产品检验、设备维修、市场销售等执行者，其共同负责制订、修改、确认、监督实施及验证 HACCP 计划，编写有关文件和开展相关培训；然后，绘制并确认槟榔加工工艺流程图，进行危害分析并确定关键控制点（CCP）。在深入了解槟榔生产全过程的基础上绘制工艺流程图，该流程图应包括生产加工过程中的每一步骤，通过与实践中步骤对比进行完善，并全面分析槟榔从原材料采购至销售中每一环节可能存在的生物性、化学性、物理性危害因素，对每一个危害发生的可能性及严重程度进行评判，提出预防对策，在危害分析的基础上确定 CCP。依据危害分析，根据 CAC 推荐的“关键控制点决定树”原理，拟定原辅材料验收和贮存、卤水配制、包装等为关键控制点；再者，建立关键控制点的限值。每个关键控制点应有一项或多项控制措施来确保预防、消除已确定的显著危害，或将其减至可接受的水平。在槟榔加工

① 贺国铭、张欣：《HACCP 体系内审员教程》，化学工业出版社 2004 年版，第 96 页。

② Willid H S. The mover HACCP system: The HACCP system is a preventive and dynamic system which can significantly improve the safe of our food supply [J]. Food technology. 1991 (6). 116.

③ 曾庆孝：《食品生产的危害分析和关键控制点（HACCP）原理与应用》，华南理工大学出版社 2000 年版第 37 页。

④ CAC. Codex alimentary basic text hazard analysis and critical control point system and guidelines for its application [Z]. annex to CAC/RCR1 - 1969. rev. 3 1997.

过程中可设立一个关键限量指标，包括温度、湿度、时间、感官指标等；然后，建立监控程序和纠偏措施、验证程序。对槟榔加工措施中每一个 CCP 建立监控程序，包括监控对象、方法、监控频率和人员等，以确保达到关键限值的要求。当检测发现 CCP 失去控制或出现误差时，及时采取措施并向质控部门回报，质控部门依据各种偏差的不同情况，采取相应修正措施并作好详细记录，同时组织有关人员依据偏差具体情况及产品安全性的检测数据进行评估，提出处理意见；最后，建立 HACCP 系统文件和记录档案。HACCP 程序制定和执行过程应有详细文件记录，包括危害分析小结、HACCP 计划及其他支持性文件等，同时槟榔生产企业依据关键控制点的一系列控制措施设计相应的表格，如原辅材料验收记录表、消毒记录表、纠偏措施记录表等，通过建立记录档案详细地了解实践操作情况。

槟榔生产企业在实施 HACCP 体系时，不仅要按照生产规范的要求对照改进，使生产环境和条件得到充分改善，而且要建立起完整的卫生标准操作程序及相应的执行记录、检测记录等，使槟榔加工全过程规范化，各项卫生管理措施得到贯彻落实，保证生产中容易影响卫生质量的关键环节得到有效的检测和控制。HACCP 管理体系是一套系统复杂的工程，要想整体达到较高水准，既需要政府机构的政策支撑，亦需要生产企业的协调配合。

（八）加强槟榔的社会舆论引导

社会舆论是指社会对个体行为和社会组织的活动施加精神影响的手段，是道德关系和人际关系的一种表现，是大众社会里一种普遍存在的社会心理现象。从结构看，社会舆论包括认识成分、情感成分和意志成分。社会舆论的正确性与客观性取决于其中科学的、知识的成分。科学的、知识的成分越多，则正确性越高，反之，如果社会舆论中情绪成分占主导地位，则容易“感情用事”，产生不适当的舆论导向。社会舆论具有控制作用（对个人、群体乃至政府的制约与监督）、指导作用（指导个人或群体的言论与行为）和协调作用（增强团结、纠正不正当意见）。社会舆论形成过程中个体可以与他人交流信息，沟通感情，满足交往动机，在交往过程中表达个人意见，发挥个人作用，体会到自己的力量和在群体中的地位，产生归属感和力量感。可以预料，随着社会经济发展水平提高和政治民主化的进一步扩大，社会舆论的积极影响将会越来越大。就消极方面而言，不健康或错误的社会舆论具有负面的控制、指导和协调作用，特别是少数人在认识上的错误会影响大多数人，抑或大多数人的错误意见压制少数人的正确意见，从而会造成严重的后果。有关食用槟榔的社会舆论曾经一度倒向“槟榔致癌”，虽该说法并没有科学上依据，但不论是实地考察调研抑或是网上调查都显示，民众普遍持“槟榔致癌”的态度。而另外这种说法也给生产企业带来损失，在“槟榔致癌”说法蔓延时，湘潭市食用槟榔销售量（主要是大中型企业）较之前下滑30%左右。笔者认为，在考察槟榔是否致癌并得出科学性结论之前，相关部门以及组织有必要规范引导槟榔的社会舆论，主要应当从以下几方面进行：其一，明确指出嚼食槟榔会引发相关口腔疾病，但向社会民众解释引发的疾病与食用槟榔致癌的不同。咀嚼槟榔会对口腔黏膜产生各种不良刺激，容易引起口腔黏膜纤维化、口腔黏膜下纤维性变、黏膜白斑等口腔黏膜的病变，而嚼食槟榔产生致癌的因素与嚼食个体、嚼食时间、嚼食方式等息息相关。“咀嚼槟榔可能诱发口腔癌，但主要问题不在槟榔本身。”中国工程院院士、中药药理学专家李连达提出，“咀嚼槟榔诱发口腔癌的主要原因在于不合理的生产工艺，有毒有害的辅料，再加上粗纤维对口腔黏膜造成的机械损伤。几种因素共同作用下，口腔黏膜由慢性炎症到癌前病变，最终可能导致口腔癌。”其二，区分槟榔鲜果和槟榔干果，向民众解读世界卫生组织关于“槟榔列为一级致癌物”的原因。详究槟榔发展的历史不难发现，国外嚼食的槟榔与湖南的食用槟榔无论从形态生物学、添加的物质、加工制作工艺、嚼食方法皆有所不同。国外嚼食的槟榔主要是用荖叶、烟草、白灰、红灰加儿茶、丁香油包裹槟榔鲜果，食用方法为嚼食或含在嘴里或贴在口腔内。而湖南的食用方式主要是对槟榔干果（即槟榔壳）用传统加工方法和特有工艺精心制作，不用烟草、荖叶等添加物，也不用儿茶等调味，食用方法是咀嚼后将渣子全部吐掉。2003 年世界卫生组织的国际癌症研究中心综合各国嚼食槟榔的研究结果表述是嚼食含烟草的槟榔或吸烟同时嚼槟榔习惯会产生致癌性，致癌部位主要在口腔、咽喉及食道。换言之，世界卫生组织并未明确指出嚼食槟榔一定会致癌，社会舆论对世界卫生组织的报告某些程度上或有不严谨的解读之疑；其三，建立槟榔工厂开放日。调研团队为更加深入了解湖南省食用槟榔生产的现状，去往湖南省宾之郎有限公司、湖南省皇爷食品有限公司进行实地调研，并参观了湖南省宾之郎有限公司的槟榔生产车间。槟榔生产加工的一体化、机械化，更少的人员参与和更多的机器工作已然成为趋势，这与往日的槟榔手工制作有很大的不同。团队在进行问卷调查时，随机访问了 200 名群众并在网络上也设置相应的调查问卷，数据如下（见表七、表八）：

（表七）问题6：您有参加过槟榔加工，了解槟榔加工过程吗？（此表为实地调查数据）

答案选项	有	没有
选择比例	23.5%	76.5%
本题有效填写人次：200		

（表八）问题7：您有参加过槟榔加工，了解槟榔加工过程吗？（此表为网络调查数据）

答案选项	有	没有
选择比例	9.97%	90.03%
本题有效填写人次：301		

由上可见，参观过现代槟榔加工厂的民众事实上少之又少，大部分民众对槟榔加工过程、现代槟榔加工方式不甚了解，抑或仍有民众对槟榔加工的记忆停留在久远的传统制作工艺中。食品是关乎民众生计，槟榔作为茶余饭后的休闲食品，有必要让民众充分了解食用槟榔的制作加工工艺和程序，通过建立槟榔工厂开放日，吸引并引导民众自主参观槟榔加工厂，当民众对槟榔工厂的加工工艺和生产程序有一定了解并亲眼见证过时，关于槟榔生产杂乱无序、环境脏乱不堪、生产不规范等流言才会不攻自破。

五、参考文献

［1］王利兵．食品添加剂安全与检测［M］．广州：科学出版社，2011。

［2］王海彦．食品安全监管［M］．合肥：安徽人民出版社，2007。

［3］张涛．食品安全法律规制研究［M］．厦门：厦门大学出版社，2006。

［4］谢光详．安全生产监管监察研究［M］．北京：法律出版社，2006。

［5］王锡梓．公众参与和行政过程——一个理念和制度分析的框架［M］．北京：中国民主法制出版社，2007。

［6］李静玮．1912－1948年的湘潭槟榔［J］．湘南学院学报，2010（6）。

［7］窦志浩．海南槟榔初加工状况调研分析［J］．农业开发，2015（12）。

［8］赵国详，岳建伟，张光勇．槟榔的研究开发状况及市场发展前景［J］．中国热带农业．2006（6）17。

［9］吴大鸣．成瘾消费品的多重身份——以湖南湘潭槟榔为例［J］．民俗研究，2011（3）。

[10] 范海阔，黄丽云. 槟榔生产消费现状及存在的问题 [J]. 安徽农业科学，2007 (13)。

[11] 陈文学，豆海港. 食用槟榔加工工艺研究 [J]. 食品科技，2007 (1)。

[12] 高家鉴. 不同炮制方法对槟榔中槟榔总碱含量的影响 [J]. 中成药，1999 (9)。

[13] 严聃，李彦. 食用槟榔的加工工艺研究 [J]. 食品与机械，2003 (6)。

[14] 祁静，黄玉林. 槟榔酚类物质生理活性研究进展 [J]. 热带作物学报，2010 (6)。

[15] 徐鹏飞. 完善我国食品安全标准的几点法律建议 [J]. 山西农业大学学报（社会科学版），2012 (4)。

[16] 谢启军，马爱进. 食品生产加工小作坊在社会发展中的地位和作用 [J]. 中国食物与营养，2009 (11)。

[17] 王萍，谢素芳. 食品小作坊小摊贩：监管如何不再难？[J]. 中国人大，2012 (2)。

[18] 陈超. 提高我国政府食品安全监管能力的思考 [J]. 中国管理信息化，2013 (16)。

[19] 陈颖，刘华. 浅析对食品生产加工小作坊和食品摊贩监督执法中的职责划分 [J]. 文山学院学报，2012 (3)。

[20] 胡昌国. 关于流动饮食摊贩卫生问题的思索 [J]. 中国公共卫生管理，2001 (5)。

[21] 王志辉. 食品添加剂使用的利弊与监管对策 [J]. 农业机械，2013 (8)。

[22] 操戈. "槟榔致癌"没有科学依据 [N]. 农民日报，2014－3－11 (003)。

[23] 周文化，李忠海，张海德. 不同槟榔果常规营养成分和槟榔碱含量分析 [J] 食品与机械，2009 (03)。

[24] 姚力. 对槟榔原籽果壳、果核槟榔碱含量进行测定 [J]. 中小企业管理与科技，2014 (07)。

[25] 吴敏慧. 我国食品安全监管机构体系存在的问题与建议 [J]. 法制博览，2015 (7)。

[26] 王路遥. 论食品安全监管制度的完善 [J]. 法制博览，2015 (6)。

[27] 张晓峰. 论食品行业协会的监督权 [J]. 产业与科技论坛，2014 (24)。

［28］凌潇，严皓．食品行业协会自治——食品质量安全规制的第三条道路［J］．食品工业，2013（9）。

［29］刘亚新．论食品行业协会在食品安全监管中的角色重构［J］．赤峰学院学报（汉文哲学社会科学版），2015（4）。

［30］汤伯兴．行业协会在食品安全工作中的作用不可替代［J］．中国食品药品监管，2006（6）。

［31］葛烨．行业协会参与市场监管体系建设的途径探索［J］．特区经济，2015（2）。

［32］徐学英．我国非政府组织及其在构建和谐社会中的作用研究［J］．科学咨询，2010（11）。

［33］郁建兴．行业协会：寻求与企业、政府间的良性互动［J］．经济社会体制比较，2006（2）。

［34］朱莉，张海德．槟榔加工的现状及展望［J］．农产品加工，2011（8）。

［35］彭进平，张兆强．湖南省食用槟榔卫生检测结果分析［J］．实用预防医学，2005（5）。

［36］王萍，曾凡．食品安全地方标准存在的问题及建议［J］．食品安全质量检测学报，2012（4）。

［37］陈锦汉．讨论改革地方标准管理模式［J］．中国标准化，2008（7）。

［38］姚贵宝，王立海．地方标准对区域经济发展的影响［J］．森林工程，2008（3）。

［39］滕函希．食品小作坊许可制度现状及问题的思考［J］．粮油加工，2015（1）。

［40］许显辉．论食品生产加工小作坊和食品摊贩管理法治化［J］．行政法学研究，2013（2）。

［41］萧福元，王非．食用槟榔对口腔黏膜健康影响的现况研究［J］．实用预防医学，2014（2）。

［42］邹朝晖，邓钢桥．食用槟榔卫生质量现状及对策［J］．湖南农业科学，2011（2）。

［43］赵云霞，于蕾．槟榔的毒理研究进展［J］．药品评价，2006（6）。

［44］曾晓，周雪梅，柳金矿．肖学成．食用槟榔地方标准中确定糖精钠、氟标准值的研究［J］．实用预防医学，2002（4）。

[45] 卢琨，李国胜. 中国槟榔产业现状及其发展对策分析 [J]. 热带农业工程，2010 (3)。

[46] 张慧坚，谢龙莲，方佳. 我国槟榔加工研究进展 [J]. 广东农业科学，2011 (4)。

[47] 许丹，刘芳，李滨. 食用槟榔加工的安全风险评估研究进展 [J]. 食品工业科技，2012 (5)。

[48] 谭乐和. 海南槟榔生产的现状、问题及对策 [J]. 海南大学学报自然科学版，2006 (1)。

[49] 李大元，刘巨钦. 湘潭槟榔的集群研究 [J]. 企业研究，2004 (12)。

[50] 王融国. 湘潭槟榔，“嚼”出来的产业 [N]. 中国质量报，2006 -4 -21 (008)。

[51] 马春生. 浅谈法规规章草案的征求意见工作 [J]. 政府法制，2008 (17)。

[52] 王友水，蒋小平. 试论在槟榔加工过程中建立 HACCP 管理体系 [J]. 实用预防医学，2005 (6)。

[53] 聂晓文. 湘潭市中小学生嚼食槟榔行为的认知因素探讨及干预研究 [D]. 长沙：湖南科技大学，2009。

[54] 蔡高强，夏研. 欧盟食品安全标准的法律分析 [D]. 湘潭：湘潭大学，2013。

[55] 龙雪梅. 湘潭槟榔加工变迁的人类学考察 [D]. 南宁：广西民族大学，2009。

[56] 朱玉文. 湖南槟榔新标严格限制使用食品添加剂 [N]. 中国食品质量报，2009 -5 -9 (005)。

[57] 陈晓合. 湖南修订米粉食品安全地方标准 [N]. 粮油市场报，2014 -5 -10 (A03)。

[58] Markus Kaltenborn. Social Rights and International Development: Global Legal Standards for the Post -2015 Development Agenda. Cambridge University Press. 2014。

[59] Marcus Klamert . Services Liberalization in the EU and the WTO: Concepts, Standards and Regulatory Approaches. Cambridge University Press. 2014。

[60] F. -A. Allaert. Security Standards for Healthcare Information Systems: A Perspective from the EU ISIS MEDSEC Project. IOS Press, US. 2002

六、附录

附件一：

湘潭大学法学院暑期调研团队

——湘潭市食用槟榔安全标准的现状调研调查问卷

（食品药品监督管理局相关人员用）

尊敬的__________食品药品监督管理局：

您好，我们是湘潭大学法学院的学生，现在正在进行一项以“湘潭市食用槟榔安全标准现状”为课题的暑期调研活动。旨在了解湘潭市槟榔产业现状，熟悉槟榔制作加工程序和生产工艺，为食用槟榔安全新标准的制定提供理论支持，并在一定程度上消除消费者对食用槟榔的误解，加强消费者对食用槟榔安全的认知。

此问卷仅限于学术研究，采取不记名形式。如果您有时间，希望您能积极参与并请实事求是地予以回答。我们将本着专业精神承诺：在调查过程中严格保守秘密，不向任何第三方透露被调查单位的任何非公开信息，不将被调查单位的答卷信息用于本次调查以外的任何目的。请您在符合贵单位情况的序号下画“√”。谢谢您的合作！同时对您提供的热忱帮助表示由衷的感谢！

湘潭大学“湘潭市食用槟榔安全标准现状课题组”

指导老师：蔡高强　1397322××××　　刘功奇　1837329××××

负 责 人：陈　露　1529226××××

1、您如何看待新闻中关于食用槟榔的负面报道？

A、有数据支持，可信度高　　B、有一定道理，但不可尽信

C、过于偏激，可信度低

2、您认为湖南省的各类企业生产的食用槟榔总体品质如何？

A、质量可靠　　B、基本合格　　C、不尽如人意

3、您认为食用槟榔生产企业的生产资质大体处在什么样的水平？

A、正规可信　　B、良莠不齐　　C、不尽如人意

4、您希望食用槟榔的安全标准达到怎样的严格程度？

A、非常严格　　　　B、较严格　　　　　C、一般严格

5、您认为针对食用槟榔的安全监管是否与对其他食品行业的监管存在差异性？

A、存在差异　　　　B、一定程度存在差异　C、无差异

6、您认为企业对生产标准的执行情况是否令人满意？

A、满意　　　　　　B、一般　　　　　　C、失望

7、您认为新的食用槟榔安全标准是否存在监管上的困难？

A、无困难　　　　　B、一般　　　　　　C、较困难

8、您认为食品药品监督管理局在食用槟榔的安全问题上应当承担多大程度的监管责任（与质监局、工商局相比较）？

A、责任较大　　　　B、责任相当　　　　C、责任较小

9、您认为食用槟榔的消费者对槟榔的安全标准问题是否关心（就您所了解）？

A、较关心　　　　　B、无所谓　　　　　C、不关心

10、您认为针对消费者宣传是否有助于食用槟榔的安全标准提升？

A、帮助较大　　　　B、有一定程度帮助　　　C、基本无用

11、若因食用槟榔质量问题而引发中毒等公共事件，您认为哪个环节的应急措施更为有效？

A、行政机关　　　　B、行业协会，企业　　　C、其他

12、您认为，湖南省槟榔行业未来前景如何？

____

附件二：

湘潭大学法学院暑期调研团队

——湘潭市食用槟榔安全标准的现状调研调查问卷

（质监局相关人员用）

尊敬的________质监局：

您好，我们是湘潭大学法学院的学生，现在正在进行一项以“湘潭市食用槟榔安全标准现状”为课题的暑期调研活动。旨在了解湘潭市槟榔产业现状，熟悉槟榔制作加工程序和生产工艺，为食用槟榔安全新标准的制定提供理论支

持，并在一定程度上消除消费者对食用槟榔的误解，加强消费者对食用槟榔安全的认知。

此问卷仅限于学术研究，采取不记名形式。如果您有时间，希望您能积极参与并请实事求是地予以回答。我们将本着专业精神承诺：在调查过程中严格保守秘密，不向任何第三方透露被调查单位的任何非公开信息，不将被调查单位的答卷信息用于本次调查以外的任何目的。请您在符合贵单位情况的序号下画“√”。谢谢您的合作！同时对您提供的热忱帮助表示由衷的感谢！

湘潭大学“湘潭市食用槟榔安全标准现状课题组”

指导老师：蔡高强　1397322××××　刘功奇　1837329××××

负 责 人：陈　露　1529226××××

1、您如何看待新闻中关于食用槟榔的负面报道？

A、有数据支持，可信度高　B、有一定道理，但不可尽信

C、过于偏激，可信度低

2、您认为湖南省的各类企业生产的食用槟榔总体品质如何？

A、质量可靠　B、基本合格　C、不尽如人意

3、您认为食用槟榔生产企业的生产资质大体处在什么样的水平？

A、正规可信　B、良莠不齐　C、不尽如人意

4、您认为企业执行《湖南省地方标准》的情况是否令人满意？

A、满意　B、一般　C、失望

5、您对目前食品检测的方式的看法？

A、程序简单，检测方式很好　B、程序繁琐，有待改进　C、落后

6、您是否参与过关于如何进行食用槟榔安全标准检测的培训？

A、是　B、否

7、据您了解，是否有群众来贵局投诉举报一些槟榔企业的违规行为？

A、是　B、否

8、当消费者对产品感到质疑时，是否可以提供相关帮助进行检测？

A、是　B、否

9、您认为行政机关针对食用槟榔质量安全标准的监管工作是否到位？

A、完全到位　B、基本到位　C、存在失职

10、保障“食品安全”，您认为最重要的措施是什么？

A、严格监督检验　　　　　　B、加大处罚力度

C、开展消费者教育　　　　　D、倡导生产经营者诚信和自律

11、您认为食用槟榔安全标准在执行中是否存在问题？

A、是　　　　　　　　　　　B、否

12、您认为，湖南省槟榔行业未来前景如何？

____

附件三：

湘潭大学法学院暑期调研团队

——湘潭市食用槟榔安全标准的现状调研调查问卷

（工商局相关人员用）

尊敬的__________工商局：

您好，我们是湘潭大学法学院的学生，现在正在进行一项以“湘潭市食用槟榔安全标准现状”为课题的暑期调研活动。旨在了解湘潭市槟榔产业现状，熟悉槟榔制作加工程序和生产工艺，为食用槟榔安全新标准的制定提供理论支持，并在一定程度上消除消费者对食用槟榔的误解，加强消费者对食用槟榔安全的认知。

此问卷仅限于学术研究，采取不记名形式。如果您有时间，希望您能积极参与并请实事求是地予以回答。我们将本着专业精神承诺：在调查过程中严格保守秘密，不向任何第三方透露被调查单位的任何非公开信息，不将被调查单位的答卷信息用于本次调查以外的任何目的。请您在符合贵单位情况的序号下画“√”。谢谢您的合作！同时对您提供的热忱帮助表示由衷的感谢！

湘潭大学“湘潭市食用槟榔安全标准现状课题组”

指导老师：蔡高强　1397322××××　　　　刘功奇　1837329××××

负 责 人：陈　露　1529226××××

1、您是否参与过类似工商“打假”的活动？

A、是　　　　　　B、否

2、您对流通领域的食品安全监管工作是否满意？

A、满意　　B、比较满意　　C、不满意

3、您如何看待新闻中关于食用槟榔的负面报道？

A、有数据支持，可信度高　　B、有一定道理，但不可尽信

C、过于偏激，可信度低

4、您认为湖南省的各类企业生产的食用槟榔总体品质如何？

A、质量可靠　　B、基本合格　　C、不尽如人意

5、您认为食用槟榔生产企业的生产资质大体处在什么样的水平？

A、正规可信　　B、良莠不齐　　C、不尽如人意

6、工商行政管理部门对受理的投诉、举报、咨询和提建议的处理情况怎样？

A、及时　　B、一般　　C、不及时　　D、不了解

7、您认为行政机关针对食用槟榔质量安全标准的监管工作是否到位？

A、完全到位　　B、基本到位　　C、存在失职

8、您认为企业执行安全标准的情况是否令人满意？

A、满意　　B、一般　　C、失望

9、您认为企业执行新的安全标准是否存在困难？

A、无困难　　B、一般　　C、较困难

10、保障“食品安全”，您认为最重要的措施是什么？

A、严格监督检验　　B、加大处罚力度

C、开展消费者教育　　D、倡导生产经营者诚信和自律

11、平常是否频繁接到消费者“12315”的热线来电，投诉槟榔行业违规??

A、经常　　B、一般有　　C、很少　　D、几乎没有

12、您认为，湖南省槟榔行业未来前景如何？

____

附件四：

湘潭大学法学院暑期调研团队

——湘潭市食用槟榔安全标准的现状调研调查问卷

（湖南省槟榔食品行业协会相关人员用）

尊敬的________行业协会：

您好，我们是湘潭大学法学院的学生，现在正在进行一项以“湘潭市食用槟榔安全标准现状”为课题的暑期调研活动。旨在了解湘潭市槟榔产业现状，熟悉槟榔制作加工程序和生产工艺，为食用槟榔安全新标准的制定提供理论支持，并在一定程度上消除消费者对食用槟榔的误解，加强消费者对食用槟榔安全的认知。

此问卷仅限于学术研究，采取不记名形式。如果您有时间，希望您能积极参与并请实事求是地予以回答。我们将本着专业精神承诺：在调查过程中严格保守秘密，不向任何第三方透露被调查单位的任何非公开信息，不将被调查单位的答卷信息用于本次调查以外的任何目的。请您在符合贵单位情况的序号下画“√”。谢谢您的合作！同时对您提供的热忱帮助表示由衷的感谢！

湘潭大学“湘潭市食用槟榔安全标准现状课题组”

指导老师：蔡高强　1397322××××　　刘功奇　1837329××××

负 责 人：陈　露　1529226××××

1、您如何看待新闻中关于食用槟榔的负面报道？

A、有数据支持，可信度高　　B、有一定道理，但不可尽信

C、过于偏激，可信度低

2、您认为湖南省的各类企业生产的食用槟榔总体品质如何？

A、质量可靠　　B、基本合格　　C、不尽如人意

3、您对哪一种生产方式生产的食用槟榔有信心？

A、现代工艺　　B、传统工艺

4、您认为湘潭市槟榔生产行业的生产水平如何？

A、正规可信　　B、良莠不齐　　C、不尽如人意

5、您认为提升食用槟榔的安全标准是否有助于消除“槟榔致癌”的观点？

A、帮助较大　　B、有一定程度上帮助　C、基本无用

6、您希望食用槟榔的安全标准达到怎样的严格程度？

A、非常严格　　B、较严格　　C、一般严格

7、您认为行政机关针对食用槟榔质量安全标准的监管工作是否到位？

A、完全到位　　B、基本到位　　C、存在失职

8、您认为企业执行安全标准的情况是否令人满意？

A、满意　　B、一般　　C、失望

9、您认为企业执行新的安全标准是否存在困难？

A、无困难　　B、较困难　　C、非常困难

10、您认为消费者对槟榔的安全标准问题是否关心？

A、较关心　　B、无所谓　　C、不关心

11、您认为是否有必要向消费者宣传槟榔安全的标准？

A、是　　B、否

12、您认为安全标准的提升是否会影响食用槟榔的价格？

A、影响较大　　B、有一定程度影响　　C、无影响

13、对槟榔安全标准的落实，谁的责任更大（多选）？

A、行政机关　　B、行业协会　　C、企业

附件五：

湘潭大学法学院暑期调研团队

——湘潭市食用槟榔安全标准的现状调研调查问卷

（槟榔生产企业相关工作人员用）

尊敬的____________企业：

您好，我们是湘潭大学法学院的学生，现在正在进行一项以“湘潭市食用槟榔安全标准现状”为课题的暑期调研活动。旨在了解湘潭市槟榔产业现状，熟悉槟榔制作加工程序和生产工艺，为食用槟榔安全新标准的制定提供理论支持，并在一定程度上消除消费者对食用槟榔的误解，加强消费者对食用槟榔安全的认知。

此问卷仅限于学术研究，采取不记名形式。如果您有时间，希望您能积极参与并请实事求是地予以回答。我们将本着专业精神承诺：在调查过程中严格保守

秘密，不向任何第三方透露被调查单位的任何非公开信息，不将被调查单位的答卷信息用于本次调查以外的任何目的。请您在符合贵单位情况的序号下画“√”。谢谢您的合作！同时对您提供的热忱帮助表示由衷的感谢！

湘潭大学“湘潭市食用槟榔安全标准现状课题组”

指导老师：蔡高强　1397322××××　　刘功奇 1837329××××

负 责 人：陈　露　1529226××××

1、您的年龄？

A、18－25　　B、26－30　　C、31－40

D、41－50　　E、50 以上

2、您的性别？

A、男　　B、女

3、您在公司的职位是什么？

A、管理层　　B、生产人员　　C、其他

4、您在公司大约工作了多久？

A、小于一年　　B、1－5 年　　C、5 年以上

5、您嚼槟榔吗？

A、嚼　　B、不嚼

6、您认为嚼食槟榔对人体健康是否有害？

A、有　　B、没有

7、您认为，工作环境对您的健康状况有影响吗？

A、有　　B、没

8、您是否熟练掌握岗位规程？

A、完全掌握　　B、不完全掌握　　C、完全不掌握

9、您有健康证吗？

A、有　　B、无

10、公司是否组织对员工进行食品安全知识岗前培训和定期培训？

A、是　　B、否

11、您对公司现在的槟榔加工模式满意吗？

A、满意　　B、不满意

12、您认为在食用槟榔生产过程中最重要的环节是什么？

A、新鲜槟榔的品质　　　　B、加工技术的改革　　　　C、添加剂的使用

13、生产过程中产生的不合格品、废弃物，是否及时得到处置并记录？

A、是　　　　B、无

附件六：

湘潭大学法学院暑期调研团队

——湘潭市食用槟榔安全标准的现状调研调查问卷

（槟榔零售商用）

尊敬的________女士（先生）：

您好，我们是湘潭大学法学院的学生，现在正在进行一项以“湘潭市食用槟榔安全标准现状”为课题的暑期调研活动。旨在了解湘潭市槟榔产业现状，熟悉槟榔制作加工程序和生产工艺，为食用槟榔安全新标准的制定提供理论支持，并在一定程度上消除消费者对食用槟榔的误解，加强消费者对食用槟榔安全的认知。

此问卷仅限于学术研究，采取不记名形式。如果您有时间，希望您能积极参与并请实事求是地予以回答。我们将本着专业精神承诺：在调查过程中严格保守秘密，不向任何第三方透露被调查单位的任何非公开信息，不将被调查单位的答卷信息用于本次调查以外的任何目的。请您在符合贵单位情况的序号下画“√”。谢谢您的合作！同时对您提供的热忱帮助表示由衷的感谢！

湘潭大学“湘潭市食用槟榔安全标准现状课题组”

指导老师：蔡高强　1397322××××　　　　刘功奇　1837329××××

负 责 人：陈　露　1529226××××

1、您从事槟榔行业多少年了？

A、1－2年　　　　B、3－5年　　　　C、5年以上

2、您每天销售槟榔的销售额是多少？

A、50包以下　　　　B、50－100包　　　　C、100包以上

3、消费者一般所选槟榔的价格是？

A、5 元及 5 元以　　B、6－10 元　　C、10 元以上

4、您的槟榔来源是 ？

A、自产自销　　B、市场批发　　C、厂家进货

5、对于腐烂变质的槟榔您是如何处理？

A、退回厂家　　B、继续销售　　C、自行销毁

6、您觉得生产企业生产的槟榔是否会依照食用标准？

A、不符　　B、普遍符合　　C、符合

7、您关心您所销售槟榔的是否符合安全标准吗？

A、基本不关心，销售掉就可以　　B、偶尔会留意生产渠道

C、经常，严把质量关

8、食用槟榔的负面报道会影响槟榔的销量吗？

A、不会　　B、影响不大　　C、影响很大

9、您销售槟榔的场所是？

A、车站旁边　　B、大马路旁边　　C、长途汽车

10、您认为行政机构对槟榔的监管力度是否严格？

A、非常严格　　B、较严格　　C、一般

附件七：

湘潭大学法学院暑期调研团队

——湘潭市食用槟榔安全标准的现状调研调查问卷

（消费者用）

尊敬的________女士（先生）：

您好，我们是湘潭大学法学院的学生，现在正在进行一项以“湘潭市食用槟榔安全标准现状”为课题的暑期调研活动。旨在了解湘潭市槟榔产业现状，熟悉槟榔制作加工程序和生产工艺，为食用槟榔安全新标准的制定提供理论支持，并在一定程度上消除消费者对食用槟榔的误解，加强消费者对食用槟榔安全的认知。

此问卷仅限于学术研究，采取不记名形式。如果您有时间，希望您能积极参与并请实事求是地予以回答。我们将本着专业精神承诺：在调查过程中严格保守

秘密，不向任何第三方透露被调查单位的任何非公开信息，不将被调查单位的答卷信息用于本次调查以外的任何目的。请您在符合贵单位情况的序号下画“√”。谢谢您的合作！同时对您提供的热忱帮助表示由衷的感谢！

湘潭大学“湘潭市食用槟榔安全标准现状课题组”

指导老师：蔡高强　1397322××××　　刘功奇　1837329××××
负 责 人：陈　露　1529226××××

1、您的性别？

A、男　　B、女

2、您的年龄？

A、18岁以下　　B、19－25岁　　C、26－30岁

D、31－35岁　　E、36－40岁　　F、41岁以上

3、您嚼过槟榔吗？

A、没有　　B、偶尔吃　　C、经常吃

4、您嚼槟榔的时间？

A、一年以下　　B、一到五年　　C、五年以上

5、您吃槟榔的原因？

A、提神　　B、健康　　C、交际需要

6、您购买槟榔时对品牌的在意程度？

A、非常在意　　B、在意　　C、无所谓

7、您经常嚼食何种槟榔？

A、品牌槟榔　　B、祖传工艺　　C、街边现炒

8、您选择食用槟榔的标准？

A、口味　　B、品牌　　C、价格　　D、包装

9、您了解湖南省食用槟榔安全标准的规定吗？

A、了解　　B、不了解

10、您有参观过槟榔加工，了解槟榔加工过程吗？

A、有　　B、没有

11、您是否在意槟榔的加工环境卫生？

A、非常在意　　B、在意　　C、不在意

12、您认为自己嚼食的槟榔符合食用安全标准吗？

A、不符合　　B、符合

13、您觉得食用槟榔在哪些方面需要完善？

A、包装　　B、卫生状况　　C、口味

D、工艺　　E、安全标准　　F、其他

14、您认为行政机关对槟榔的监管是否严格？

A、非常严格　　B、较严格　　C、一般严格

15、您对现在槟榔的加工工艺是否满意？

A、不满意　　B、一般，仍需改进　　C、满意

16、您觉得国家槟榔安全标准应当适用于哪些厂家？

A、品牌槟榔　　B、祖传工艺　　C、街边现炒

17、假若您买到了劣质槟榔，您会怎么办？

A、直接扔掉　　B、找商家或厂商理论　　C、法律维权

18、您是否因为嚼食槟榔产生身体不适？

A、是　　B、否

第二篇　湖南省基层公证队伍建设现状调研报告*

引言

党的十八届四中全会通过的《中共中央关于全面推进依法治国若干重大问题的决定》（以下简称《决定》）为我国的法治建设指明了方向。《决定》提出了“推进基层治理法治化”的要求，而作为基层法治建设的基础环节，基层法治队伍建设的重要性自然应该得到更多关注。相对于法官、检察官、律师等备受关注的法律群体，公证队伍建设的现状及前景往往得不到足够的重视，而此次《决定》中三次提及公证，尤其在加强法治工作队伍建设中提到“发展公证员、基层法律服务工作者、人民调解员队伍”。这表现出顶层设计者对加快建设公证队伍、推进公证行业发展的重要性与紧迫性的认识。

但我国公证行业建立时日尚短，还不发达，普遍存在着公证机构定位不明确、人才缺失、队伍素质参差不齐等诸多问题，本次调研即以湖南省基层公证队伍建设的现状为主题，旨在为公证队伍建设的法治化提供理论与实践依据。通过对公证相关文献的检索阅读以及针对公证行业从业者、监管者等各方面参与人员的实地调研，调研团队积累了详实的数据资料，为调研报告的写作打下了扎实的基础。报告将以公证行业的发展改革现状为引，对湖南省公证行业的状况作出整体评估；在此基础上，调研团队的报告将以问卷数据以及访谈资料为佐证，对湖

---

* 本调研报告由蔡高强教授担任指导教师，焦园博任调研团长，邓淏、刘蓉、胡泽雯、彭庆、徐伟杰、曾茜等同学组成的2015年专项调研团全体成员共同完成。

南省公证行业当前改革进程中遭遇的各种表面问题逐一进行分析，并深入到表面现象之下的深层制度方面，分析制度原因作为公证队伍建设问题源头的根本性以及其中的制度选择问题，最后在前述分析阐述的基础上，分别针对表面问题以及制度问题给出结论。

一、公证行业与公证队伍建设概况

（一）公证行业发展现状

1、公证制度概述

公证是国家为了保证法律的正确实施，稳定社会经济民事流转秩序，预防纠纷，减少诉讼，保护公民、法人与其他组织的合法权益而设立的一项预防性的司法制度，是我国司法制度的重要组成部分。公证制度的基本功能是对特定事实予以证明，实质是国家将证明权赋予公证机构，通过公证机构对各类法律关系进行干预与管理，降低个体在社会活动中产生风险的可能性，并为各种纠纷的顺利解决提供真实可靠的证据。由于市场经济的盲目性带来的种种弊端，健全完善公证制度也成了维护社会信用体系的一项重要举措。① 公证机构对当事人的公证申请进行审查，并赋予符合法律资格的公证事项法律效力，以满足当事人的证明需求，尤其在经济事务中增强了当事人之间的信赖与可预期性，对社会经济的发展起到了保障和引导作用；从另一方面来说，公证机构在办理各类证明的同时亦能够增进民事主体间的相互了解，防止欺诈行为的发生，引导公民遵守法律，维护社会主义法治。

2、我国公证行业的创始与沿革

我国现行的公证制度初创于解放战争至新中国成立初期，这一时期司法机关通过公证工作对国家机关、国有企业和私营企业订立的经济合同进行法律监督，从而达到缓和公、私关系的目的。随着社会主义改造和建设的深入发展，我国公证行业的规模进一步扩大，公证所担负的职能也更趋向于公权化特征。在 1958

① 武丽娟：《从完善公证法律制度谈我国公证诚信制度的构筑》，山东大学 2013 年硕士毕业论文。

-1976年间，公证工作受国内环境的影响处于停顿状态。1979年在最高人民法院的领导下我国公证工作得以恢复，涉外公证业务也得到了迅速的发展。1982年制订了第一部公证行政法规《中华人民共和国公证暂行条例》。1993年，为了适应社会主义市场经济建设的需求，司法部开始着手对公证体制进行改革。随着公证体制改革的进展，我国公证行业在行业规模、服务质量、专业素养等方面都实现了大幅度提升。[①] 虽然公证机制在我国已经运行了数年，但目前建立的体制仍不能适应社会发展的需求，行业发展前景受到各种因素的牵制：公证员普遍存在加班的现象且执业风险较高，工作压力与职业风险并存；公证员职业的准入门槛较高但收入水平偏低，导致公证机构长期人才匮乏；从业人员在证明对象的查证方面缺乏足够的信息渠道与获取手段等。所有这些问题如果得不到妥善解决，将对公证队伍乃至公证行业的长久建设带来不可逆转的后果。

与公证行业受制于发展瓶颈的现状相比较，我国律师行业的发展可以形容为一日千里。仅从数量角度来看，我国目前律师行业从业者约为27万人，而公证从业人员则不足2万人。律师行业与公证行业在业务范围、行业需求和行业性质等诸多方面都存在差异，并且由于律师行业倾向于对纠纷的事后处理，人们因此可以更直观地感受到律师在解决纠纷时所发挥的作用，而公证在发挥预防纠纷的作用往往得不到直观体现，相比较之下，公证行业的劣势不言自明。因此公证行业的发展本身就存在先天性难题，这一点在公证行业陷入持久战的改制转型过程中体现得尤为明显。

3、改制导火索：西安宝马车案

2004年西安宝马车案引发了社会公众对于公证行业的质疑，造成了恶劣的影响，成为公证行业改革的导火索。该案的当事人西安青年刘亮在抽奖活动中被公证人员宣布抽中特等奖A奖（一辆价值近48万元的宝马汽车与12万元现金），次日该彩票因被质疑真伪而导致兑换暂缓，之后经国家体彩管理中心等部门确认，该彩票系假票，但刘亮及其家人坚称没有伪造彩票而是被调了包，后经查证为承包商杨永明与“托儿”刘晓莉、岳斌等人进行了造假行为。由于涉案的新城区公证处及现场公证员的严重失职，西安市新城区委、区政府责令新城区司法局局长作出深刻检讨，对新城区公证处主任停职检查，涉事公证员被吊销公证员执业资格。在本案中，公证人员的严重失职行为致使其在公证事项的审查与

---

① 洪英：《关于公证权性质与公证管理体制改革的思考》，载《中国司法》2014年第12期。

监督过程中留下漏洞，为不法者留下了可乘之机，比如公证员在对中奖彩民的身份证明进行审核时就并未发现造假者所出示的假身份证，并且公证员也未按规定将中奖者的身份证复印件予以保留，可见公证机构并未尽到应尽的审查义务，存在严重的失职。由于公证机构在程序上的不严谨使得公证机构的公信力下降并带来了消极的社会影响，因此该案也在一定程度上预示了公证行业改革的方向与公证行业改革的必要性与紧迫性。[①]

（二）湖南省公证队伍建设现状

当前湖南省正在推进法治政府建设工作，在2006年11月湖南省第九次党代会报告中就出现了“法治政府”的理论雏形，从2008年到2012年连续五年的政府工作报告中湖南省依据国务院颁布的《全面推进依法行政实施纲要》这一纲领性文件，从行政立法、行政执法等方面不断规范行政权力的运行，努力建设公正透明的服务型政府。到2011年5月，湖南省制定出台了《湖南省法治政府建设十二五规划》，将法治政府建设纳入国民经济和社会发展五年规划。这一举措表明了湖南省“法治政府”建设理念已然明确，建设法治政府有利于进一步规范政府的行政权力，促进“实体法控权”向“程序法控权”的转变，对促进政府服务立法具有意义。

“法治湖南”的实践将推动本地法治化的建设，而在湖南省法治政府理念的引导下，公证行业也必然要朝着行业的社会化、程序的公正化方向发展。湖南省法治政府建设所采取的方针政策是公证行业改革措施的基本纲领，同时也为公证队伍的建设与改革营造了良好的外部环境。当前湖南省公证队伍建设发展得益于行业的制度改革措施，总体呈现良好趋势，但依然面临着诸多问题。调查问卷显示，待遇较低与人手不足是当前队伍建设中存在的主要问题，分别占调查对象总数的74%与81%，职业道德与执业技能也是当前公证行业关注的热点问题。此外，司法行政部门及公证协会的管理能力偏弱、群众对公证业了解甚少以及更深层次的制度改革取向等诸多问题，虽不直接关涉公证队伍的建设，但都足以影响甚至左右公证队伍建设的方向与成果。所牵涉的多种因素相互作用，使公证队伍在实践中的建设并没有那么简单，因此，挖掘和分析这些要素将有助于合理的规划队伍建设蓝图。但公证行业改革时日已久，亟待决策者在诸多方面做出决断，

① 方晓阳、陈玉珍：《西安宝马彩票案的公证断想》，载《中国公证》2004年第6期。

而分析其中的关键因素并给出建议，正是本次调研的目的所在。

二、公证队伍建设困境：表象问题

随着深化改革措施的提出，尤其是自城乡统筹、四位一体科学发展总体战略实施以来，湖南省经济快速发展，社会建设深入推进，城乡法治化水平不断提高，各类社会组织和人民群众的法治意识，尤其是维权意识不断增强，对公证法律服务的需求不断增加，而公证机构在经济社会建设中，也确实发挥了不可替代的积极作用。因此加强公证员队伍建设，使从业人员适应新形势下的公证工作环境，对公证行业的长远发展前景意义深远。然而，实践中湖南省公证队伍的建设面临着诸多困难。单从外部表象着手分析，一些十分关键的因素制约了公证队伍建设，主要可以归结为以下三个方面的问题：行业从业人员现状、行业准入资格、行业待遇与保障。

（一）公证从业人员现状

首先是年龄结构问题，从调研结果来看，大部分公证机构都存在老龄化趋势；其次是男女比例严重失调，缺乏吸引男性从业的因素；再次，公证员的平均学历水平与其他法律职业相比较偏低，新入从业者以本科学历为主，研究生学历的从业人员偏少。

1、公证队伍年龄结构老化

从问卷调查所反映的数据来看，45－55 岁年龄阶段的公证员所占比重为 43%，55 岁以上的公证员占 12%，而本应该成为行业主力的 25－35 岁以及 35－45 岁公证员分别只占 28% 和 17%。虽然调研团队调查的样本有限，但该现象在与各公证处主任的访谈中被反复提及，因此可以认为，当前湖南省公证队伍的整体年龄偏大。这一情况的出现涉及多方面的因素。从公证行业的准入而言，2006 年颁布的《中华人民共和国公证法》（下文简称《公证法》）明确规定：公证员必须年满 25 周岁，且须具备在公证机构实习二年以上或者具有三年以上其他法律职业经历并在公证机构实习一年以上的条件。《公证法》对公证从业资格提出的这两方面硬性规定极大程度上限制了年轻力量的加入，大量年轻人因资格限制而被拒之门外。公证员偏低的待遇以及高强度的工作现状使得一些年轻人不愿意选择公证行业。问卷显示：认为公证从业者数量可以满足事务需求的仅有17%，认为待遇较理想的也仅有12%，因此可以认为，高强度低收入的现状是公证行业难以吸引年轻人加入主要原因之一。但从已经进行了事业体制改革的公证机构所反映的情况来看，薪酬问题正逐步得到改善，因此事业编制中的年轻公证员也相对较多，但其工作强度与其工作报酬仍然不成比例，有待进一步改善。

2、公证队伍男女比例失调

目前我省公证处公证员的男女比例严重失调，女多男少的问题在公证机构十分普遍。从问卷数据来看，女性公证员占比76%，男性公证员则仅占24%。访谈中一些公证处主任提及有些公证处男性比例在20%以下甚至更低，性别差异十分明显。一方面，从当前公证行业的职业性质来看，公证工作需要公证人员长期保持细心与耐心，通常来讲女性在这两方面较之男性更有优势，因此女性公证人员的数量总体上多于男性。从目前湖南省公证处的工作现状来看，公证事务繁重加上公证员相对匮乏，高强度的工作使得女性公证员在生理和心理上都承受着巨大的压力，因此整个公证队伍亟待生理素质、抗压能力相对较强的男性加入。另一方面，男女比例失衡的原因与公证员的待遇问题有极大的关系，男性通常肩负家庭经济来源的主要部分，所承担的经济压力比女性要大，因此在职业选择中更偏向于高收入、高社会地位的职业，而凡是符合《公证法》规定的公证员准入资格的男性，通常也都具备了从事律师、公司法务、检察官、法官这些高收入或者高社会地位的职业的条件，相较之下，在收入与地位方面都不占优势的公证行业，往往得不到男性的青睐。不同于高强度的户外建筑作业或是注重耐心细致的幼师、护士等工作，公证行业作为一类不存在特别性别取向的职业，理论上不应该出现如此严重的性别失衡，因此实践中存在的性别失调是行业发展不健康的表现，应当得到决策者与研究者足够的重视。

3、公证队伍平均学历偏低

调查问卷显示：76%的公证员为本科学历，研究生学历的占10%，学历达到博士生水平的人数为零，剩余的14%为学历在本科以下的老公证员。因此从总体来看，相对于今日不断注入新鲜血液、不断发展壮大的司法机关和律师队伍，公证队伍的平均学历水平较低。但从现实来看，公证队伍要吸收高学历人才实非易事：公证员在社会地位上不及法、检等行政机关的法律从业者，在薪资待遇和收入水平上又难以和律师相提并论，对于高学历人才的吸引力显然是不够的，而这些高学历人才通常具备优秀的教育背景和体系化的专业知识储备，能够以发展的眼光看待和处理问题，保证公证工作质量上的高水准和专业化，从而成为推动公证行业改革的主力军，因此，如何招揽高学历的人成为调研团队的访谈对象们最常提及的问题之一，或许将来也会是整个公证行业最关心的问题之一。从与事业编公证处人员的访谈来看，公证处普遍需求高端人才的加入，并为此给出了不菲的待遇，对于致力于长久发展的公证行业而言，这将是迟早会跨出的一步。

（二）执业资格与执业能力

1、公证执业资格准入门槛偏高

目前湖南公证机构存在两种类型，一种是事业性质，另一种是行政性质，无论是哪种性质，当前对于公证从业资格的准入原则上实行老人老办法、新人新办法的区分原则。但是针对新人的准入，两种性质的公证机构仍然表现出一定的差异。《公证法》第十八条规定："担任公证员应当具备下列条件：（一）具有中华人民共和国国籍；（二）年龄二十五周岁以上六十五周岁以下；（三）公道正派，遵纪守法，品行良好；（四）通过国家司法考试；（五）在公证机构实习二年以上或者具有三年以上其他法律职业经历并在公证机构实习一年以上，经考核合格。"事业编制的公证机构招录新公证员只需满足法定的这五项要求，而行政编制公证处的招录不仅须满足《公证法》对公证员的要求，还需通过公务员考试才能进入该类型的公证机构就职。

因此在资格准入方面，过高的准入门槛表现出诸多弊端，不利于公证行业的长远发展，调查问卷的数据显示有高达81%的公证员认为资格准入过高。从调研团队所收集的问卷对象基本信息来看，行政编制的从业者普遍认为法定资格加公务员的要求过高，而事业编制的从业者大多认为法定资格中的最低年龄限制及实习要求过于严格。司法考试作为法律职业的基本门槛要求已然不低，我国司法考试的通过率约有10%，即使有庞大的基数，通过考试的人才数量仍然远远不能满足我国当前对法律类人才的需求，更何况公证行业与其他法律职业相比，缺乏足够的吸引力。因而在司法考试之外的其他方面降低职业准入门槛势在必行，而行政编制公证机构的改革任务尤其紧迫。

2、公证从业人员执业能力较弱

公证从业人员的执业能力可以从性别、年龄、学历等角度综合加以分析。从性别角度分析，湖南省的公证行业以女性为职业主体，而女性由于身体机能本身不及男性，因此公证行业目前高强度的工作状态对于女性从业者而言负荷过重，无论对从业者还是案件的处理来说都不是令人满意的状态；从年龄方面分析，目前公证队伍存在年龄结构老龄化的问题，而高龄从业者从精力上就无法保障执业水平；从学历层次分析，目前公证从业者的学历普遍处于本科及以下的层次，仅有少数发展良好的事业编制公证机构致力于招录硕士研究生及以上学历的年轻人。综上而言，我国公证行业的队伍建设在很多方面都有待提升，诸多方面的因素都束缚着公证从业者的整体执业能力。

（三）职业待遇与保障

1、收入水平低

对于当前的收入水平，调查问卷涉及的对象中64%表示尚可接受，24%表示不理想，仅有12%表示较为理想。从当前公证机构区分事业编制与行政编制的前提出发，收入水平也应当分别分析。目前行政编制的公证员享受公务员待遇，收入与普通公务员持平，每月大概3000元左右，事业编制公证员的待遇大致为基本工资2000元+绩效奖金，工作收入略高于公务员。应当认为公证从业者的收入总体上仍然无法回报其较高的工作强度，无论是何种形式的编制都是如此，尤其薪资收入作为一个行业吸引关注的硬性指标，其重要性是不言而喻的。正如调研团队在访谈中采集到的观点：社会主义市场经济本来就是以按劳分配为原则，改善公证员的待遇以适应其工作付出必然是公证改革前景的目标之一。即使如此，一些地方仍致力于实施限制公证员工资为公务员四倍以内的政策，以使部分公证员畸高的工资回复至正常水平，而没有考虑到大多数仍处于低收入水平的公证员以及可能加入公证行业的年轻人的感受与想法。

2、职业风险高

《公证法》第四十三条规定：“公证机构及其公证员因过错给当事人、公证事项的利害关系人造成损失的，由公证机构承担相应的赔偿责任；公证机构赔偿后，可以向有故意或者重大过失的公证员追偿。”从《公证法》的这条规定可以看出，目前公证机构实行公证员个人负责制，使得公证从业的风险系数明显偏高，而调查问卷中也确实有71%的从业者对这一方面表示认可。个人负责制必然要求公证员的办案能力较强，办案经验相对更丰富，而在这些方面不能苛求每一个公证从业者都能达到要求；从另一方面讲，与高风险相对应的是不完善的执业保险制度，公证行业在执业保险方面仍然有极大的提升空间，外国的相关制度在这一方面将为我们提供借鉴。

3、工作强度大

以湘潭市雨湖区公证处为例，两个公证员以及一个公证助理一年须处理近700件案子。湘潭市最大的湖湘公证处的案件数量甚至可达6000件，且就调研团队的亲身经历而言，调研所及的每一个公证机构在工作时间皆处于人满为患的状态，工作的辛苦程度可见一斑。尤其在7、8月份的出国高峰期，公证机构涉外业务猛增，工作负荷更高。从社会发展的角度来说，人们日益增多的社会活动以及不断增强的风险防范意识等原因使得人们对于公证的依赖度不断加深，自然对于公证人员的处理能力提出了更高的要求。但是目前的公证行业本身就存在年龄断层的尴尬情况，事多人少的局面当然无法避免，而这一现状的改变又不得不依赖于其他诸多方面的完善。

若仔细思考，就不难发现公证行业队伍建设的诸多问题之间存在着千丝万缕的关联：年龄老化与性别失衡与行业准入门槛及收入现状关系密切，而执业能力又受制于公证从业者的性别、年龄、学历等因素，而所有这些表面问题最终都会追溯到制度改革这一根源性的问题。

三、公证队伍建设困境：内在缺陷

我国的公证制度正处于改革之中，时至今日，关于公证制度的定位，功能等基础性理论还在不断摸索。就目前我国的公证制度而言，存在三种体制，分别是行政体制、事业体制和合伙制。正是由于理论上的争议和实践中的混乱造成了前文述及的种种表象问题，而从比较法角度对各国公证制度的研究将给我们带来借鉴和启示。

（一）比较法上的公证制度

1、国外公证制度的定位与构建

世界各国在法律体系上，一般可以分为大陆法系国家和英美法系国家。各国的公证制度与其法律体系基本相配套，逐渐形成两种公证制度，即大陆法系模式下的公证制度和英美法系模式下的公证制度。

（1）大陆法系模式下的公证制度

大陆法系国家的公证制度，又称为拉丁公证制度，是一种“准司法制度”。这种设置的主要目的在于保障“契约自由”的前提下，实现国家对公证经济活动与公民、法人和其他组织的重要法律行为的适度干预，以达到预防经济纠纷的目的。大陆法系国家的公证制度有以下基本特征：

一是法定公证事项是公证制度的重要原则之一。在《德国民法典》中就存在诸多关于公证的条文，如总则中规定：“社团登记须以公证表示进行”“法律规定采用书面方式的文件必须由作成人以亲笔签名或以公证画押的方式签署”等，其中德国法律还规定某些行为必须要经过公证，否则不发生法律效力。

二是公证文书的法定效力高于其他证书，具有强制执行效力。公证人员是代表国家进行公证，不经过特殊的法律程序不能推翻其证据能力。如对于追索金钱物品的债权文书，如债务人不履行给付义务，债权人有权根据公证文书到法院径直提起法院强制执行，不必经过诉讼程序。

三是对所涉公证事项实行实体公证。公证人员进行公证时需要对公证的内容进行实体确认，若因为公证人员的过错或重大过失造成当事人损失的，公证人员需要承担赔偿责任。

四是国家设有专职的公证人员，且有较高的法学教育背景。以德国为例，德国现有三种公证人，分别是专职公证人，律师公证人和官员公证人。专职公证人和律师公证人占绝对多数。专职公证员实行终身制，除非触犯法律或者自行转业方才退出公证行业。

五是有较完善的保险赔偿制度。即为了避免公证人员承担因其职务行为引起的损害赔偿风险，在其整个任职期间，都必须参加执业保险，对当事人负无限赔偿责任。因此，一旦发生赔偿责任，先由保险公司支付，不足部分由公证人员支付。若赔偿数量过多，公证人员可能破产，并永远不得担任公证人员，除必须参加的执业保险外，公证人员也会自己购买大量的保险来分担风险。在德国公证中高额的保险也是高额赔付实力的展现，办理大宗的公证事项时，当事人往往会考虑公证人员的赔付实力。一旦发生赔付，公证人员在办理下一次保险时，保险费率就会提高。若公证人员经常发生赔付情况，则会因为高额的赔付率而无法购买保险，渐渐退出公证行业。完善的赔付保障机制为公证人员执业风险提供了保障，更好地保障了社会利益，形成良性循环。

（2）英美法系模式下的公证制度

英美法系国家的公证制度奉行“追惩主义”和高度“私权自治原则”，政府在民商事活动中实行“自由主义”“不干预政策”，基本找不到必须公证的制度化条文，法律行为的成立、变更、终止更强调当事人的意愿。[①] 英美法系国家的公证制度中一般没有专职的公证人员，大多由律师兼任，注重形式审查，即只证明当事人在公证人员面前签署相关条文的行为属实，而不对公证事项的实体内容进行证明，因此英美法系国家的公证之证明作用较小。与此相配套的是英美法系国家发达的律师制度，一旦发生纠纷，通过诉讼程序即可解决，因而英美法系国家的诉讼数量更多，诉讼花费更大。

2、比较法层面的启示

两大法系的公证制度设计存在明显的差异，但是有其各自的特点，并与其所施行的整个司法制度相配套。一个选择事前预防纠纷，一个选择事后处理纠纷，只存在价值取向上的差异，没有孰优孰劣之分。反观我国公证制度，一方面接受了大陆法系国家的做法，奉行实体公证，设立专门公证机构，选任专职人员，具有国家通过公证实现其对经济社会活动间接进行干预的特征；另一方面，我国又偏向于追求英美式的社会矛盾高诉讼化程度，无论是决策者还是社会公众都倾向于关注律师的作用，而对公证行业关注甚少，加之公证立法尚不完善，公证机构性质混乱不清，使得公证处于一种尴尬境地。考虑到我国是大陆法系国家，更好地发挥公证制度的作用而非继续放任才是明智之选。早在2003年3月，由大陆法系国家组成的拉丁公证国际联盟（UINL），已经接纳我国公证员协会成为正式会员，表明我国的公证制度开始得到大陆法系国家认同，同时说明决策层面对公证的关注度也逐渐提升。我们在借鉴其他制度的优势时应当注意我国的现实国情，认识到我国司法制度的独特性，避免任意割舍，以免造成公证制度的混乱。

---

① 张文章：《公证制度新论》，厦门大学出版社2005年版，第278页。

从具体制度的参考而言，大陆法系公证体现出的部分特征已经为我国2006年出台的《公证法》所借鉴，在公证材料的实体审查、公证事项的法定、公证的强制执行效力方面都作出了规定，公证行业的完善保险赔偿制度还需要我们慢慢吸收消化。因此，当前最为紧要且值得公证行业关心的问题是公证机构的性质问题，虽然这一问题并不直接关系公证行业的队伍建设，却是公证行业诸多问题的根源所在，对队伍建设的影响尤其重要。

大陆法系大多强调公证从业者作为国家公信力的代表，因而对公证行业实施严格的管制，性质上更偏向于为国家职能的行使者。考虑到我国的实情，更严格的管制往往意味着对行业发展的限制。由此带来了模式的选择难题，是采取行政编制的强监管模式以维持公信力或是采取事业编制的弱监管模式谋求行业的长远繁荣？在我国的独特国情下，我们只有摸着石头过河，依靠自身的探索去发现适合我国公证行业发展的道路。

（二）我国的公证机构设置模式分析

当今世界各国的公证机构设置模式，大体可以概括为如下五种：第一，设置平等的自负盈亏的公证人事务所；第二，设置教会管辖之下的公证人事务所；第三，在法院内部设置公证处；第四，设置国家公证处；第五，由地方行政机关兼办公证事务。① 我国早期的公证制度属于国家公证处模式，但之后进行改革，规定了三种准许设立的公证体制，即行政编制、事业编制和合伙制，合伙制公证处之后逐渐被取缔，因此如今并行着行政编制和事业编制两种类型的公证机构。

1、强监管模式的行政编制

1979年重建后的我国公证制度主要沿用苏联的模式，属于行政体制，公证员属于公务员范畴。当时我国处于计划经济时期，国家干预社会经济生活的各个方面，因而公证这一具有“准司法”效力的制度自然属于行政体制。2000年7月，国务院批准司法部颁布了《司法部关于深化公证工作改革方案》，提出了建立与市场经济体制相适应的公证机构的目标，具体措施就是要把现有的行政体制公证处改为事业体制。“改制的公证处应成为执行国家公证职能，自主开展业务，独立承担责任，按照市场规律和自律机制运行的公益

① 梁慧星：《民商法论丛（第2卷）》，法律出版社1994年版，第201－216页。

性，非营利性的事业法人。”并明确以后不再审批设立行政体制的公证机构。

从当前改革的性质与进程来看，公证制度的改革是不可逆的，即使在制度探索的过程中不尽如人意，也不可能再倒回至完全的行政编制公证模式下，尤其作为一项行业开放型的政策，公证行业与市场化的脱离远比挂钩要困难得多。在调研中，也存在主张保留行政体制的意见，并给出了如下的理由：行政编制首先对公证员个人而言有利——公证员属于公务员，享受社会福利，责任承担较小。其次，行政编制下的公证机构公信力更有保障，这一模式下公证机构的人、财、物都无法与政府机关分离，除受制于公证员特有的职业道德之外，还须遵守法律法规对公务员的提出的职业要求，因此监管者对于公证机构的监管方式与监管能力都有足够的保障。这种强监管模式下的公证机构的公信力有政府部门为其背书，公信力自然不容置疑。再次，对于公证事务的需求应兼顾不同地区之间的资源平衡，对于经济发展水平差异较大的湖南省而言尤其应当注意。而行政编制下的公证机构由国家财政保障其运行，可以保证在经济欠发达地区仍然有公证机构处理当地的公证事务，服务于人民。

但是行政编制下公证机构的缺陷也是一目了然的，其缺陷主要在于：极大地遏制了公证行业的发展壮大。国家财政显然无法有力地支持行政编制下的公证处进一步扩大，而该形式下的公证处又无法独立于政府部门，从而丧失了自我发展的能力，当面对爆炸式增长的公证事务需求时，公证行业止步不前的现状自然无法顺应时代。因此依赖于政府财政本身也并非完全是一件好事，尤其对于蕴藏着巨大发展前景的公证行业而言更是如此。在行政编制下，还存在一些明显不合理的现象，如前文所述的年龄的老龄化断层现象，其成因即来源于公证从业者不仅要参加司法考试还要参加公务员考试，如此高的准入门槛，对应的却是公务员的基本待遇，使得满足条件的人不愿意进入该体制，愿意从事该行业的人员因为达不到条件而进不到体制内，造成一种“围城”式的尴尬现状。

2、弱监管模式的事业编制

在事业编制下，存在三种模式，分别是全额拨款、差额拨款和自收自支，而改制后的公证处一般都是自收自支。《司法部关于深化公证工作改革方案》明确指出：“改制的公证处应成为执行国家公证职能，自主开展业务，独立承担责任，按市场规律和自律机制运行的公益性，非营利的事业法人。”由此可见，自收自支的事业编制公证机构最符合中央对于公证行业改革的设想，因此对于改革的方向，有观点指出："如果能够确定事业单位为公证改革的终极目标，且在相关人事、财税配套措施能够落实的情况下，公证处由机关转为事业单位虽不能说是最佳方案，但却是一条风险最小的出路。"[①] 根据调研，湖南省内已经改制为事业编制的公证处的发展情况确实比行政体制下的公证处要好，规模更大，公证员收入更高，年龄老化情况有所缓解。另外值得一提的是，事业编制公证机构因独立于政府部门，不仅在发展前景方面表现得更为开放，在避免不正当的行政干预方面也更为自由。

即使事业编制的公证机构在发展前景方面更具潜力，也无法阻止一些观点对于事业编制公证机构在维持公信力能力上的猜疑。在市场化的条件下，确实会不可避免地出现单纯为追求利益而忘记事业编制"不以盈利为目的"的公证机构，以致在公证工作中无法恪守完全的实质审查义务，西安宝马车事件也确实为我们敲响了这一警钟。事业编制对于地区间的公证资源分配确实存在一些不利影响，市场的盲目性使得公证资源过多流入经济发达地区，引发区域间的不平衡状态。

在两种制度形式之间如何做出选择关系着未来公证行业的发展，而摒弃非此即彼的思维对于我们思考这一问题有着极大的助益，尤其是两种制度具备着对方所不满足的有利条件时，只有因时度势、兼顾现实状况，才能制定出最有利于问题解决的方案。

四、公证队伍建设出路探索

（一）势在必行的改革

1、朝阳初升的公证行业

如今不仅政府、企业等单位在诸多事务中需要公证行业的参与，个人行为同样与公证行业息息相关，这大大促进公证行业的发展，出国、财产继承，乃至标的不大的合同行为都成为公证可能涉及的领域，毕竟随着社会进步，无论何种行业都不得不注重成本控制，而最权威且可行的控制方法就是办理公证。与其他预

① 刘疆：《公证改革的10个基本问题》，载《中国公证》2003年第1期。

防措施不同之处在于，公证以国家权力为保障，且具备广泛的适用性与效力，公证的证明效力有着不可被取代的优势。

而良好的公证制度也能更好地反馈社会。公证行业的广袤前景表面看来在于其迎合了社会需求，从更深入的视角来看则在于公证行业本身具备着的预防纠纷职能，这也正是其社会价值所在。我国当前对于纠纷解决体系的构建积累了相当多的经验，无论是法院职能的建设还是矛盾调解机制的完善都令人欣慰，但防患于未然才是成本最低的纠纷化解方式。以公证的强制执行效力为例，但凡予以公证的合同，不但省去了诉讼的必要，甚至无需申请强制执行令，可直接由法院予以执行，其中节省的金钱成本与时间成本是其他纠纷解决方式所不可比拟的。

2、行业困境的深入解读

我国的公证行业受制于前文述及的种种因素，表现不尽如人意，无论是行业自身的发展现实，还是在社会需求的满足方面都不能满足人们的期待。公证行业在年龄结构、执业资格、执业待遇与保障方面暴露出的问题足以让我们认识到公证行业的发展并不成熟，当我们着手处理这些棘手的问题时，往往会触及公证制度中更为根本的部分，即制度部分。

例如，公证从业人员在行政编制下性质更趋似于公务员，因而更受女性青睐，导致性别失衡；在新旧体制交汇时，保持行政编制的公证机构在准入资格方面不仅要求通过公务员考试，还要求通过司法考试，以致年轻人很难进入公证行业，从而导致队伍年龄偏大；而公证从业人员普遍认为公务员水平的薪酬无法回报其高强度的工作，因此改制为事业编制的呼声不在少数。

总结而言，所有这些表象问题都与制度层面的缺陷有联系，在诸如准入资格、待遇保障等问题上关系尤为密切。当前的公证行业处于改制的转型阶段，既存在事业编制，也存在行政编制，甚至一些公证机构在名义上改为事业编制，实则以行政编制行事，通过对不同编制形式的横向比较，调研团队发现了他们在诸如资格准入、待遇保障等表象问题上所表现出的差异。因此公证行业的制度改革是问题之本，切忌本末倒置，就病医病。

3、坚持立足实际的改制原则

对于制度改革而言，阻力与障碍并不可怕，走错方向才是最大的失策。湖南省的发展情况呈现出阶梯层次，因此任何政策的实施都需要考虑不同地区的适应性。公证行业的制度改革同样须遵循这一规律，立足于湖南省的实际情况，制定更有针对性的改制措施，这也是十八届四中全会对于法治改革提出的要求。

（二）制度层面的构建探索

1、当前改制评价及其影响

目前公证行业的改制还在进行之中，就已经完成的部分来看，改制前后的差别还是较为明显的。在长沙市等人口聚集度偏高的地方改制较为彻底，目前长沙市区的公证处基本都是事实上的事业编制，从业人员的招录由公证处自主进行，依《公证法》的规定，公证从业人员的门槛设定仍需通过司法考试，但不再需要考录公务员；工作强度依然较高，但薪资待遇有明显的提升；年龄老化的现象仍然严重，但已显现出改善的迹象。

从改革方向来看，走事业编制这条道路是正确的，虽说行政编制或是事业编制都有其可取之处，但是何者顺应了当下的情况是显而易见的。从改革路径的实现过程来看，改制兹事体大，再谨慎也不为过，但改制并非越久越好，以准入资格为例，司法考试与公务员的不合理双重门槛也正是改制时期的特殊症结。因此改制要稳也须兼顾效率，阵痛期太长也会留下后患。

2、单一制：完全放开的事业编制

对于改制的评价，从公证从业人员的态度中也可发现一些端倪，仍处于行政编制的从业人员大都对改制前景表现出谨慎的态度，事业编制体系内的人员则趋向于应该更多地放开对公证机构的管理。无论是何种态度，自然有其思虑的独到之处。依目前的态势，欲实现公证行业的长远发展，行政编制的体制必须做出改变，这也正是当前的公证行业改革措施所要达成的目标，破除行政编制走向事业编制的改革路径是必然道路。但事业编制是否完全适应于湖南省不同发展程度的地区却尚存疑问，目前公证行业存在的地域性问题，使得区域之间的样本差异过大，以致偏远的公证机构对行政机关的依赖远高于我们的想象，尤其在财政方面。

调研团队在访谈中采集到一些稍显极端的观点：即事业编制是一项面向整体的改革，完全市场化是公证机构改革的目的所在，无论是大中城市还是偏远地区。依这一观点看来，改革中的阵痛是不可避免的，在偏远地方的公证机构实现市场化尤其如此。如果进行市场化的管理，偏远地方的公证处如果没有足够的业务需要办理，的确将难以为继，但是只要存在市场需求，有业务可以办，那么公证机构就可以存在。经过市场调节的公证行业将表现出对不同发展层次的适应性，这种适应性比行政编制下人为设计的机制更具合理性。另一个可以支撑该观点的理由来于公证行业的光明前景，调研团队从访谈中得知，新疆某县的公证处一年公证营业收入上千万，原因在于公证处对银行扶助当地牧民的资金办理了公证，此举不仅提升了公证处的业务量，同时极大地避免了借贷中的潜在纠纷，一举两得。因此偏远地区公证机构发展的重点在于是否能因地制宜去发掘公证案源，市场化不会也不应当成为公证行业未来发展的阻碍。

应当认为：公证行业从业者从被动的公务员式思维转变为主动的律师式思维并非一朝一夕之事，即使经过培训，也并不能保证偏远地方的公证处都有上述案例中的主动性与机会。所以至少在目前看来，完全市场化的改革不应设定为近期目标，部分原因在于我们对于这种改革所引发阵痛持续性的未知，且从另一方面讲，不解近渴的远水也是没有意义的。

3、双轨制：事业编制与行政编制共存

目前还存在这样的观点：公证行业的制度改革可以设定事业型与行政型并举的双轨做法，以满足不同区域的现实情况。2006 年出台的《公证法》第六条对公证机构性质是如此表述的："公证机构是依法设立，不以营利为目的，依法独立行使公证职能、承担民事责任的证明机构。"法律将公证处定义为证明机构，而没有考虑当时仍然占主流的行政编公证处的性质，将公证处表述为行使国家职能的机构，其中不仅传递出改革的信号，也意在探索改革道路。通过允许行政性质、事业性质、合伙性质三种形式的公证机构并存，观察何种形式更符合中国发展的需要，而除合伙制外，其他两者目前依然符合政策要求且普遍存在，因此应当认为事业型与行政型都是必要的公证机构形式。偏远地区公证机构有被市场淘汰的风险，大中城市公证需求量大，因此完全可以两种模式并存，偏远地区公证机构依行政编制设立，从事日常的、必需的公证事务；而在城市中设立事业编制公证机构，充分实现行业发展以满足巨大的市场需求。

目前在湖南省发展程度适中的地区，公证行业的现状就是市场化的同时，还保留着行政性质，这种状态的存在与持续从一定程度上反映出双轨制的合理性。但双轨制也并非完美，长此以往它将使公证行业的服务陷入混乱的分治状态，为公证行业在管理监督、行业标准等方面的统一埋下隐患。所以双轨制在现下可以维持其状态，但只是权宜之计，更具合理性的长远之计则是完全放开的事业编制

形式，因此应在双轨制的中继过程中为完全的事业型公证行业做足准备。

因此，针对当前的公证行业改革现状，在制度层面的对策乃是从双轨制走向完全事业制的动态过程，这是在考虑改革目标并保证实现平稳过渡的基础上得出的较为妥善的制度改革路径。

（三）迎刃而解的表象问题

在当前的事业编制改革下，诸多问题都会得到解决，但体制下的微调措施是不可或缺的。如何在具体层面指导公证机构的事业化，须具体问题具体分析。

1、年龄层次与性别比例的平衡

公证从业人员偏高的平均年龄在改制后改善很多，但仅限于事业编制的公证机构。为吸引更多的年轻人加入公证行业，事业编制公证处在薪酬方面已有改善，并且仍然有极大的提升空间，需要应对的问题更多在于性别比例的失衡。访谈中有这样一种观点：公证行业从职业特性来说适合女性，需要细致，但从职业现状而言更需要男性，要能抗压。即使在如今公证行业高工作强度的现状下，女性仍然占据了行业的绝对多数，在没有任何特殊性别倾向的行业中显现出过分的性别失衡是行业病态的表现。从访谈及问卷调查中得知，男性相比于女性更看重工作的收入，对于工作薪酬的要求普遍偏高，因此继续改善行业的平均薪酬水平将对吸引男性加入公证行业效果明显。在岗位招聘中给予男性更多的优先考虑也将有助于改善性别失衡，但此举涉及就业中的性别歧视，我们并不支持这样的做法。

行政编制的公证机构暂且无须考虑性别比例的问题，解决年龄老化问题更为关键。且不论是否有年轻从业者加入，只要有人力流入就对现状改善有极大的助益。行政编制公证处的改革方向是脱离公务员体制，因此即使作为应急措施，也应允许通过司法考试却未考录公务员的意向者加入公证工作，这也在一定程度上与司法改革中实现人员独立的法检体制改革形成呼应，对于当前的改革救急或是行业的长远发展皆是有益无害。但归根结底解决问题的根本方案仍在于缩短改制周期，尽快完成行业整体的事业编制转型。

2、高学历人才引入及执业水平的提高

作为提升行业水准的措施，人才引入显然值得公证行业投入更多精力。2006

年《公证法》的实施，将通过司法考试设定为从事公证行业最重要的基本条件之一，因此新进公证从业者的水平不可谓不高，此处所说的高学历人才所指的是拥有硕士学历及以上的高素质人才。在当前的法律共同体建设中，法官、检察官、律师队伍都有比率不低的高素质人才储备，这些人才对于各自职业有更深刻、更透彻的认识，因而往往做出的贡献更大，身居要职的高素质人才甚至足以影响行业的格局与未来。公证队伍缺乏这样的高素质人才，因此已经发展成型的大型公证处应致力于吸引高素质人才的加入，用更多机会与酬劳吸引人才，这将对行业的长远发展大有裨益。

行业水准的另一个重要方面就是执业水平，主要涉及执业技能与职业道德。公证行业本身是从行政系统分离而来，职业道德在不少行政编制以及由之转型而来的事业编制公证处中仍然较受重视，但改制会在这方面埋下隐患。与律师不同，公证的证明效力受国家强制力保护，对其形象的损害不仅事关本行业，也会影响国家的公信力。但应当认识到：即使是在行政编制之下，也无法保证不出现违反职业操守的情况，说明体制的区别并非公信力问题的根源所在。更为开放的事业编制的确为人们的趋利行为提供了环境便利，但并不能说明事业编制的环境就有损于国家公信力，重点还是在于如何去制定职业规范，设定惩戒制度去遏制公证从业者的过分趋利心理。基于这方面考虑，公证行业的放开应当存在一个限度，且这个限度应高于律师行业。在公证蓬勃发展的未来，行政监管部门在行业监督中，尤其是案卷监察方面要保持高警戒性与高底线，并协同公证协会与各个公证机构做好道德防范，谨防道德失守。

如之前所述，公证行业已将司法考试作为准入的最低门槛，因此关于执业技能水平的提升反而不及职业道德方面值得忧虑，加强职业培训将对执业技能的提升有明显的作用，这在调研团队的访谈及问卷中得到了体现。并且视培训内容不同，培训还可以提升从业人员的职业道德素养，因此至少应保证省、市级统一的职业道德和执业技能培训一年各一次，并且监管部门要鼓励公证机构自行组织对从业人员的培训。

3、工作待遇与保障的改善

工作待遇与保障最基本的体现是在收入方面，同时也包括工作风险、工作强度。近些年的新闻中不乏公证员天价工资的报道，以致一些地方出台了公证员工资限于公务员四倍以内的政策。这些报道质疑精神可嘉，但是自收自支型事业编制公证处存在高收入完全符合常理，同时符合国务院的深化公证改革方案中做出的规定，高薪也正是公证行业吸引人才流入的重要途径，四倍工资限制无异于遏制公证行业发展的咽喉，因此在已经实现自收自支的事业编制公证处允许效益工资的同时撤除其收入限制是相当必要的。

除去平均收入水平，公证行业高强度、高风险的职业现状与律师行业较为接近。《公证法》第四十三条规定："公证机构及其公证员因过错给当事人、公证事项的利害关系人造成损失的，由公证机构承担相应的赔偿责任；公证机构赔偿后，可以向有故意或者重大过失的公证员追偿。"对此，公证机构通过替公证员投保职业险可以较妥当地防范风险。但在公证行业目前的工作强度方面，需要做的则是保证与高强度相适应的薪资回报，而非试图改变这一现状，至少对于一个蓬勃发展中的行业，高强度的工作状态既必要且不可避免。

（四）不可或缺的配套构建措施

一个成熟有组织的行业队伍建设同样离不开行业自身的健康发展，因此从不同的侧面对行业前景提出完善建议也对队伍建设的完善有着积极的作用。

1、注重行业文化建设

调研团队在长沙市公证处的调研中获知了一些令人振奋的信息，该公证处正在筹办一本名为《长沙公证》的行业杂志，如公证处主任所说的："公证人员大部分时间都在埋头做事，没有想过做自己的文化，发出自己的声音。想要长足发展，必须要有自己的声音，有自己的文化。"

当前关于公证的报道以负面新闻居多，关键还在于人们对公证行业缺乏了解，而积淀自己的行业文化不仅有助于行业地位的提升，更主要的还是扩展宣传自身的途径，让人们全面而客观地认识公证行业，避免承受不应有的指责。而现代的互联网媒介也是极佳的宣传平台，公证机构在构建行业文化乃至自身的"企业"文化时不妨多利用微博、微信等平台，扩展宣传行业及本机构的影响力。另外，公证行业文化建设不仅在于公证行业自身发力，国家与社会的支持也必不可少，如高校通过开设与公证制度相关的选修科目，至少让法律人了解公证，才有机会让更多人认识公证行业。

2、建立信息共享机制

公证行业面临的一大难题在于对公证对象的信息获取存在诸多门槛。公证机构本身只有核实权，没有调查权，因此公证机构不可能通过自身的实际调查取得一些公证对象的敏感信息，很多公证事务正是由于当事人无法提供足够材料证明信息的真实性，而公证机构也无法自己去核实真伪以致无法进行公证，引发当事人的不满情绪。但在实际操作中，赋予公证机构调查权绝非合理的选择，不仅与公证机构改革为事业制的大方向存在偏差，实际也增加了公证机构的工作负担。

更为可行的做法则是建立信息共享机制。如较早之前，银行在很多方面的信息共享与公证机构存在矛盾，后来迫于社会压力，银行向公证机构开放了一定程度的信息沟通。但如果要构建信息共享机制，一方面，更多地只能由上层设计，公证机关没有权力，难以与行政机关沟通；另一方面，公证事项涉及的信息来源极为广泛，政府的不少职能部门都与公证机构所需获取的信息相关，因此当前还无法指望速成一个统一的信息共享体系，但政府部门应提供更多便捷有效的信息共享渠道。以教育部学信网为例，该网站所收集的学历信息就极大地方便了公证机构的学历类公证。

五、结语

如前文所述，调研报告从制度与现象两个层面对公证队伍建设进行了分析并给出了自己的答案：一方面，公证队伍建设过程中遇到的种种困境都是根源于制度层面的模糊不清，公证机构的性质如何界定、公证机构的设置采取何种模式决定了完善公证队伍建设应采取何种措施。立足于湖南省经济发展水平与公证行业、公证队伍的现状，调研团队认为湖南省公证行业现阶段应坚持双轨制，即采取事业编制与行政编制共存的模式，经济欠发达地区的公证机构采用行政编，而在经济发达的城市中实行事业编制。但这种缓和式的双轨制模式是为适应湖南省当下的发展水平所做的有针对性的让步，只能作为缓冲期的暂行模式而不宜成为长期走向。国家、公证行业协会等多方主体应定期对采取行政编制的公证机构进行监督与评价，结合当地发展水平在适当的时机促成公证机构转型，最终走向完全事业编制形式。

另一方面，无论是行政编制公证机构还是事业编制公证机构，年轻力量、男性从业者、高学历人才的引入都是需要重点关注以及深入思考的问题。调研团队认为全面、适当地实现对于这些执业人员的待遇保障是最为重要的，使公证人员劳有所得、享受与其所负风险相匹配的待遇。同时要逐步改善工作环境，建设公证文化，培养公证人员的职业幸福感、荣誉感，从而建设一支稳定的、专业化的公证精英队伍。只有公证队伍日渐壮大、精英化，才能使公众意识到公证在预防纠纷方面的重要作用，对培养公众事前预防意识有极强的推动作用，最终才有可能充分实现公证在建设法治化、秩序化社会中的价值。

公证行业服务于一个追求稳定与效率的社会体系，其健康发展将惠及社会的各个方面。因此，在整个社会依赖于公证行业带来的稳定与效率时，每个人也务必要关注公证行业改革及其队伍建设的重要性，它不仅与每一个社会个体的生活息息相关，也与我们所期待的秩序化的社会关系形影不离。

六、参考文献

[1] 贾焕银. 湖南法治政府建设实践的经验启示 [J]. 政法论丛，2012 (4)。

[2] 王增杰. 推进基层治理法治化的思考 [J]. 中共太原市委党校学报，2015 (1)。

[3] 胡守勇. 以法律监督促进地方法治建设的思考——结合法治湖南建设 [J]. 湖南行政学院学报，2013 (3)。

[4] 陈宁娟，周础，窦立杰. 对我国公证员教育培训工作机制的若干思考 [J]. 中国公证，2011 (7)。

[5] 段伟. 公证员的权利、义务和责任 [J]. 中国公证，2007 (1)。

[6] 常密菊，陈远园. 对中国公证员队伍职业化建设的思考 [J]. 中国司法，2006 (2)。

[7] 郭嘉，刘少军. 论公证员的身份定位 [J]. 山西大学学报，2014 (3)。

[8] 武丽娟. 从完善公证法律制度谈我国公证诚信制度的构筑 [D]. 济南：山东大学，2013。

[9] 谢群. 我国公证员法律制度研究 [D]. 哈尔滨：黑龙江大学，2011。

[10] 程仲春. 试论市场经济条件下的公证员队伍建设 [J]. 湖南省政法管理干部学院学报，2002 (3)。

[11] 董佰壹，刘芳. 试论公证员的专家责任 [J]. 河北广播电视大学学报，2006 (4)。

[12] 中华人民共和国司法部. 2006 年中国公证业发展政策报告 [J]. 中国公证，2006 (2)。

[13] 吴晓烨. 试论我国现代公证制度 [D]. 上海：华东政法大学，2001。

［14］杨翔．公证正在失去平衡——论《公证法》的影响及公证制度的若干问题［J］，湘潭大学学报（哲学社会科学版），2008（3）。

［15］蒋笃恒．公证制度研究［D］．北京：中国政法大学，2002。

［16］洪英．关于公证权性质与公证管理体制改革的思考［J］．中国司法，2014（12）。

［17］祝国治．规范公证法律服务秩序的几点思考［J］．中国公证，2003（4）。

［18］魏建明．行业吸引力与分配机制创新以科学发展观应对公证队伍发展瓶颈［J］．中国公证，2009（10）。

［19］郝海涛．外国公证制度比较及借鉴研究［D］．济南：山东大学，2009。

［20］刘森．建立我国农村地区公证机构的设想［D］．湘潭：湘潭大学，2010。

［21］陈桂明．论公证权的性质——立足于政府职能社会化背景的一种认识［J］．河南省政法管理干部学院学报，2009（3）。

［22］陈惺惺．论公证员队伍的建设［J］．办公室业务，2013（21）。

［23］陈孝才．论我国公证制度的立法完善［D］．武汉：华中师范大学，2008。

［24］董佰壹．试论公证员的专家责任［J］．河北广播电视大学学报，2006（4）。

［25］Ahlers G. Peter: The Impact of Technology on the Notary Process, *John Marshall Law Review*, Vol. 31, No. 911, 1998.

［26］Noel Cox: The Notary Public – the Third Arm of the Legal Profession［J］, *New Zealand Business Law Quarterly*, Vol. 6, 2000.

［27］Luis Aliaga: The War of the Notary Publics, *The Institute for Liberty and Democracy*, 2007.

［28］Pedro A. Malavet: Counsel for the Situation: The Latin Notary, a Historical and Comparative Model, *Hastings International and Comparative Law Review*, Vol. 19, No. 3, 1996.

七、附录

附件一：
关于公证队伍建设现状调研的接洽函

__________：

我们是湘潭大学“湖南省基层公证队伍建设调研”项目的成员。该项目旨在了解湖南省基层公证队伍建设现状，发现公证队伍建设中的问题并为公证队伍建设决策提供理论上的支持。为了获取本次调研所需的资料数据，需要贵部门的帮助和支持，请贵处予以安排。在此对贵部门的接纳予以感谢。

我们将于　　年　月　日赴贵处完成该次调研，期予接洽为盼。

年　　月　　日

学院印章：

附件二：
访谈提纲（公证机构）

1、公证人员基本情况如何（公证人员年龄结构如何、有何特征、影响如何）（学历层次如何、不同学历层次人员的工作表现如何）（法学专业比例如何、法律职业资格比例如何、不同人员表现如何）（是否存在在职考证情形、是否普遍、影响如何）？

2、公证人员数量如何（占工作人员比例）？是否满足公证事务的需要？公证员如何应对事务增长（事务增长的数据）的情势，所能采取的具体措施如何？

3、公证人员的薪资待遇如何（工资标准、收入组成）？公证人员职业的工作风险、工作强度如何？这些方面是否会影响公证人员队伍建设？如果情况不佳应如何应对这一现状？可以在多大程度上加以改善？

4、公证人员的招录的具体方式如何？招聘录取与离职情况如何？《公证法》

规定的公证人员资格对招录影响如何（与2006年前后录取对比情况如何）？

5、公证人员职业等级是如何划分的？公证人员的考核方式如何（指标类型）？考核指标的完成情况如何？考核指标是否合理？是否存在改进的空间？

6、针对公证人员的业务培训情况如何？业务培训包括哪些方面？有无职业道德教育？职业道德教育主要包括哪些方面？这些做法对提升队伍素质的效果如何？是否存在改进的空间？

7、针对公证人员设立的奖惩制度如何？奖励与处罚分包括哪些方面？这些措施对改善职员的工作态度效果如何？公证人员是否存在违法违规情况？违规情况如何（种类、程度、频率）？惩罚方式如何？违规行为会造成何种不良影响？

8、对公证机构的监管主要有哪些部门（是否包括公证协会）？上级对公证机构与人员的监管情况如何（方法、程度、效果）？

9、律师队伍与公证人员队伍同期建设，两者如今状态是否存在差异，这种差异的表现与程度如何？公证人员如何看待这些差异？律师队伍建设有何值得公证借鉴之处（具体措施）？

10、2006年《公证法》对公证队伍的建设有何影响？是否存在不合理之处？如何改进？

11、《公证法》出台的必要性？如果列入日程，该法律应该考虑到哪些方面，是否与律师法相类似，或与公务员法类似？

12、您认为公证人员队伍建设还存在着其他什么样的困难？应当如何改善？

附件三：

访谈提纲（公证协会）

1、公证协会的职能如何？2006年《公证法》对公证协会的工作方式产生的影响如何？当前对公证协会的职能规定是否存在不合理之处？是否应对公证协会的职能加以强制性规定或赋予一定的法律效力？具体如何改进？

2、公证协会与国家司法机关、行政机关的关系如何？

3、对公证机构、公证人员的监督是否到位？公证协会在发现公证人员、公证机构存在违规行为后将采取哪些措施加以制止？其程序如何、效果如何？

4、公证协会与法官协会、律师协会等社会团体的关系是否密切？在推进法治队伍建设的进程中各自发挥怎样的作用，在人才队伍建设中是否有协同关系？

5、公证协会在对公证人员、公证机构的指导培训方面主要做了哪些工作？这些工作的成效如何？

6、当前公证人员管理制度是否健全、公证协会对管理方面的改进有何意见？公证队伍建设目前有哪些问题、协会对公证队伍建设有何具体意见？

7、公证协会是否有能力对整个公证行业的发展起到更有力的推进作用？还存在哪些困难？如何进行改善？

8、寻求更多的数据资料。

附件四：
访谈提纲（司法局）

1、作为司法行政部门如何看待与公证行业相关的事务和机构？在对各直属机构事务管理中公证机构所占比重如何？

2、司法局对公证机构的监管力度如何？对公证机构的监管主要有哪些方面，程序如何、效果如何？对违反法律法规的公证员、公证机关采取何种惩罚措施，该种措施的效果如何？

3、司法局对公证行业的监管与公证协会的行业自我管理相比有何差异？各自的职能分工如何？

4、与对律师相关事务的监管相比，公证人员相关事务有何特点，原因如何？如何看待律师行业与公证行业发展的差距？

5、关于公证相关法规规章的研究起草数量呈现何种趋势？是否预示辖区内公证事业的新发展前景？从监管者的角度来看，2006年《公证法》对公证行业的影响如何（主要在队伍建设方面），对作为监管者的司法行政部门的职能影响又如何？

6、对公证机构人才数量及从业人员素质方面，作为监管部门的司法局有何想法？是否采取了相关的应对措施？

7、在公证业务培训、职业道德规范等制度规章方面司法局有何看法？哪些方面还有改进的余地、改进的措施如何？

8、对公证员及公证机构的监管还存在哪些困难？应当如何改进？

9、寻求更多的数据资料。

附件五：
主要访谈内容汇总

湖湘公证处

陈述：

1、机构一共25人左右，10个公证员（2个准公证员正在实习期，8个已经执业），9个法学专业，9个本科，1个硕士，以1960、1980后为主（1960后3个、1980后7个），存在年龄断层。不缺人手，但招的多走的多。招录方式为自主招人，只要达到《公证法》的标准（通过司法考试，达到25周岁等），不需要考公务员。

2、男女比例不协调，想招男性，但是实际上女性工作人员偏多。客观地说，根据工作性质，公证工作确实适合女性一些，待遇不低，工作稳定，并且应酬较少（主任提及湘潭公证员60%女性，株洲70%，长沙某些地方达到90%，对事务处理有一定程度影响）。

3、每年有6000件案子，工作较辛苦，主要为民事（事务多，但所占收费比例不高）、经济、涉外事务，公证员差不多能满足业务需求，须加班。业务分为涉外公证和非涉外公证，非涉外公证有民事、商事之分，民事的收费不高，商事的收费最高。7、8月份出国高峰期涉外的业务较多。

4、公证员分等级，有初级、四、三、二、一级职称。但是该职称目前并不涉及业务方向，也不与工资挂钩，只是一个等级而已。

5、设立之初即为事业编制，自收自支，不存在改制的问题。

6、待遇为2000基本工资+绩效奖金，高于公务员，最高不超公务员四倍。公证处为研究生学历的公证员开出的薪水可以达到10万到15万一年，这些工资由公证处决定。

7、市级培训每年1－2次，省级每年1次。一般为期2天，培训内容较综合，包括技能与道德，可能与其他法律职业群体一起培训。有单独公证员培训，也有司法系统的统一培训。有一定效果。

8、处罚情况：多年前有两个被停薪留职过。近期不存在违规情况。

观点：

1、关于与律师队伍的对比

（1）与律师队伍同时成立，但是经过30年的发展，律师现在有27万多人，公证人员只有1万多人，是律师队伍的十分之一。症结仍在于体制问题，也有工作对象和工作方式的原因。

（2）律师与公证的对比：①业务范围存在差别；②行业需求存在差别；③行业性质存在差别，公证行业的风险高于律师行业（公证须平衡公信与效益，律师相对较为自由）。

（3）中国当前的矛盾解决模式向英美式靠拢，重律师不重公证。英美式强调事后的纠纷处理，而公证具有预防纠纷的功能，从效果上说一个公证处能顶一个法院。

（4）律师与公证员分别具有预防与解决纠纷的功能（举例：中医与西医），人们容易被实际可见的效果影响，更看重视律师而轻视公证的作用。为提升这种预防的可见效果：①延伸公证的服务长度；②在已有的事务中深入拓展，如公证处是实实在在的家事法律顾问专家，应扩展这一方面与律师等群体的合作。

2、关于改制

（1）改制应敢于探索，须尽早改，很多地方现在实质上仍未由行政编制转型。须有壮士断腕的决心，不改就是等死，改得不好就是早死。因此，最好一步到位，彻底去行政化。

（2）对于改革，选择公益二类还是生产经营制，全额、半额还是自收自支的问题，应放得开，公证就是要放权。但的确存在地域性的问题，越小的公证处，受到的行政管理就越多，县、区级的公证处对行政系统的依赖程度要高，地域管辖使得一些小地方也必须存在一个公证处，但是又没有多少业务可以办理，所以只能依赖财政拨款。如果进行行业化的管理，小地方的公证处如果没有足够的业务需要办理，就难以为继，但是如果有业务可以办，那么就可以存在，而不需要行政机构去扶持。

（3）与彻底放开对应的“公信力”可能降低的问题，实质上是管理问题。律师是个人对外，只要对当事人负责；而公证处是机构对外，有公信力的问题，要平衡双方。

（4）要改变国家“一管就死，一放就乱”的问题。公证处是双结合，两头管。行业协会和司法局都管，“双结合”的管理模式导致没人管，实质上影响公证行业的发展，因此希望过渡到以行业管理为主，政府监管为辅。现状是行业协会职能过分微弱，无办公场所、无挂牌，以前司法局的公证律师管理科也改名为律师公证管理科。现在公证处有自己的职业保险基金，如果有错，自己赔得起，不需要行政机构掺一脚。在业务方面，行政机构不愿意放权，比如在证据保全、强制拆迁的过程中，如果有一个行政领导在里面，那么公证的效力就会打折扣。

3、关于前景

（1）现今一些较大的公证处设立了自己的研究室，对公证的理论问题进行研究，对公证上的业务情况进行总结，这样可以供别人参考学习。建立理论工作室，加强对公证的宣传普及，充分发挥公证对纠纷的处理作用。

（2）公证的信息化需要资金，但是信息化是必须的。

（3）关于人才的引进，如果公证能够被放权，进行行业化管理，待遇就会有所提升，这样才能留住人才。可以考虑到高校招录（目前较为可行，但主任招录的实习研究生没有人留下来）、从优秀的律师以及法官队伍中引进。

（4）对公证行业进行更多正面宣传。

（5）对于培训，有三个方面：技能、道德、理论。道德为首，一般公证员都是法学专业毕业，对于技能的培训只需要几个月就能够上手，但是道德问题不是一个短期培训就能达到的。

湘潭市司法局访谈

陈述：

1、在律师公证工作管理科的事务之中，公证工作仅占工作事务的 30%左右。

2、湘潭的市、县、区、乡共七个公证处，仅湖湘公证处为事业编制，其余仍保持行政编制，雨湖区公证处与岳塘区公证处正在改制中，虽名义上变为事业编制，而实质上仍以行政编制行事。岳塘区公证处聘任了两个临时性的公证员，不是公务员身份，所以只能兼任。

观点：

1. 关于改制

（1）改制的方向为自收自支的事业编制。省里曾派了人员调研改制方面的情况。

（2）作为管理机关，还是希望公证机构能改为事业编制，改了以后利于其发展。但目前作为司法行政部门的下属，能为司法行政部门带来许多好处，因此心态较为矛盾。

（3）作为国家证明机关，走向市场化，变为自收自支以后，管理容易出现问题。一旦改制，追求利益的状态会导致恶性竞争，甚至导致公信力下降。

2．其他

（1）公证逐渐变为与人们生活息息相关的活动，有巨大的发展潜力。

（2）（湘潭县公证员捐献骨髓的报道）公证员个人的行为成为公证行业的荣誉。人们讲到律师都了解较多，对公证的宣传还是不到位。

（3）与律师相比，对公证员的监管更到位。律师队伍的监管要相对复杂、难办一些，公证员的行为相对更为规范。管理部门对公证员的行为进行监管，主要是对其执业行为（案卷）进行抽查，违规的逐级上报决定处罚，严重的可以取消执业资格。近几年公证行业没有出现违规情况。

（4）对于公证处人员年龄偏大的问题，一下子解决不了，如果不改成事业编制，就得局限于公务员行列，法律有规定，公务员将不能再兼有公证员身份，基本上就是停滞不前（无法将公务员转到公证机构做事）。所以改制要尽早尽快，变成事业编制后，人员准入就方便很多。

（5）管理部门与公证协会联系紧密，平时工作是作为管理部门，另兼有公证协会在湘潭的联络处的职能。协会作为行业自律组织还是缺人，无法单独成立办事机构。

雨湖公证处访谈

陈述：

1、2 个正式公证员，皆为本科学历，1 个公证助理，2 个空编；年龄结构偏大，人手缺乏，事务繁忙；不会进行很专业的分工，人太少，什么都要做，因此不会很精细。

2、每年 700－800 件案件，2015 年达到 1000 件左右；以继承、赠与、委托公证居多，尤其是房产类的公证居多。偏远地区一年仅几十起案件，公证费用收入仅一两万元，北上广等大城市的公证处公证费用可达上亿元。

3、为事业编制，正处于改革过渡期；该公证处地点位于区司法局内，人、财、物全是司法机构管理，待遇与一般公务员一样，改制后工资将翻一到两倍（说明目前实质上仍以行政编制行事）。

4、公证协会的管理很弱，主要是业务上的申诉和培训；司法局实施实际的监管职能，上级司法行政部分实施处罚，以赔偿、吊销执照为主要方式，严重者可以追究刑事责任。该公证处因为管理较严格，不存在处罚情形。

5、市级培训每年1－2次，省级1次，以职业道德的教育为主。

6、老公证员取得执业资格的仍可执业，新公证员须：司法考试＋执业资格＋实习2年＋25岁。

观点：

1、关于现状

（1）公证机构的功能：调解的功能、化解矛盾、调解矛盾。分摊其他机关的风险。

（2）风险高，出现差错须予以赔偿，终身负责制；收入低，与公务员工资待遇一样；两者不成比例。公证机构政治地位不及法、检，经济水平不及律师，与欧洲国家公证员相比较存在较大差距。

（3）公证机构如何适应中国现状，更好地为人民服务是目前面临的一大问题。怎么服务以及如何降低成本也是需要解决的问题。

2、关于改制

（1）大陆法系与英美法系在中国发生碰撞。英美法系的公证行业不发达，律师行业却很发达，故英美法系没有公证机构存在的必要，但是大陆法系的律师行业不发达，因此需要公证机构的存在。

（2）公证在中国有存在的必要，关键在于怎样操作细节，怎样降低风险，怎样降低成本。

（3）顶层设计如何探索？原计划改革方向：将公证机构变成中介组织，但存在公信力下降的问题，中介组织可能因为利益而失掉公信力。已有的合伙型公证处全部要变成事业编制，合伙制的公证机构不应当存在，实践证明缺乏合理性。可以明确的是决不允许以合伙机制办理公证处，公证还是具有一定的垄断性。现改革方向：基本方向为事业编制，但应注重公证与律师不同之处，注重公证的公信力，相比律师队伍予以更多的管理。

（4）应当加强行业协会的管理职能。

3、关于地域

（1）《公证法》对公证的定性问题。《公证法》没有规定公证处有地域管辖问题（公证程序规则进行了规定），但是实际上有地域的问题。小地方、偏远的地方设立了公证处，但是事情不多，存在资源浪费，并且转型到自收自支的事业编制，公证费只有几万元，根本无法养活小地方的公证员，这还是一个顶层设计的问题：地区对口支援，资源流动平衡。

（2）县、区等较小地方的公证处应当加强技能学习，广泛而非专精；省、市等较发达地方公证处才有能力以具体的专精进行分类。

4、关于风险

（1）公证员承担风险是必要的，这种风险是公证机构存在的价值所在，需要注意的是如何对该种风险进行平衡。

（2）公证机构从业风险与服务之间存在矛盾。我们国家法律规定的体系不利于公证发展。相比较于律师、检察官，他们都有法律明确规定的调查取证的权利，《公证法》却并没有赋予公证员这个权利，但是公证员办理公证也必须要调查核实资料。有些人说公证处就是花钱买个章，他们需要自己核实证据、调查，不是单纯盖章就可以的，因为是终身负责制，出现错误是要赔偿的。但是《公证法》上对公证的定性讲究自愿原则，如果他人不愿意配合调查取证，那么工作就不好进行，因为没有强制手段可以实施。

（3）公证机构能开具具有公信力的证明，但调查取证核实存在难处。改善方式：①立法完善，赋予公证机构该方面的权力；②提升公证员执业的技巧。

（4）举例：房屋案件多，房产登记机构也想让公证机构分摊风险。

长沙市公证处访谈

陈述：

1、目前公证员以30－40岁居多，平均年龄在40岁以下，若加上助理则小很多。改制以后吸收了很多年轻人，改制以前平均年龄为49.5岁。目前持职业资格的老公证员仍较多，不好要求他们通过司法考试。新招聘的人员则必须通过司法考试。

2、公证员学历大多为本科及以上，研究生占公证员三分之一左右，无博士生。地位不及司法及行政机构，收入不及律师，因此高学历人才留不住。改制效果明显，改制后就有高学历人才进入。还招了一些新闻专业学生，为设立公证员自己的杂志做准备（《长沙公证》）。

3、公证处取得公证员资格的人有17人，助理有20多人。虽然助理做了大量辅助工作，但还是不能满足事务需求，仍有招聘计划。公证处招聘的学历要求为研究生，旨在提升队伍水平；性别要求男性，目前公证处的公证员性别比例严重失衡，年轻男性仅2人，年长男性2人。女性需要产假，且时间精力跟不上，经常需要加班到晚上九十点，确实压力大，女性不易承受这种压力。从职业特性来说适合女性，需要细致，但从职业现状而言更需要男性，要能抗压。

4、单位会对招聘进来的新人进行培训，而且省、市都有培训，培训以技能为主。

5、监管由司法行政部门及公证协会进行。公证协会负责行业自律，主要进行公证员的培训，还涉及奖惩，以及一些日常业务的处理。司法局原先对公证机构管得过死，人、财、物方方面面都要管。现在管理相对更宏观一些，如招聘助理只是在司法局备案，不需要其予以计划或审批。通过对公证案件的质量检查，财务检查来实施管理。备案是主要的管理手段之一。

6、对公证员的奖励不多，主要是根据业绩计算绩效。但惩罚的措施较多，要对办理假证等行为承担赔偿责任，公证机构赔偿后对个人进行追偿。甚至对故意办理假证明的可能追究刑事责任。本公证处目前没有违规行为。

7、职业等级（职称）的划分可以作为工资待遇的依据，职称评定要通过考试，且要有论文。

观点：

1、关于改制

（1）公证员在改制之前与公务员待遇一样，改制后待遇将会提升。待遇应该成为吸引人才的方式。社会主义市场经济是按劳分配，多大付出就有多大回报，目前公证员的付出与回报仍然不成比例，只因政策有限制，难以与律师相比。要改制就要走企业化的道路。

（2）改制有两种观点：一是绝对的行政化道路，有利于提高公证的公信力；二是既然要改，就要放开，一方面要公信，一方面要放宽对执业收入的限制，目前的收入与付出不成比例。

（3）我国可以建立两种公证制度体系。为什么在《公证法》里对公证的性质没有做规定，只说了是证明机构，删掉了行使国家证明职能。为什么不明确，就是允许三种性质的公证机构形式并存，一种是行政性质，一种是事业性质，一种是合伙的。然后看哪一种形式更符合中国发展的需要。目前在偏远地区有资源匮乏的问题，大中城市有公证需求量大的问题，因此完全可以按两种模式，偏远地区设立行政编制，从事日常的、必需的公众事务；而在大中城市中设立事业编制以满足市场需求。目前有些地方的现状就是一部分市场化的同时，还保留着行政性质的公证处。

（4）公证队伍无论变成什么形式，是否能发展好，主要还在于队伍自身的素质。即使是行政单位，如果没有底线，同样做假证明；如果有底线，事业单位反而更好，因为收入较高，高薪养廉，同样也涉及职业特性的问题。律师从委托人利益出发，很少有宣传说律师是站在法律的公平正义的角度，更多宣传是从委托人的利益的角度，只有保证了委托人的利益才能取得利益与案源，导致违规行为较普遍；而公证不存在输和赢，只是从法律的角度去证明法律事实、法律行为，产品是一份证据而非决定当事人权利义务关系的东西，职业性质决定了公证从业人员不会因为不办公证，案源会减少。因此改为事业编制不会有太大的问题，当然还是需要有职业道德的教育。

2、与律师队伍的关系

（1）一个真正的公证人员，理论素养是高于律师的。律师是在纠纷发生之后寻找漏洞，公证员则是在纠纷发生之前堵死一切漏洞。

（2）律师队伍建设的经验可以为公证队伍所学习，但是不能照搬。律师和公证还是有区别，律师是从委托人角度出发，公证还是要强调公信力。

3、关于公证事务

（1）不能片面认为偏远地区公证事务少，没有财政支持就不能养活自己，这一观点有失偏颇。公证的业务在于自己挖掘。新疆有一个县的公证处，是三个人合伙的，此地仅有牧民没有别的企业，一年公证费用上千万元，原因在于银行有扶助牧民的资金，把这些合同都以公证的形式办理公证，赋予强制执行效力，公证业务量扩大了，同时避免了很多纠纷，一举两得。因此公证机构需要自己去挖掘公证业务。

（2）仔细分析，公证业务的范围很广，广到没有边界，一切与公证有关的事务都可以纳入公证。公证的很多业务已经被其他行业抢了，公证机构没有去挖掘，比如支付宝行使了提存公证的职能，从法定意义上说，仅有公证机构能做。公证机构还是没有动脑筋去发掘业务。

（3）公证的一项职能很多人不了解，甚至律师也不了解。公证除了证据效力，还有强制执行效力，可以成为法院直接执行的依据。若开展起来，可以将银行的信贷业务吃下来，而且能保证信贷的安全，这一领域目前发展得并不好。

（4）当事人因为材料的提供问题吵闹很多，公证机构只有核实权，没有调查权。赋予公证机构调查权是正确的方向。如果没有调查权，又如何去证明？如果不能赋予调查权，就要建立信息共享的平台，公证机构可以在行政部门取得证明材料等，这种做法更为可行，但目前没有。如果要构建信息共享机制，更多只能由上层设计，公证机关没有权力，难以与行政机关沟通。如银行在很多方面的信息共享与公证机构存在矛盾，基于压力，银行共享了一定的信息。但这种机制有可能被某些人利用，成为获取证据的方式，具体还得看如何设计，公证机构可以设立一些程序加以规制，比如对公证进行预收费等。总体而言，各行业还是要有与公证机构信息共享的平台。

4、关于前景

（1）有时觉得这个行业很悲观，没有潜力，有时又觉得是个朝阳行业，很有希望。很多时候会受负面情绪的影响，如各种对公证的负面报道：公证机关要奇葩证明之类。本所办的一个案子就被指如此，需要证明"你妈是你妈"。当时曾因这些报道对记者进行过当面解释：为何需要提供这些证明材料，如果不查实这些情况，就导致损害合法权益的后果。"如果不需要证明你妈是你妈，那谁都有可能是你妈。"

（2）用所谓承诺+监管的形式取代证明不现实，现在社会要求提供各种证明进行核实，仍有很多人提供虚假的证明材料，如果证明都不需要了，还怎么办理这些公证。在信息不平等，诚信缺失的社会，单纯依靠承诺和监管取代证明是不理智的。

（3）公证员很困惑的一个问题就是队伍不大，不足两万人，且公证员大部分时间都在埋头做事，没有想过做自己的文化，发出自己的声音。想要长足发展，必须要有自己的声音，有自己的文化。目前国家对公证制度宣传还是不够，一个例子就是：高校的公证律师制度这门课多为选修，且律师占了大量篇幅，公证不到三分之一。

湘潭县公证处访谈

陈述：

1、3个公证员，1个公证员助理，1个内勤；3人为中共党员，1人为民主党派；本科学历3人，大专学历2人；50岁以上1人，30-40岁4人；现有公证员皆为老公证员，有公正执业资格，没有通过司法考试。

2、每年处理案件600-700件，因查证需要，经常在外（事务多来自周边乡镇，查证不便）。

3、名义和实质上都是行政编制，3个公证员都是公务员，待遇、管理与公务员一样。

4、访谈对象工资2600+，工作17年。

5、行政编制的公证机构上级不给评级。

观点：

1、关于改制

公务员还是稳定一些，如果改制的话，收入应该会提升，风险也相对更高，各有利弊。当然怎么做更好就希望怎么做（与市区公证处相比，改制的紧迫感相对较轻）。

附件六：
湖南省公证员现状调查问卷

感谢您参与本次问卷调查。本问卷是针对公证队伍建设的现状而进行的调查，旨在为完善基层公证队伍建设提供理论支持，问卷信息将不会用于本次调研以外的任何用途。问卷设计难免有不足之处，若您对某个问题有更好的答案，可以选择在问卷旁进行添附来表达您的意见，再次感谢您的支持。

1、您的性别？

A、男　　B、女

2、您的年龄？

A、25－35　　B、35－45　　C、45－55　　D、55 以上

3、您的学历？

A、大专　　B、本科　　C、硕士　　D、博士

4、您所学专业是？

A、法学相关　　B、经济学相关　　C、____

5、您是否取得了公证执业相关资格证书（通过司法考试）？

A、已取得　　B、未取得

6、您对目前公证机构对于公证员的职业资格有何意见？

A、资格限制过高　　B、可以接受　　C、资格限制偏低

7、您所在公证处目前的公证员人数是否满足处理公证事务的需求？

A、超出事务需求　　B、与事务需求相当　　C、不能满足事务需求

8、您认为公证员目前的工资待遇如何？

A、较理想　　B、尚可接受　　C、不能接受

9、您是否有或曾有过离职的想法（打算）？

A、有　　B、无

10、可能的离职原因（若无则不选）？

A、工资低　B、强度高　C、风险高　D、发展空间小　E、____

11、贵单位进行培训的频率如何？

A、一个月/次　B、三个月/次　C、六个月/次　D、十二个月/次

12、主要接受了哪些方面的培训？

A、业务培训　　B、职业道德培训　　C、____

13、您身边是否发生过违反公证从业法律法规的情况？

A、较多见　　B、较少见　　C、不存在

14、您认为现在的公证队伍建设主要存在哪些问题？

A、待遇偏低　　B、职业素养偏低　　C、人员不足

D、案源不足　　E、______

15、您认为公证队伍最需要在哪一方面进行改进？

A、服务态度　B、职业道德　C、专业技能　D、____

16、您认为公证队伍建设还存在什么样的困难，需要在哪些方面改进？

附件七：

调查问卷数据汇总

1、性别

男性	女性
24%	76%

2、年龄

25－35	35－45	45－55	55 以上
28%	17%	43%	12%

3、学历

本科以下	本科	硕士	博士
14%	76%	10%	0%

4、专业

法学	非法学
95%	5%

5、司法考试

已通过	未通过
90%	10%

6、公证员职业门槛

资格限制过高	资格限制适当	资格限制偏低
81%	19%	0%

7、公证处人员能否应对事务需求

超出事务需求	与事务需求相当	不能满足事务需求
0%	17%	83%

8、待遇

较理想	可接受	不理想
12%	64%	24%

9、离职想法

有	无
50%	50%

10、可能的离职原因

工作收入低	工作强度高	工作风险高	发展空间小	其他
76%	60%	71%	26%	14%

11、培训频率/年

一次	两次	三次	三次以上
17%	60%	19%	4%

12、培训内容

职业技能	职业道德	其他
71%	88%	12%

13、违规行为

屡有发生	偶有发生	不存在
0%	19%	81%

14、队伍建设存在的问题

待遇较低	人员不足	案源不足	执业水平偏低	其他
74%	81%	10%	38%	31%

15、队伍建设的改进方面

服务水平	职业道德	执业技能	其他
36%	26%	67%	24%

（调查人数 42 人，问卷为不定项选择）

第三篇　湖南省涉外经贸案件审判状况调研报告*

引言

近年来，随着中国对外开放程度不断加深、中部崛起战略的深入实施、湖南省涉外经济取得快速发展的同时，涉外经贸纠纷日益增多。充分发挥审判在解决涉外经贸纠纷中的职能作用，平等保护中外当事人合法权益，依法维护公平竞争营商环境，成为湖南省法院涉外审判工作的重中之重。因此，以湖南省涉外经贸案件审判状况为研究课题，具有重要的理论价值与实践价值。

（一）认真总结湖南省涉外经贸案件审判工作经验

近十年来，随着改革开放的不断深入，湖南省依托有利的区位优势，加快发展涉外经济与贸易，在取得巨大成效的同时，涉外经贸纠纷也随之增多。作为纠纷解决的重要一环，湖南省法院受理涉外经贸案件数量不断增多，案件类型呈现复杂化态势。面对新形势、新问题，迫切需要在总结经验的基础上与时俱进，充分保证审判工作高效及时、公平公正，以有效化解纠纷，努力推进湖南省涉外经贸案件审判工作专业化、信息化、现代化，保障湖南省经济社会的健康发展。

* 本调研报告由蔡高强教授担任指导教师，陈浩飞任调研团长，杨芳、付冬博、付俐、李煜、周宝江、邱凌轩、徐伟杰、曾茜等同学组成的专项调研团全体成员于2015年共同完成。

（二）保护和救济中外当事人的合法权益

经济的发展需要良好的法治环境，审判过程与审判结果是检验法治环境的重要指标，涉外经贸案件审判的效果如何，事关我国对外开放的大局以及我国司法在国际上的形象。牢牢坚持司法为民、公正司法工作主线，大力实施审判精品战略，依法审理涉外经贸案件，平等保护和救济中外当事人合法权益，在全面推进依法治国大局中科学谋划和推进涉外经贸案件审判工作，为构建开放型经济新体制提供更加有力的司法保障。

（三）增强涉外经贸案件审判的国际公信力和影响力

国际法律工作者须始终站在国际涉外经贸案件理论前沿，紧密联系中国实际。湖南省作为法治中国的领头羊，须紧跟当下经济社会大环境，深入借鉴自贸区建设、“一带一路”战略实施中的法律问题，推动完善相关法律和政策，促进相关涉外经贸案件公正审理，不断增强中国涉外经贸案件审判的国际公信力和影响力，为建设中国特色社会主义法治体系、社会主义法治国家作出更大贡献。

（四）研究方法

调研团队在此次调研中，重点走访了湖南省高级人民法院、长沙市中级人民法院、岳麓区人民法院、长沙县人民法院；并采取电子邮件的方式采访了岳阳市中级人民法院等地市中级人民法院。通过走访，调研团队获得了宝贵的一手资料。但由于调研法院涉及全省 13 个中级人民法院及 5 个基层人民法院，任务量太大，而法院对于涉外案件的统计数据并不是特别完善，所以此次调研的相关数据存在缺口或遗漏，但不影响对湖南省涉外经贸案件审理情况整体的宏观判断。

首先，本文采用了理论结合实践的研究方法，通过列提纲、做问卷调查的形式，深入到审理一线，展开实地调研，获得大量一手资料，在此基础上，了解我省涉外经贸案件审理中存在的问题并提出相应的对策。其次，本文运用了历史与比较的研究方法，在对相关法律问题的分析中，不仅仅局限于自身，而是充分结合历史经验与外国法的相关规定，科学论证我省涉外经贸案件审理未来的方向，提出可行的解决办法。

一、涉外经贸案件审理基本情况

（一）涉外经贸案件基本数据

目前，湖南省具有一审涉外经贸案件管辖权的法院有：省高级人民法院，13个市州包括长沙、株洲、湘潭、衡阳、邵阳、岳阳、张家界、常德、娄底、郴州、永州、怀化、湘西土家族苗族自治州的中级人民法院（益阳市中级人民法院没有管辖权）以及五个基层人民法院。此次调研团队通过电话与邮件的方式与各级人民法院取得沟通，并最终走访了在审理涉外经贸案件领域具有代表性的湖南省高级人民法院、长沙市中级人民法院、岳麓区及长沙县基层人民法院，搜集了2013－2015年的涉外经贸案件的相关审理数据。

1、收结存案情况统计

2013－2015年，湖南省具有涉外管辖权的法院，共审结涉外、涉港澳台民商事案件686件，其中，2013年审结137件，2014年审结205件，2015年审结344件。以2014年为例，湖南法院共新受理一、二审涉外、涉港澳台经贸案件195件。其中，中、基层人民法院受理159件，省高级人民法院受理案件36件，审结98件。

2015年，省高级人民法院收案32件，审结27件。其中，旧存5件（涉外3、涉港澳台2），一审4件（调解3，未审结1），二审1件（改判）；新收27件（涉外14、涉港澳台13），一审2件（判决1，未结1），二审25件（改判5，调解7，维持5，发回1，撤诉1，其他2，未结4）。

2、案由统计

以省高级人民法院为例，2014年，受理的案件类型：借款合同纠纷4件，金融借款合同纠纷1件，买卖合同纠纷3件，房屋租赁合同纠纷2件，股权转让合同纠纷2件，国际货物买卖合同纠纷1件，土地使用权转让合同纠纷2件，其他合同纠纷5件，金融不良债权纠纷1件，企业借贷纠纷2件，不当得利纠纷1件，财产损害赔偿纠纷2件，案外人执行异议之诉1件，其他类型纠纷9件。

3、涉及的国家与地区

从涉及的国家与地区来看，省高院 2014 年收案数据显示，涉外案件 17 件，涉港 14 件，涉澳 1 件，涉台 4 件，涉港、澳、台案件超过总案件数的 50%。另外，日、韩、美、德、法、南非等国家和地区的当事人也有所涉及。

4、其他方面

从法律适用来看，国际公约及外国法均可适用，最密切联系原则最常采用。已审结的涉外商事案件毫无例外的适用了中国法律（法院地法），国际公约、国际惯例及他国地区法律均未适用。在当事人对法律适用有约定的情况下，一般尊重当事人合意，采用当事人意思自治原则。

（二）特点及趋势

1、收结案件数量平稳，并逐年上升

总体来看，由于湖南位于内陆，涉外经济不像东南沿海地区那么发达，但随着改革开放的深入推进，湖南几个经济开发区与保税区正逐步发展起来，涉外纠纷也随之增多。尽管涉外案件中，商事仲裁作为一种快速、便捷的纠纷解决机制在现代社会中扮演越来越重要的角色，但诉讼作为定纷止争最有效的手段之一，在涉外经贸案件中仍然占据重要的地位。

2、法院收案情况受地域影响明显

2014 年，湖南法院所受理的 195 件涉外案件当中，案件集中分布在省会及周边的长沙、株洲地区，约占全省案件数量的 50%，部分地区如湘西、邵阳、怀化、湘潭中级人民法院未受理涉外案件。客观方面可以反映出长沙、株洲等涉外经济发达地区，涉外纠纷相对来讲也较多，其次可能说明，当事人选择管辖法院的倾向也比较明显。如，岳麓区人民法院反应，当事人愿意把案件起诉到这里，源于这里的法官审理涉外案件的经验丰富，审判结果更加公正合理所致。

3、案由相对集中，合同纠纷占大多数

如上述案由统计显示，2014 年，省高级人民法院受理的涉外案件，案件主

要集中在借款合同纠纷、买卖合同纠纷等方面，合同类纠纷共达22件，占全部案件的64．7%，表明合同纠纷仍是我省法院受理的涉外纠纷的主要类型。值得注意的是，长沙市中级人民法院在2015年受理的一起涉外P2P案件，外国当事人对国内近90个中方当事人提起了诉讼，而这一系列案件正是由借款合同纠纷所引起。

4、调解撤诉比例高，二审比例低

2014年省高级人民法院共审核涉外涉港澳台案件32件，其中调解或撤诉11件，调撤率34．4%；2015年，省高级人民法院收案32件，审结27件，其中，调解或撤诉11件，调撤率高达40．7%，远远高于普通民事案件的平均调撤率。这与涉外，涉港、澳、台商事案件诉讼成本相对较高、程序复杂等因素有关。另，岳麓区人民法院综合数据显示，近年来审理的一审涉外案件调撤率达到50%。由于一审法院审判质量高，当事人提起上诉的比例非常低。

5、一审审时平均耗时较长

统计数据显示，由于域外送达、域外证据公证认证等程序性事项平均耗时较长，涉外案件并没有审限的限制，司法实践中，涉外案件一审的审理时间确实较长，平均耗时达到1年半，多因境外当事人身份查明、境外证据调取、域外送达等困扰涉外案件诉讼进程，而如此长的诉讼，也促使了双方当事人的和解。

二、涉外经贸案件审理中存在的主要问题及成因

（一）司法文书域外送达周期长且成功率低

域外送达是指送达主体依据有关国内、国际立法的规定，将诉讼和非诉讼文书送交处于境外其他法域的受送达人或其代收人。域外送达是保障相应涉外审判“程序正当”的基本措施之一，具有非常重要的程序及实体价值[①]：向域外当事人有效地送达司法文书，不仅是保障域外当事人诉权的前提条件，还是许多国家

① 向明华：《海事审判域外送达的困境与出路——基于电子域外送达视角》，载《武汉理工大学学报》（社会科学版）2009年第2期。

的法院受理案件或取得案件管辖权的依据，有助于消除相应的管辖权国际冲突，避免国际平行诉讼；快捷、有效的域外送达有助于保障涉外审判公正与效率目标的实现；合法的域外送达是外国裁判得到承认与执行的基本条件之一。

目前，域外送达的法律依据主要有我国《民事诉讼法》《关于向国外送达民事或商事司法文书和司法外文书公约》（《海牙送达公约》）、我国与一些国家签订的双边司法协助协定以及最高人民法院的相关司法解释。我国《民事诉讼法》第四编中关于涉外民事诉讼程序的特别规定，对在中国领域内没有住所的当事人送达，一共包含八种方式：

（一）依照受送达人所在国与中华人民共和国缔结或者共同参加的国际条约中规定的方式送达（指国际公约或司法协助协定）；

（二）依据《最高人民法院、外交部、司法部关于我国法院和外国法院通过外交途径相互委托送达法律文书若干问题的通知》（外发［1986］47 号），通过外交途径送达（既无国际公约，也无司法协助协定时采用，遵循互惠原则，在实践中采用较少）；

（三）对具有中华人民共和国国籍的受送达人，可以委托中华人民共和国驻受送达人所在国的使领馆代为送达（如该国允许我使领馆直接送达；此类法律文书可不必附有外文译本）；

（四）向受送达人委托的有权代其接受送达的诉讼代理人送达；

（五）向受送达人在中华人民共和国领域内设立的代表机构或者有权接受送达的分支机构、业务代办人送达；

（六）受送达人所在国的法律允许邮寄送达的，可以邮寄送达，自邮寄之日起满三个月，送达回证没有退回，但根据各种情况足以认定已经送达的，期间届满之日视为送达（是否允许邮寄送达：查阅司法协助协定；如系海牙送达公约成员国，查询海牙国家私法会议官方网站）；

（七）采用传真、电子邮件等能够确认受送达人收悉的方式送达；

（八）不能用上述方式送达的，公告送达，自公告之日起满三个月，即视为送达。

如上所述，我国《民事诉讼法》规定的八种涉外送达方式，除公告送达为最后适用之外，其余七种送达方式都可以根据实际情况平行或同时适用。理论上，我国的域外送达制度较为细致完善，可以保障文书有效、快速送达。但也存在程序繁琐、操作性差等问题，导致在司法实践中出现司法文书域外送达周期长且成功率低。早期的调查数据显示，我国的涉外民商事案件域外送达的周期一般长达一至两年，域外送达成功率不到30%。[①] 近年来，虽然有所提高，但也超不过50%。在一系列的访谈中，审理法官普遍认为，我省法院司法文书的域外送达同样普遍存在期限过长、成功率偏低等问题，导致域外送达的价值难以充分实现。

在送达方式整体采用顺序及效果方面，通过对湖南省享有涉外经贸案件管辖权的法院进行走访，笔者得知：法院通过综合考量送达的效果、效率和法院所需要承担的责任等方面，针对在国内有代表机构、委托了中国人为诉讼代理人的、授权在中国境内的分支机构和代办处进行送达接收的当事人，或者出现在中国境内的当事人，法院采用直接送达的方式；在境外或者港、澳、台的当事人，则以公约送达或司法协助送达，辅助以外交送达。其中公告送达是在法院穷尽其他各种送达方式之后，案件陷入停滞状态时才会采取的送达方式。涉港、澳、台案件，当事人虽然身处不同法域，但是语言和文化是相通的，所以通常会采用邮寄送达的方式。其他方式如电子送达，由于电子邮箱的安全性没有保障，邮箱经常被黑客攻克，很难保证信息的安全，所以电子送达尽管方便快捷，但还是被法院所摒弃。简单归纳，我省法院对送达方式的采用顺序如下：直接送达、向诉讼代理人、代表机构、代收人等送达—公约送达/司法协助送达—外交送达—公告送达，邮寄送达在港、澳、台适用多，电子送达几乎不采用。

综上分析，我省司法文书的域外送达在理论与实践中出现的问题比较明显，通过采访负责送达工作的工作人员，笔者归纳了下面几个方面的原因：

1、域外送达法律法规不完备

我国域外送达相关法律法规、司法解释不完备，缺乏系统性、连贯性；有些送达的具体程序缺乏相应的法律规定，从而造成法律适用方面的空白。我国目前有关域外送达的国内立法规定主要体现在《民事诉讼法》第二百四十七条及若干相关司法解释中，同时我国是1965年的海牙《关于民商事案件中司法文书和司法外文书的国外送达公约》的成员国，也与多个国家签订了民商事双边司法协助协定；在海事领域，还有《海事诉讼程序特别法》予以适用。我国关于域外送达的相关法律制度法出多门，所涉内容庞杂，不仅不利于查找适用，而且重合与矛盾之处亦不鲜见，容易导致司法实践中出现不统一状况。这也是受访法官

① 万鄂湘：《“入世”后我国的司法改革与涉外民商事审判》，载陈安主编：《国际经济法论丛》第6期，法律出版社2002年版。

诟病最多的地方。

2、域外送达各责任部门沟通不畅

域外送达国内各责任部门之间的沟通、协调不够顺畅，出现问题不能及时解决。依公约送达和外交途径送达需要先准备好相关的司法文书及其翻译件、请求书、委托送达函、案情简介等材料，然后逐级上报，再转交国外送达。在我国对外请求机关与外国合作机关之间，并未建立起常规的联络渠道，文书送出之后很难查询其进展情况。根据调研发现，法院送达以公约或司法协助协定送达为主，文书通过转送函层交最高人民法院，最高人民法院通过司法协助中心，依据双边协定、国际公约或者互惠关系进行送达。这个层递的过程是相当缓慢的。司法协助中心再将文书与转送函转交给国外司法协助中心的路途遥远，程序更加繁琐，直到法律文书最终到达受送达人手中，耗时短则五六个月，长则一两年。而在整个诉讼的不同环节，需要送达的文书相当之多，需要送达的环节越多，时间越长，过程越复杂，案件进程越慢。送达时间过长，不利于对当事人利益的及时保护。

3、法院域外送达过程中思想保守

涉外送达中违反正当程序原则的影响相对而言更大，它会直接影响到判决的承认与执行。在强调正当程序的英美法系国家，有效送达是法院有权管辖的基础。目前我省法院在进行司法文书送达的时候较多是采用传统的送达方式，而由于法院主观认识上的问题以及电子送达方式客观的安全性、可靠性等因素的影响，对于传真、电子邮件等更为便捷、快速的送达方式使用较为谨慎，没有发挥其应有的功能。而且，我国在域外送达中坚持司法主权观念，导致送达主体单一、送达方式僵硬，送达模式不够灵活。

4、当事人原因

从客观角度看，部分当事人出于主、客观原因起诉时往往没有弄清楚外国当事人确切的身份和地址，出现地址错误、地址不详或找不到受送达人的情况也不鲜见。作为受送达人的当事人或诉讼参与人缺乏诚实信用的精神，一些当事人预见到败诉的结果后，百般拒绝各种送达方式。我国立法上的漏洞也为受送达人故意规避送达提供了方便。在所调研的案件中，就出现过被告由于缺乏法律知识，欠缺对诉讼程序的了解而刻意规避送达甚至拒绝有效送达的情况，导致诉讼程序拖延。

（二）域外证据公证认证问题

在涉外经贸案件诉讼中，由于当事人一方或双方是外国人、外国企业或组织，或当事人之间民事法律关系设立、变更、终止的法律事实发生在外国，或诉讼标的物在外国，因此不可避免地会出现大量涉案证据是在中国法域外形成的事实。对在中国法域外形成的证据的资格以及证明力问题，最高人民法院《关于民事诉讼证据的若干规定》（以下简称《规定》）第十一条规定："当事人向人民法院提供的证据系在中华人民共和国领域外形成的，该证据应当经所在国公证机关予以证明，并经中华人民共和国驻该国使领馆予以认证，或者履行中华人民共和国与该所在国订立的有关条约中规定的证明手续。当事人向人民法院提供的证据是在香港、澳门、台湾地区形成的，应当履行相关的证明手续。"

该规定的出发点是鉴于法院对域外形成的证据难以调查核实，为增强其真实性和合法性而对域外形成的证据本身施加若干程序或手续上的限制。该规定自被执行以来，对保障法院正确认定案件事实并客观公正地处理涉外商事纠纷起到了一定的积极作用，但同时也出现了很多问题，在实践中产生了不一致的认识和做法。在湖南省涉外经贸案件的审理中，同样不可避免地遇到了域外证据的公证认证问题。

根据对湖南省高级人民法院、长沙市中级人民法院以及岳麓区人民法院等的调研访谈来看，就目前而言，在涉外经贸案件的审理过程中，域外证据的公证认证方面存在一些问题。

1、公证认证后的域外证据三性认定依旧困难

受访法官表示，对于在国内形成的证据，法院对于证据的三性判断还是比较容易的，相比之下，域外证据的三性认定较为困难，实践中体现在以下方面：第一，语言方面存在困难。《规定》第十二条规定："当事人向人民法院提供外文书证或者外文说明资料，应当附有中文译本。"这是我国《民事诉讼法》第二百四十条关于涉外民事诉讼中使用中国通用的语言文字原则的直接体现。如果当事人不提供中文译本，人民法院可以拒绝采纳外文书证或资料。由于语言环境的差异，当经有翻译资质的机关翻译后的域外证据存在翻译歧义或者偏差的情况时，法官对于该域外证据的合法性、真实性以及关联性难以进行准确的认定，进而影

响案件判决的公正性。第二，当被告不到庭也未提供证据时，原告方提供的证据无法在法庭审理中进行质证，则很难保证证据的真实性。这也会极大地影响法官对案件事实的判断。第三，经过公证的域外证据无法发挥其应有的作用。根据《民事诉讼法》第六十七条规定，经过法定程序证明的法律行为、法律事实和文书，人民法院应当作为认定事实的根据。但有相反证据足以推翻公证证明的除外。而不少国家，特别是英美法系国家的公证机构在对书证进行公证时，他们主要审查的是当事人的真实签署，至于书证的文字内容是否合法真实，则不予审查。因为这些国家的法律往往规定，书证文字内容如有虚假，由当事人自负法律责任，公证机构不承担任何责任。外国政府认证机构的认证，仅证明公证机构签署人的资格，并不对书证内容起任何证明作用。我国驻外使领馆的认证，也仅证明外国政府公证机关及其工作人员签章的真实合法，也不对书证内容起任何证明作用。此时，经过公证的证据也并没有解决证据的合法性、真实性和关联性问题。

2、公证程序繁琐复杂

除三性认定困难外，受访法官表示，公证程序的繁琐复杂也是导致涉外案件审理审时较长、审理较困难的一个原因。具体而言，域外证据的调查取证有三种方式：一是依据我国与有关国家签订的条约或者国际公约，可以通过约定好的各自的“中央机关”或者法院来取证；二是在没有相关条约关系或者共同参加的公约下，而通过外交取证的方式，此种方式是通过外交机关将请求书交给被请求国的外交机关，然后转交给受托法院；三是如果取证对象是在国外居住的我国公民，则可通过使领馆取证的方式。[①] 无论是用哪一种取证方式，都需要经过一系列复杂繁琐的程序，这严重影响了案件审理的效率。

如长沙市岳麓区人民法院反映，在该院受理的涉外经贸案件中，涉外合同纠纷占绝大多数，其受理的汉能一案中，合同履行地在境外（泰国），双方当事人在境内，双方就水电站供应的质量问题发生争议，要证明案件事实则必须对合同履行情况进行查明，具体合同履行的数据则需要经过当地的取证公证和认证，这导致案件一再延期，最终由于取证过程过于复杂而双方当事人选择了和解方式来化解纠纷。这类案子主要牵涉的是域外证据取证难的问题。根据我国法律规定，“谁主张谁取证”，一般情况下，当事人需要自己去域外取证，这需要耗费高额

① 我国《民事诉讼法》第二百七十七条。

的费用。即使在域外取得对自己有利的证据，也需要在境外履行相关的公证、认证或者其他证明手续，再经我国驻外使领馆认证，或者履行我国与该所在国订立的有关条约中规定的证明手续等一系列手续后才能在我国法院进行证据认定。因此，在司法实践过程中经常出现由于域外证据取证程序复杂，耗时过长，导致双方当事人时间和精力、财力的损耗，影响案件审理进度的现象，进而出现一些当事人因此被迫选择调解结案的情况。这对于法官查明案件事实，还原案件真相，从司法途经有效解决涉外经贸纠纷、真正维护当事人合法权益而言产生了一定的阻力。

总体而言，我国域外证据公证证明制度的整体设计是过于简单的，没有充分考虑到不同国家的公证制度的差异给域外证据带来的不同后果，也没有规定不同的证据形式的不同公证证明要求。立法上的缺陷导致司法实践中缺乏对于域外证据公证认证的统一的认识，尤其是对未经公证或认证的域外证据的效力认定上存在较大差异，容易导致司法裁判的不确定性。受访法官表示，不同国家和地区公证制度可能存在的法律冲突，极易导致我国对于域外证据公证认证手续“一刀切”的法律规定，在司法实践中遭遇尴尬。譬如是否所有的材料都必须公证？是否所有的证据材料都能公证？如何理解“应当经所在国公证机关证明”中的“所在国”，是证据形成国还是证据所在国？当事人提出证据在相关国家无法公证怎么处理等诸多问题，在司法实践中都检验着法官的司法能力。

由于部分当事人对于涉外案件程序、证据要求等缺乏了解，普通当事人在面对非中国大陆本土所形成的证据进行公证时，需要面对的是证据形成国的证据公证证明制度，无法保证该证明符合中国大陆法院对公证证明的要求。而对于一个以域外证据为主要证据的案件，如果证据数量多或者是在不同国家或地区形成的，其公证证明成本有可能是非常昂贵的。出于上述相关原因，司法实践中少数当事人疏于办理、怠于办理公证认证手续的情况时有发生，一定程度上造成了诉讼程序的拖沓。

（三）适用法院地法倾向明显且说理单一

在国际私法中，适用法院地法几乎是各国的一种固有倾向。受主权优位观念的影响，不仅国际私法各个阶段的理论学说中都渗透着法院地法倾向，而且在司法实践中，法院地法总是被司法者以各种理由优先适用。国际私法的诞生，本身就意味着法院地法的适用应受到限制。我国司法实践中适用法院地法的情形十分普遍，有些是完成国际私法法律选择功能的必然结果，但还有一些则是基于牵强的理由对法院地法的武断适用。

在此次调研中，小组成员对法律适用问题格外关注，它关系到对涉外经贸案件中当事人权利与义务的确定，关系到对涉外经贸案件的公正审理。统计数据显示，在湖南省法院所审理的涉外经贸案件中，几乎都适用法院地法，而其他国家或地区的法律、国际条约、国际惯例被适用的次数则是凤毛麟角，呈现出一种法律适用“回家去的趋势”。

1、“回家去的趋势”的成因

国际私法的诞生，就意味着法院地法的适用应受到限制。① 但是无论是最早的法则区别说，还是基于普遍主义提出的法律关系本座说，各国只是认识到了适用外国法的必要性并积极地为外国法适用寻找理论根据。而与此同时，各国基于主权、司法实践等因素考虑，又发展出一系列限制外国法适用的制度。可以说法院地倾向是自始至终处于优势地位的。适用外国法与限制外国法的适用，或者适用法院地法和限制法院地法的适用，贯穿于国际私法的整个发展史。国际私法本身的性质、特点及其司法实践决定了法律适用中“回家去的趋势”的出现是有着其合理的背景的。

首先，主权原则是国际私法的一项基本原则。② 国际私法的制定和适用本身就是国家主权的体现，因而其首先要体现本国的国家民族利益，也就是说无论是适用外国法还是排除外国法的适用，一个国家都只能站在自己国家民族的立场上来做出抉择。③ 正是由于国际私法的民族性及国家主权原则观念的影响，主权者通过立法或司法途径解决法律冲突时，总是努力选择自己的实体法，减少或排斥外国实体法的适用机会。

其次，司法裁判上便利性的考虑。在任何一个国家，对涉外民商事案件，适用法院地的法律来最终判决涉外案件的，无疑要比适用外国法判决的案件不知多了多少倍。许多国家的法官会认为适用自己的法律是实现审判公正的保障。“政府利益分析说”认为，国家间的法律冲突实质上就是利益冲突，适用不同的法律，对有关国家的利益而言，结果是不一样的，因此，站在法院地国的立场上，

① 邓正来教授在《美国国际私法流派》一书中认为“法院地法说”主要是以法院地法的首要地位、真实规范、适当的法院这三大理论支柱为支撑的。

② 李双元：《国际私法》，北京大学出版社 2000 年版，第 26 页。

③ 裴晋：《从外国法的适用于限制看国际私法的矛盾统一》，载《现代法学》1998 年第 2 期。

符合其利益的法律适用与法院地国获得理想结果所要求适用的法律两者之间应该是一致的。[①] 我国学者李双元认为，其实，对法院地法适用优位的倾向，并不用做什么理论上的深究，最明白不过的事实就是内国的法官无疑最熟悉自己的法律。他们适用自己的法律，轻车熟路，简便易行，而且大多可以做到不出解释上的错误。[②]

再次，由于国际社会发展的不平衡以及各个国家都有一些特殊的利益要加以保护，各国都会在本国的立法中规定一些“直接适用的法”，摆脱冲突规范的约束而在涉及该国的民商事法律关系中直接加以适用。这些“直接适用的法”，毫无疑问会增加法院地法在涉外民商事案件中适用的概率。

另外，受访法官特别提出，审理涉外经贸案件中，法律适用方法单一，且集中程度高，主要集中在最密切联系原则和意思自治原则，而其他法律选择方法适用次数相对较少。这也同样导致法律适用呈“回家去的趋势”。这虽然可能是由于涉外经贸案件大量存在的是合同纠纷，为这两个原则的大量适用提供了空间，但是，仍不能排除的是由于审理法官对最密切联系原则的过度追求，乃至错误适用以及对默示意思自治的不当适用所致。虽然在涉外合同纠纷中承认默示自治对审理法院而言更为便捷，但也存在隐忧，可能违背当事人真实意愿，损害其权益。当事人可能不清楚争议的案件可以适用的法律，暂且以法院地法起诉或抗辩，如果武断地以此为据视为其做出了法律选择是对其法律选择权的剥夺，因为“当事人的真实意愿只能处于唯一状态，要么选择合同准据法，要么不选择合同准据法，对当事人真实意图的推断，无论结果如何，最终还是拟制的、虚幻的”。[③] 另外，在有些情况下，诉讼或仲裁管辖条款也成为推定当事人选择法律意图的依据[④]，但这实际上只是法官的意图，未必是当事人的真实意思表示，因为选择一国法院或某一仲裁机构仲裁可能是当事人对其程序熟悉或者处于对将来执行便利的考虑等。“默示意思自治是一项法官来达到某些特定目的的弹性条款，它并不完全真正代表当事人的意图，但却百分之百代表了法官的意思，实际上是法官在选择法律。如果不合理地、牵强地去使用，将违背意思自治原则的本

① 裴晋：《从外国法的适用于限制看国际私法的矛盾统一》，载《现代法学》1998 年第 2 期。

② 李双元、邓杰、熊之才：《国际社会本位的理念和法院地法适用的合理限制》，载《武汉大学学报（社会科学版）》2001 年第 5 期。

③ 邓朝晖、李霁：《魁北克合同法律适用规则介评——兼论我国 2007 年关于涉外合同法律的司法解释》中国国际私法协会，《中国国际私法与比较法年刊》，北京大学出版社 2008 年版，第 265 页。

④ 《罗马条例 I》第十二款规定：“合同中成员方协议选择一个或更多个成员国法院或仲裁庭作为解决争端专属管辖的约定应当成为决定一项法律选择是否已经被明确决定的考虑因素之一。”

意，导致不公正的后果。”①

湖南省法院在涉外经贸案件审理中法院地法倾向的存在，除了国家主权原则观念的影响、法官最熟悉本国的法律、保护法院地国的某些特定利益的需要等原因之外，还有一些特殊的原因存在：一方面，由于湖南地处内陆，较之沿海城市而言，对外交往的程度和方式都比较有限，涉外经贸纠纷的形式相对简单，外籍当事人所涉及的国家和地区也不够多元化，一定程度上来说，很大一部分案件并不具有典型意义上的涉外案件的诸多因素，因此案件所呈现的法律适用的问题客观上并未成为涉外案件审理中的焦点问题，导致法律适用问题在涉外案件审理中常常被忽视，也就自然选择适用法院地法；另一方面，我国现阶段法官的素质及法官管理体制方面的因素。涉外民商事案件有些案情相对复杂，通常涉及两个甚至多个国家，因而审判难度相比国内案件要大很多，法律适用情况错综发展。这要求审理案件的法官具有良好的法律素养，特别是国际私法方面的专门知识。同时适用外国法还需对外国法进行查明及做出准确的解释，加之理解方面的问题，法官出于畏难情绪也不愿意适用外国法。还有就是中国法官体制方面的原因，错案率与法官的业绩、工资相挂钩，在涉外民商事案件中，适用外国法面临着对外国法理解是否正确的潜在风险，从而可能会导致错案率增加。出于自身利益等现实因素的考虑，法官往往就趋利避害，适用自己更为熟悉的国内法，而不是适用容易招致错误的外国法。

2、“回家去的趋势”的弊端

如上原因所述，国际私法国内法的性质及其民族性和国际私法案件主要在内国法院审判的事实，从某种程度上决定了国际私法在法律适用过程中的法院地法倾向。法院地法倾向的存在是有着其现实及合理的背景的。但无原则地扩大法院地法的适用不利于国际民商事秩序的建立，反而不能达到保护法院地国家的国家及民族利益的目的，不能保护中外当事人的正当合法权益。

首先，违反平等互利原则，妨碍国际民商事新秩序的构建，与全球化背景下各国积极参与国际竞争和发展的对外政策相违背，对湖南省涉外经济的发展带来负面影响。在由各国法律体系组成的国际法的社会里，法律的选择应尽量追求公平、客观、公正，而不是任由法官恣意选择，无视对方当事人的利益，片面地追

① 杜新丽：《国际私法实务中的法律问题》，中信出版社 2005 年版，第 133 页。

求法院地法的适用，破坏国际社会交往的秩序。[①] 不合理地、无节制地扩大法院地法的适用，这在一定程度上会挫伤对方当事人和本国国民民商事交流的信心，而且也增加了相互交流的障碍，最终妨碍国际民商事交流的正常发展。

其次，不符合各国司法协助的要求，妨碍判决的承认与执行。一国做出的涉外民商事判决往往需要到外国申请承认与执行。一国法院的判决一般说来是该国司法主权的体现，要得到外国的承认与执行必须满足相关的条件。按照目前各国的司法实践，除需有判决承认与执行的条约关系或互惠关系外，一般对判决裁决过程本身也有要求，即必须符合正当程序的要求。其中一点是各国大都规定原判决国法院适用了适当的准据法。由此可见，如果判决的做出没有考虑应当适用的外国法，而是在单纯地追求法院地法适用的情况下做出的，该判决会因为不符合被请求承认与执行国家的相关规定，而被拒绝承认与执行。

再次，助长了当事人“挑选法院”的现象。本来，依据内外国法律平等适用的普遍主义观念，案件无论在哪一国法院起诉，法院依据相关的国际私法规则进行审理，大致上可以得到相同的处理结果。但是“回家去的趋势”存在，会导致审理案件的法院所在地法占据了主导地位，案件在哪一国或哪一个州的法院审理，该国或该州的法律就自然而然地成了该涉外民商事案件将要适用的准据法。因此，“回家去的趋势”会促使当事人制造各种连接点，使案件可以在对自己有利的而对被告不利的法院起诉。“回家去的趋势”是“挑选法院”的原因之一，这已得到广泛的认可。[②] “挑选法院”的行为会使某些国家司法机构不堪重负，造成案件积压，不利于当事人及时获得权利救济，而造成另一些国家司法资源的闲置与浪费，同时也可能给被告造成严重的不公。

（四）外国法无法查明且救济途径单一

外国法查明（Ascertainment of Foreign Law or Proof of Foreign Law），指一国法院在审理涉外民商事纠纷时，如果通过本国的冲突规范的指引找到应适用的准据法，且该准据法为另一法域实体法时，如何查明该外法域实体法对这一特定问题之规定的制度。设立外国法查明，主要是为了帮助法官冲破“难知外国法”的

---

① 王刚：《论国际私法中法院地法适用的原则》，载《法制与社会》2007 年第 7 期。

② ［美］弗里德里希·K·荣格：《法律选择与涉外司法》，霍正欣，徐妮娜译，北京大学出版社 2007 年版，第 5 页。

困境。“法官知法”原则应只适用于本法域，若将此原则延伸至其他法域，要求法官同样熟悉在其他法律传统文化中形成、发展的法律规范，这是对法官的苛求。然而，为了公正地裁判涉外民商事纠纷，一法域的法官就必须要知悉外法域实体法的相应规定，因此，外国法查明就有其不可替代的价值——通过查明才能正确、合理地解释法律，确定涉外民商事法律关系当事人的权利义务，为法官公正裁判提供法律依据。

2010年《中华人民共和国涉外民事关系法律适用法》（下文简称《法律适用法》）第十条：“涉外民事关系适用的外国法律，由人民法院、仲裁机构或者行政机关查明。当事人选择适用外国法律时，应当提供该国法律。”根据上述法律规定，除了当事人主动选择或者变更适用外国法律，应提供相应外国法律内容外，在当事人之间没有约定适用外国法条文时，人民法院是查明外国法内容的主导、是第一位的查明主体，应由人民法院承担查明外国法的责任，并且人民法院有权利要求当事人协助查明。此处应注意做正确解释，不应将当事人主动适用外国法律而提供法律内容等同于当事人主要承担查明责任，后者对当事人的责任要求更高并且多为当事人的一种负担。

1、外国法查明中存在的问题及后果

首先，在实践当中，“外国法无法查明”可以分为两种类型：法官、当事人不积极查明与难以查明。前者是指下级法院消极对待查明外国法，直接适用内国法，或者通过请示高院而适用内国法，同时都不责令当事人查明；当事人消极履行协助查明义务；法官与当事人相互推诿查明责任等。涉及的外国实体法是通过援引我国冲突规范确定的法律，如果承担查明外国法的责任主体故意规避适用外国法律，那么其行为不仅违背我国内国法，同时也使得我国的冲突规范被架空，国际私法的核心内容名存实亡、存在的根基被动摇。后者是指涉及的外国实体法因客观原因不能查询。此处可以借鉴英美法上责任人须“勤勉”履行义务的理念，也即查明主体在履行了勤勉义务后仍不能查明外国法内容的，例如因该外国法被废止、撤销或者国外司法协助机关拒绝司法协助、中外法律专家拒绝提供等，视为难以查明。

其次，进行外国法查明的案件少且无上诉，难引起对查明外国法的重视。根据对湖南省长沙市岳麓区人民法院、湖南省长沙市中级人民法院、湖南省高级人民法院的访谈调研发现，自2009年集中管辖以来，湖南省涉外经贸案件的数量总体呈上升趋势，但除了湖南省高级人民法院在2005年处理过一起外国法查明

的案件外，岳麓区人民法院及长沙市中级人民法院至今未处理过此类案件，并且针对外国法适用提起上诉的案件数为零。由于审理的纠纷当中涉及外国法查明的案件甚微，无法形成丰富的司法实践基础，且不能为理论研究提供现实背景，从而难以引起“造法者”对于外国法查明的重视，因此难以推动我国外国法查明制度的完善。

最后，“无法查明”后的救济途径导致司法不公，影响我国的国际地位。根据1987年《涉外经济合同法问题解答》第二条第十一款：“……通过上述途径仍不能查明的，可以参照我国相应的法律处理。”1988年《关于贯彻执行民法通则若干问题的意见》第一百九十三条：“……通过以上途经仍不能查明的，适用中华人民共和国法律。”2007年《涉外民商事合同纠纷法律适用》第九条：“当事人和人民法院通过适当的途径不能查明外国法律的内容的，人民法院可以适用中华人民共和国法律。”《法律适用法》第十条：“不能查明外国法律或者该外国法律没有规定的，适用中华人民共和国法律。”当外国法律无法查明时，我国法院的做法是单一地适用我国的内国法，承担查明责任的主体极有可能将本应通过外国实体法调整的社会关系，强行通过中国的法律调整。这种做法呈现出的弊端为：虽然有助于提高审判效率，但是这种盲目追求效率的方式在法院裁判之前就因适用错误的法律规范而造成司法不公。同时这也是不符合国际社会趋势的做法，不利于我国同其他国家的和谐共处，影响我国在国际社会中的地位。

2、外国法查明中问题的成因

（1）立法层面的原因

首先，现行法律规范未明确规定外国法查明的性质。确定查明的“外国法”的性质是确定外国法查明责任主体的前提。根据目前各国的立法规定，对于外国法的定性主要有四类：事实说，将外国法看作当事人引用来主张自己请求权的事实，由当事人查明；法律说，将外国法视为法律看待，是“法官知法”原则在外国法领域的延伸，由法官查明外国法；特殊事实说，外国法是一种不同于其他案件事实的事实，以当事人查明为主、法官查明为辅；特殊法律说，将外国法看作是特殊的法律，是一种性质不同于内国法的法律，以法官查明为主、当事人查明为辅。如前文所述，根据我国现行法律条文所传达的思想，对于外国法查明我国是实行“以法院查明为主，当事人查明为辅”模式，但是对于外国法的性质以及查明主体并没有明文规定，虽然这并不妨碍正确理解，然而却极有可能使法官借口自己非查明外国法的责任主体、故意制造异议，消极履职，拖延时间，降低诉讼效率，侵害当事人的诉讼权利。

其次，现行法律规范未明确法官与当事人之间的分工、查明的标准和查明的期限。我国的外国法查明虽然确立了以“法官为主、当事人为辅”的模式，但是对于二者之间的查明分工规定得十分模糊，法官查明外国法的范围与当事人查明的范围的界限在哪；“查明”的标准是什么，法官查明工作陷入何种状况可以视为“难以查明”，当事人“查明”的标准与法官的标准是否一致；根据2012年《最高人民法院关于适用〈中华人民共和国涉外民事关系法律适用法〉若干问题的解释（一）》（下文简称2012年最高院解释一）第十七条第二款：“……当事人应当提供外国法律，其在人民法院指定的合理期限内无正当理由未提供该外国法律的，可以认定为不能查明外国法律。”对人民法院指定的合理期限的起始点、期限长短、能否延期都没有法律条文予以明确的说明，这就会使得法院以“超过合理期限未查明”为由，强行适用中国的法律。

再次，法律规定的无法查明的救济方式——单一地适用我国的内国法，正是因为我国设立了此种特殊的救济方式，为责任主体滥用“无法查明”的权利提供了心理上的暗示和帮助。

（2）司法层面的原因

首先，外国法查明的方法运用得还不够充分。从有关涉外经贸判例来看，除了由法官查明外国法为主、当事人辅助以外，中外法律专家提供是使用最多的方法。但在查明外国法的问题上，国内目前还没有建立通过外交、国际条约等查明方法的完善机制，使得这些方法在实践中难以运用。[①]

其次，法院在外国法的查明上存在实际困难。语言的障碍、法律渊源相异、加上地理位置的阻碍使得法官很难准确无误地理解该国法律的实质内容，且在查明外国法时耗时长、成本高。

再次，法官本身具有趋利避害的心理，优先选择适用自己熟悉的内国法，避免适用自己不了解的外域法，以免因解释法律错误造成适用上的偏差，损害当事人的合法权益，削弱法院在公众心中的权威性和专业性。

除了上述原因之外，由于法官工作繁重，对于新规定、新思想只能依靠自己摸索，因此各级法院尤其是基层和中级人民法院的法官的个人素质与国际视野限制了法官在查明外国法时的动力与能力。对于当事人来讲，靠一己之力查明外国法耗时长、程序复杂、反馈效率低下，当诉讼成本高于预期通过诉讼获得的利益

---

① 詹思敏、侯向磊：《域外法查明的若干基本问题探讨》，法律出版社2004年版，第118页。

时，当事人自然对查明外国法失去动力。当查明外国法的内容困难重重，责任主体自然会转为适用熟悉、方便易得的内国法或者消极履行查明义务，抑或责任主体之间相互推诿。

三、完善涉外经贸案件审理的思考与对策

（一）多渠道提高域外送达效率

司法文书送达程序是诉讼程序重要的组成部分，送达的有效性直接影响案件审理的效率，也关系着诉讼程序的正当性与合法性。如何多渠道提高域外送达的效率，突破域外送达难的瓶颈是当下涉外案件审理中至关重要的一环。因此，既要对现有的制度进行改造，同时还应借鉴国外送达的先进经验，在现有制度框架下，采取更为简便灵活的方法，达到送达目的。

受访法官认为，近几年最高人民法院推行了若干域外送达改革机制，如试点下放送达公约项下的域外送达请求权、归口管理域外送达工作、颁布域外送达的司法解释等，已经使上述若干弊端得以改善或消除，域外送达效率因此有较大幅度的提高，但其进一步的提升仍面临着困难。建立在绝对主权原则基础上的司法主权理论，是引发我国域外“送达难”问题的真正根源。故有必要进一步探讨如何对症下药，改变传统的司法主权理念，根据正当程序原则进一步修改和完善我国域外送达的有关立法，加强相应的法律服务，切实解决我国涉外审判中的域外“送达难”问题。笔者认为主要可从以下几方面着手：

1、加强国际合作，充分利用公约潜力

《海牙送达公约》除规定了通过一国中央机关转递司法文书这种正式送达方式外，还规定了领事或外交直接送达、领事或外交间接送达、邮寄送达、司法主管人员之间的直接传递、诉讼利害关系人通过外国司法主管之间的直接传递等替代性送达方式。我国在加入该公约时，对其中的领事或外交直接送达方式予以保留，并明确提出反对适用邮寄送达的方式。如果能够改变传统观念，逐步变更这些保留规定，拓宽送达途径，也许会大大提高涉外送达的效率，加快现有的涉外经贸案件的审判进程。

国家之间的交往遵循对等原则。因为我国不允许领事与外交之间的直接送

达，反对外国在我国采用邮寄送达方式进行文书送达，所以我国对在外国境内的人进行送达时，往往也不能进行领事与外交官员之间的直接送达和邮寄送达。事实上，外交之间的直接送达程序简单、速度快捷、效果良好。而邮寄送达适合于普通当事人之间的送达，费用低廉、速度较快、方式简单，如果我国逐渐开放对领事与外交之间的直接送达和邮寄送达这些多渠道的送达方式，其他国家也会允许我们采取对等的送达方式向其国内成员进行送达，这都不失为弥补现今我国法院送达缓慢的缺陷的一大好方法。

2、增加有权机构，简化域外送达流转程序

《海牙送达公约》第二条规定，每一缔约国均应当指定一个及以上的中央机关，负责接收来自其他缔约国的送达请求书，并自行送达或安排一家适当机构送达。大多数国家指定其司法部为其中央机关，如中国、美国、比利时、法国、西班牙、土耳其等；有的则指定其法院系统为其中央机关，如意大利、荷兰、以色列等；还有的指定其外交部为其中央机关，如日本、希腊、瑞典等。为便利公约实施，《海牙送达公约》第十八条第一款还允许缔约国另行指定其他有权处理送达事宜的机关并确定其权限的范围。故缔约国可以根据其实际需要，指定一个或多个接收和传递文书的有权机关，以提高送达效率。无论是根据《海牙送达公约》制定的国内立法，还是1999年出台的《内地与香港特别行政区法院互相委托送达民商事司法文书安排》、2001年出台的《关于内地澳门特别行政区法院就民商事案件互相委托送达司法文书和调取证据的安排》中规定的中国大陆与香港、澳门相互送达文书的程序规定，都相当繁琐。最高法2003年曾在北京、上海、广东等地时点，由其高院直接向公约成员国的中央机关提出和转递司法协助请求书和相关材料，从而减少传递环节。这样的做法其实是值得提倡和推广的。在关系到外国人权益和中国主权的方面，中国官方的态度过于谨慎。但是事关文书送达，并不侵犯一国主权，且由一国国家机关传递给另一国国家机关，已经是很正式、很严谨的传递方式，不需要过于累赘的层次来增加负担。

3、强化送达的通知功能，扩大代收人范围

送达本质上属于一种通知，所以，只要符合正当程序原则，能够实现通知当事人的目的，送达就达到了应有的效果。比如，如果域外当事人处于国内或者其在国内的代收人拒绝送达又无法留置送达的，就应当适当地扩大代收人的范围，国内部分法院的相应做法可资借鉴。如上海市高级人民法院2007年《民事诉讼

涉及送达的若干问题解答（二）》第三条规定：“法院以当事人确认的地址送达诉讼文书，与受送达人有密切联系的人自愿签收的，视为直接送达。”“受送达人是自然人的，与其有密切联系的人包括同住成年家属以及具有相当识别能力的同住人、受送达人雇用的人（如保姆）、邻居、所在单位的同事以及居住地的物业管理部门；受送达人是法人或者其他组织的，包括法人的法定代表人、其他组织的主要负责人，或者该法人、其他组织的办公室、收发室、值班室等负责收件的人以及该办公地点其他有辨别能力的职员或雇员。上述签收人自愿签收有关诉讼文书的，视为直接送达，但送达回证上应注明其与受送达人的关系。”上述司法探索也可扩大到域外送达，即可将处于国内的与域外当事人存在上述“密切联系”的人作为代收人，要求其代收送达，从而实现域外送达“国内化”。如受送达人为自然人的，存在“密切联系”的代收人包括但不限于诉讼代理人、与受送达人同住的，以及愿意代为签收送达的邻居、亲朋好友或同事，只要其有信函签收的认知能力，但双方互为当事人的除外 。

此外，我国立法还可涵盖未明确规定，但受送达人所在地法允许或未予禁止的其他快捷送达方式，如各种民间送达、替代送达和推定送达方式等。

（二）完善域外证据公证认证法律制度

域外证据公证认证在司法实践中出现的种种尴尬，究其根源在于制度本身的粗略化。从根本上解决目前司法实践中存在的相关问题，需要尽快制订一个更明确的、具有可操作性的域外证据证明规则，依据不同的证据类型设定的证明标准应具体明确。

受访法官表示，人民法院作为国家司法机关，运用我们的官方语言审理案件体现的是国家主权和民族尊严。因此根据《最高人民法院关于民事诉讼证据的若干规定》第十二条规定：“当事人向人民法院提供外文书证或者外文说明资料应当附有中文译本。”一个法官，不可能通晓各国语言，即使通晓一两个国家的语言，根据本条的规定，也应要求当事人在提交外文证据的同时，附有准确无误的中文译本。[①] 当事人提供的经由外国公证机构公证、外交部或外交部授权机构认证及我国驻外使、领馆认证，或驻外使、领馆直接公证，或国内机关公证的“经证明无误的中文译本”，若法官发现明显的翻译歧义时，法官可以要求当事

① 刘竹梅：《对域外调取证据真实性的认定》，载《法律适用》2002 年第 10 期。

人就出现歧义的部分作出解释或由当事人向有关机构要求提供证明，证明当事人提供的中文译本准确无误，使得法院在证据适用的时候不会出现两难的情形。既然当事人提交的域外形成的说明资料是为了让法官明确案件事实从而支持自己的诉讼请求，那么，对于法官要求的解释或者提供的证明，当事人无法提供时，法官根据当事人提供的“经证明无误的中文译本”认定证据和案件事实就是合法合理的。

对于域外调查取证程序复杂、耗费司法成本、浪费司法资源的情形，是实践中特别常见的情况。为了改善这种状况，笔者认为虽然按照一般规定，所有证据都应当进行特别证明以保证证据的真实性和合法性，但是某些域外证据的取得过程或者形成已经得到保证的可以不予特别证明。具体包括：

1、以请求书形式获得的域外证据

当事人对于自己难以获取的证据用请求书的形式请求法院代为取证的，法院在收到当事人司法协助的请求时，必定会对当事人的请求进行审查然后才会做出取证的决定，此时其做出的取证决定的证据在形式上都具有高度的合理性和合法性。这是一个复杂且繁琐的事务过程，如果在此基础上还需要当事人进行特别证明程序才能调查取证，将会消耗大量的时间，因此我们觉得可以免除不必要的特别证明，从而方便当事人获取证据。

2、双方当事人共同意思一致认可的域外证据

这一类证据涉及的是当事人意思自治的原则，当双方当事人都认同某一事实、文书或物件，而且双方所认同的事实、文书或物件能够作为证据证明某一方当事人的或双方主张的事实和请求，则可以作为证据在法庭上适用，免去特别证明，节省诉讼成本，有效提高诉讼效率。

3、对于未能办理特别证明的域外证据的救济

在实践中，当事人由于客观原因难以将其取得的域外证据办理相关证明手续，此时获得的证据如果被法院完全排除适用，从而承担不利后果的话，显然是不符合公平正义原则的。所以，考虑到双方当事人的公平性和平等性，某方当事人如果没有将其获得的域外证据办理相关证明手续的则应要求其负担更多的举证义务，譬如要求其提供更多其他相关联和可以佐证的证据以证明此域外证据的具有更多证明力，让法官能结合更多的间接证据和直接证据进行综合判断。司法实

践中也出现了一些变通的做法，合理化解由于域外证据公证认证不能所可能导致案件实体审理出现的不公。在访谈中，长沙中院法官认为，在涉外当事人未办理委托手续的公证认证时，在准确确认和核对外籍当事人身份的前提下，如果其本人与被委托的代理人当面在合议庭前签署授权书等手续，一般是可以确认委托手续的效力的。而在对证据的效力认定上，仍然要针对公证的不同内容予以区别对待。如果外国公证机关的证明能够证明书证的内容真实，则应赋予其公证证明的域外效力，但更强调当事人的相互质证对正确认定案件事实的作用。我们既要尊重外国公证证明的域外效力，又要考虑到各国公证制度的现实差异，实事求是地认定域外证据在民事诉讼中的法律效力。

因此，实践中我们可以采取上述措施来提高我们的司法效率，保障案件的公平审理。

（三）加强法律适用问题研究

针对法院在审理涉外经贸案件中法院地法倾向明显且说理单一的弊端，笔者认为，需要从立法与司法层面来加强法律适用问题的研究与实践，合理保障中外双方当事人的合法权益。

1、立法层面：完善《法律适用法》

《法律适用法》还不是一部真正统一、系统、全面和完善的涉外民事关系法律适用法，没有把《海商法》《民用航空法》《票据法》等三部商事法律有关法律适用的规定纳入到该法中来，也没有把司法解释中的规定纳入其中。涉外商事关系的法律适用是国际私法核心内容的组成部分。随着中国入世开放后对外经济交往多样化，传统的案件格局被打破，出现了涉外股票、债券、票据、独立保函、外资企业解散和清算纠纷，以及利用外资处置不良债权产生的纠纷等。由此可见，涉外商事纠纷已成为我国法院审判的主要案源的一部分，《法律适用法》对有关涉外商事法律适用并不完善，仅对有价证券的物权作出简单的规定，其他涉外商事关系的规定暂付阙如，这显然无法解决我国涉外审判的实际需要。依据《法律适用法》第二条第一款的规定：“涉外民事关系适用的法律，依照本法确定。其他法律对涉外民事关系法律适用另有特别规定的，依照其规定。”从该法条的规定可以知道，除适用法外，在中国国际私法体系中另有多套有效的涉外民事关系的法律适用制度，其中包括《民法通则》《合同法》《继承法》等单行法中法律适用规定，《海商法》《民用航空法》《票据法》中关于法律适用的专项规定。因此，对于《法律适用法》没有涉及的民用航空、海上、公司、票据等涉外商事关系的法律适用，仍按照现行的相关立法的分散式规定进行处理。因而在涉外商事关系领域，可能会导致法官在审判过程中无法可依，缺乏处理法律适用问题的自觉性，盲目地、不合理地适用法院地法处理涉外商事案件。

为避免共存的多套法律关系之间内容的重复交叉和效力上的相互冲突，必须厘清法律之间的相互关系，准确界定不同法律的效力，建立和完善中国国际私法立法体系中不同法律规范法律效力的位阶体系与法律效力的适用体系，这样才能为我国涉外民商事审判，尤其是《法律适用法》未涉及的涉外商事审判提供明确的指引。这个法律清理的工作可以由立法机关以立法解释的方式，根据“新法优于旧法”的原则，对其他法律、法规中的法律适用条款进行清理，消除中国国际私法立法体系中法律规范混杂的不和谐局面和立法碎片化现象，从而为我国法官审理涉外民商事案件提供法律依据，提高我国涉外审判质量，合理地限制法院地法倾向的扩大化。

2、司法层面：依次确定涉外案件适用的法律

在当今国际联系空前加强的背景下，对法院地法的适用有一个客观、理性的把握，通过完善相关法律制度来维护国家主权、尊重他国法律并促进国际私法向前发展，对我国国际私法法律制度的构建和国际社会相关理论的发展都具有重要的意义。法院审理涉外案件所适用的实体法根据必须有冲突规则的指引，除非所审理的案件属于“直接适用的法”的适用范围。当法院确定某一案件为涉外案件后，法官选择具体的实体法规则作为判决依据时必须依次考虑下列问题：

考察案件是否属于某一国际公约的适用范围，如果某一案件的双方当事人所属国是某一公约的缔约国，该国际条约对案件的争议点又规定了具体规则，法院就应该直接适用国际条约的实体法规则；如果案件的具体争议点不属于国际公约的适用范围，或者国际公约对该争议点没有作出具体规定，也就是双方共同参加的国际条约不能适用于案件时，法院就必须选择适用适当的冲突法规则；如果某一冲突规则规范指定适用外国法，就应按我国法律规定的途径查明该外国法关于案件争议点的具体规定。若有这方面的具体规定，就适用该规定判断当事人的权利与义务；若没有这方面的具体规定或者无法查明，就适用中国法的相关规定或与该案有最密切联系的国家的相关规定；如果冲突规范指定适用中国法，就适用中国法关于该案争议点的具体规定作为准据法。若中国法没有相关的规定，或中

国参加的国际条约没有规定的，可以适用相关的国际惯例。

确定涉外案件的法律适用应该遵循上述的思维路径，选择合适的准据法作为裁判的依据。司法实践中被大量用以确定法律适用的“最密切联系方式”，仍然需要对何为“最密切”予以充分的阐释。“最密切”并非一个固定的联接点，根据个案的差异可能呈现为不同的单个或者多个的连接点，应以联结点的质量，而不是仅仅以联结点的数量来确定最密切联系地。对于最密切联系原则的运用，除了按特征性履行方法适用法律之外，在许多情况下还应该结合案件的具体情况，在客观分析和评价与争议有关的各种联系因素的基础上，从质和量两个方面去衡量我国及其他有关国家或地区的利益、当事人的正当期望、特定领域法律所体现的政策、个案的公正性等因素，进而来确定与争议有最密切联系的法律。只有重点阐明选择某一实体法的过程，才能让当事人清楚了解涉外案件中法院适用某一实体法的原因，使当事人既知其然也知其所以然，从而增加服判息讼的可能。

（四）完善外国法查明制度及查明不能的救济途径

针对外国法无法查明及救济途径单一的问题，通过访谈审理法官，笔者整理出如下对策：

1、明确外国法的性质及法院与当事人之间的查明责任分工

笔者认为应该在现行法律规范中明确规定外国法的性质为“特殊法律”，是性质不同于一般内国法的法律，因此外国法应当由法院作为主要责任主体予以查明，而当事人作为辅助的责任主体。同样，法律可以明确划分法院和当事人各自的查明范围，例如确定自然人身份、涉外婚姻家庭、继承和监护等具有特殊身份关系且又与社会公益有关的案件，由法官承担主要的查明责任；而对于有关经济利益、当事人自由处分的权利等事项由当事人负责查明。[①] 避免日后有的案件需要查明外国法，而负查明责任的主体不能尽到“勤勉”义务。

2、拓宽在外国法无法查明后适用法律的范围

如前文所述，根据我国现行的法律规范，当法院或者当事人无法查明外国法律时，应适用中国的法律。然而为了实现司法公正、实现与国际接轨，我国法律

① 董丽萍：《论外国法查明制度在我国的司法运用》，载《法制与社会》2015 年第 7 期（下）。

也应适当拓宽救济的法律的范围，只要适用外国法律并不会侵害我国的国家利益和社会公共利益，就应当予以适用。目前各国普遍的作法有两种：一是依据最密切联系原则，当外国法无法查明时，寻找最密切联结点转而适用其他的法律；二是根据一般法律原则审判案件。

3、提升法官的个人素质、培养其国际意识

通过省高级人民法院组织专业培训，使得各基层、中级、高级人民法院的法官紧随法治建设的步伐，集体学习最新生效的法律规范和政策文件，用最新的法律知识武装法官的头脑，拓宽法官的视野，培养法官的国际法思维，避免将眼光拘泥于内国法，甚至因个人专业能力欠缺而刻意回避与外国法接触，造成不公正裁判。

4、充分利用外国法查明平台、加强与科研院所的合作

通过调研得知，我国外交部有三个外国法查明平台，但是在审理涉外经贸案件中其使用的状况并不理想，对于此种资源平台应充分利用，简化申请程序、降低查明成本。此外，要加强与相关科研院所的合作，充分发挥相关科研院所的专业优势，来辅助查明相关外国法。

随着湖南省涉外经济的进一步发展，涉外纠纷也将随之增多，湖南省各级人民法院承载着保护中外双方当事人的合法权益，提升审判国际公信力与影响力的重任。此次调研，通过走访具有涉外经贸案件审理代表性的法院，笔者重点分析了在涉外经贸案件审理中比较突出的几个问题，包括：域外送达、域外证据公证认证、法律适用、外国法的查明，并针对每个领域面临的问题，提出了相应的解决策略。

笔者相信，随着我国法治进程的推进，进一步完善涉外相关法律制度，在法治湖南建设的进程中，我省法院涉外经贸案件的审理一定能够取得更大的突破，为湖南涉外经济发展保驾护航。

四、参考文献

［1］焦燕．我国外国法查明新规之检视［J］．清华法学，2013（2）。

［2］向明华．外国法无法查明时的处理［J］．暨南大学学报（哲学社会科学版），2009，31（4）。

[3] 肖芳. 论我国关于外国法查明的立法 [J]. 武大国际法评论, 2010, 14 (1)。

[4] 陈卫佐. 涉外民事关系法律适用法的中国特色 [J]. 法学论坛, 2011 (11)。

[5] 夏璐. 中国内地涉港澳民商事诉讼证据公证证明制度之初探 [J]. 社科纵横, 2016, 31 (1)。

[6] 邓锐, 徐同义. 我国域外送达制度及其完善 [J]. 山东审判, 2010, 26 (192)。

[7] 宋连斌, 赵正华. 我国涉外民商事裁判文书现存问题探讨 [J]. 法学评论, 2011 (1)。

[8] 向明华. 域外"送达难"困局之破解 [J]. 法学家, 2012 (6)。

[9] 黄进. 中国涉外民事关系法律适用法的制定与完善 [J]. 政法论坛, 2011, 29 (3)。

[10] 郭文利. 我国涉外民商事审判存在问题实证分析——以 757 份裁判文书为依据 [J]. 时代法学, 2010, 8 (5)。

[11] 白倩倩. 浅议外国法查明的性质和方法 [J]. 法制与经济, 2011 (4)。

[12] 李守芹. 涉外海事审判中的国际司法问题 [J]. 涉外商事海事审判指导, 2007 (1)。

[13] 王胜明. 涉外民事关系法律适用法若干争议问题 [J]. 法学研究, 2012 (2)。

[14] 徐伟功. 美国法律适用中"回家去的趋势"及我国法律适用中的法院地法倾向 [J]. 河南财经政法大学学报, 2013 (5)。

[15] 同惠会, 孟思洋. 论我国涉外民商事案件送达效率之提高 [J]. 司法论坛, 2010 (13)。

[16] 肖永平. 中国国际私法立法的里程碑 [J]. 法学论坛, 2011 (3)。

[17] 戴小冬. 论涉外民商事诉讼的立法和司法管辖 [J]. 山西师大学报 (社会科学版), 2014, 41 (5)。

[18] 郭玉军, 甘勇. 美国法院的"长臂管辖权"兼论确立国际民事案件管辖权的合理性原则 [J]. 比较法原则, 2000 (3)。

[19] 涂广建. 解读我国《涉外民事关系法律适用法》 [J]. 时代法学, 2011 (2)。

[20] 何其生，许威．浅析我国涉外民事法律适用中“回家去的趋势”[J]．武汉大学学报（哲学社会科学版），2011（2）。

[21] 刘静．论最密切联系原则在涉外合同领域的适用 [D]．湖南：湖南师范大学，2012。

[22] 赵蕊．民商事域外取证冲突研究 [D]．苏州：苏州大学，2013。

[23] 王志勋．论外国法查明制度在我国的司法运用 [D]．宁波：宁波大学，2015。

[24] 陈若剑．我国域外法查明制度的实证比较研究 [D]．上海：复旦大学，2012。

[25] 胡珺．我国与英美法系外国法查明的比较研究 [D]．上海：华东政法大学，2009。

[26] 蔡莹莹．论外国法的查明 [D]．重庆：西南政法大学，2012。

[27] 任巧林．内外国法律的平等适用——以中国司法实践为考察样本 [D]．重庆：西南政法大学，2011。

[28] 许翔．法院涉外民商事司法送达的实践及完善 [D]．上海：上海交通大学，2008。

[29] 王铁崖．国际法 [M]．北京：法律出版社，1995。

[30] [日] 北胁敏一．国际私法 [M]．姚梅镇，译．北京：法律出版社，1989。

[31] 李双元．国际私法（冲突法卷）[M]．武汉：武汉大学出版社，1987。

[32] 肖永平．国际私法原理 [M]．北京：法律出版社，2002。

[33] 武文举．民事诉讼证据制度研究 [M]．北京：中国政法大学出版社，2012

[34] 韩德培主编．国际私法 [M]．北京：高等教育出版社，北京大学出版社，2007。

[35] [德] 马丁·沃尔夫．国际私法 [M]．李浩培，汤宗舜译．北京：北京大学出版社，2009。

[36] [美] 弗里德里希·荣格．法律选择与涉外司法 [M]．霍正欣，徐妮娜译．北京：北京大学出版社，2007。

[37] [德] 格哈德·克格尔．冲突法的危机 [M]．肖凯，邹国勇译．武汉：武汉大学出版社，2008。

[38] Sofie Geeroms：Foreign Law in Civil Litigation：A comparative and func-

tional analysis, Oxford University Press, 2004.

[39] Richard Fentiman, Foreign Law in English Courts: Pleading, Proof, and Choice of Law, Oxford University Press, 1998.

[40] John R. Brown, Ways to PROVE Foreign Law, 9 Mar. law. 1984.

[41] William L. Reynolds, What Happens When Parties Fail to Prove Foreign Law , Mercer Law Review, winter 1997.

五、附录

附件一：

关于赴__________人民法院调研涉外经贸案件审判状况的接洽函

________人民法院：

我们是湘潭大学"湖南省涉外经贸案件审判状况"调研项目的成员。该项目旨在了解湖南省涉外经贸案件审判状况，总结审判工作经验，以进一步推进我省涉外经贸案件审判工作专业化、信息化、现代化建设，保护中外双方当事人合法权益，保障湖南省涉外经济的健康发展。为获取本次调研所需的资料数据，需要贵部门的帮助和支持，请贵处予以安排。在此对贵部门的接洽予以感谢。

我们将于2015年__月__日赴贵处完成该次调研，请予接洽为盼。

联系人：陈浩飞
Tel：1320321××××
QQ：35106××××
学院印章
2015年　月　日

附件二：
访谈提纲

1、自集中管辖以来，贵院所受理的涉外经贸纠纷案件有多少？类型有哪些？具体按何标准进行？

2、贵院对于所受理案件是否具有涉外性质是如何认定的？若被告为境外当事人，贵院在进行主体资格认定中，发生送达不能，会作何处理？若缺席判决，如何保护外方当事人权益？

3、贵院所受理的涉外经贸案件中，是否存在管辖异议情形？如有，原因是什么？贵院如何处理？是否存在无管辖权而受理或管辖权冲突的情形？若当事人提出管辖权异议，贵院如何处理？

4、在外国法院首先受理案件的情形下，中方当事人向贵院起诉，贵院仍受理的现象是否存在？如有，受理的依据是什么？如对方当事人不应诉、不出庭，贵院会作何处理？

5、贵院是否遇到过中外法院对同一案件都有管辖权的情形？贵院如何处理此种管辖冲突？是否曾采用不方便法院原则停止审理或驳回原告起诉？标准是什么？

6、贵院在加强国际间管辖权冲突的协调方面，有哪些尝试？效果如何？

7、贵院在进行域外文书送达时通常采取哪些方式？哪种方式最多？主要考虑什么因素？实践中哪种方式送达效率高？哪种效率低？效率低通常由于哪些因素引起？会对当事人造成哪些影响？

8、贵院怎样确认文书已送达外方当事人（分不同送达方式说明）？贵院在域外送达中通常会遇到哪些困难？如何克服？可供借鉴的送达经验有哪些？

9、如果贵院已向当事人送达文书，而当事人未采取诉讼程序中应采取的应对措施时，贵院会如何处理？文书送达无效会对案件造成什么影响？贵院在涉外文书送达方面对外方当事人有无特殊的保障机制？如何保障当事人的诉讼权益？

10、贵院在进行域外证据认定时，是否存在困难？通常会遇到哪些困难？若认定不顺利，贵院如何依法判决？在证据认定过程中贵院是如何对外方当事人进行保护的？

11、贵院在审理涉外经贸案件中，对于公证证据的真实性怎样审查？若不予采纳，当事人有何救济途径？

12、审理涉外民商事诉讼案件，需要遵循优先适用我国缔结或参加的国际条约原则，贵院在所审案件中，是如何处理的？考虑的因素有哪些？是否存在该适用国际条约而未适用的情形？如有，原因是什么？

13、贵院在审理涉外经贸案件时，遇到法律适用问题会怎样取舍？主要考虑什么因素？当贵院考虑适用外国法的时候，对于外国法律是怎样查明的？如没有法律规定，贵院如何判决？

14、司法豁免原则为我国法律法规所承认，贵院在审理涉外经贸案件中，如何判定外方当事人在此案中是否享有司法豁免权？是否征求过当事方所在使领馆意见？

15、若涉外经贸案件的外方当事人没有委托中国律师代理诉讼，贵院在审理中是如何保障其合法诉权的？

16、审理涉外民商事案件须使用我国的语言、文字原则，当事人需要翻译的，贵院在是否为其提供翻译考虑的因素有哪些？是否需要考虑当事人的意见？翻译人员是否能够满足外方当事人需求？当事人提交诉状，若没有中文译本，贵院如何处理？

17、贵院在审理涉外经贸案件中，是否给予双方当事人同等对待？若外方当事人自身感觉明显不公，贵院作何处理？

18、贵院在审理涉外经贸案件中，是否严格按照冲突规范来确定案件需要适用的法律？如果遇到两个或两个以上国家的法律都可以适用的情况，贵院如何抉择？考虑因素有哪些？是否存在按照公共秩序保留制度而排除适用外国法的情况？贵院自由裁量是否充分考虑中外双方当事人的合法权益？请举例说明。

19、贵院在涉外经贸案件的审理中，有关涉外民事诉讼期间的特殊规定，是如何裁量的？考虑因素有哪些？是否充分保护到境外当事人的合法权益？

20、贵院在审理涉外经贸案件中，对于当事人提出的财产保全申请，如何裁定？标准是什么？当法定原因消失后，是否及时解除保全措施？如保全错误，对被申请人的救济措施是否到位？如何展开？

21、贵院审理的涉外经贸案件中上诉数量有多少？再审数量有多少？您所了解的外商（外国人）对于案件判决的基本态度如何？

22、贵院在涉外经贸案件的境内执行中，效果如何？会遇到哪些困难？如何处理？

23、贵院在与外国法院的司法协助中，承认和执行其裁判案件的依据是什么？对与我国没有司法协助协议或没有双边互惠关系的法院作出的判决或裁定，贵院如何处理？

24、贵院在请求外国法院承认与执行中，通常会遇到哪些困难？如何处理？若外国法院司法协助执行效果不佳，贵院会进一步采取哪些措施来保护当事人合法权益？

25、贵院在审理涉外经贸案件过程中是否存在行政干预与地方保护？贵院是如何处理的？

26、您认为当前的司法制度是怎样保护外商权益的？您对于如何更好地保护外商合法权益有哪些建议？

27、贵院所审涉外经贸案件中，是否有可代表性案例？对于外商权益是否保护到位？请具体说明。

附件三：
访谈内容汇总

长沙市中级人民法院访谈记录

在调研开始，各位法官提及到提纲中涉及的程序问题比较多，实体问题较少，但这一方向是正确的，因为实体问题一般都视具体个案而定。另外，涉外经贸案件的实体问题大多与我国民商事案件差不多，所以就程序方面的管辖、送达、域外证据、法律适用等问题进行解答。

1、案件数量与划分标准

自2009年集中管辖以来，我省涉外经贸案件的数量总体呈上升趋势，特别是今年，通过P2P平台出现一大批的涉外经贸案件，都是由同一原告（一美籍华人）提起，涉及多个不同的被告的系列案件。具体数量可以通过以下表格体现出来。

年份	2009	2010	2011	2012	2013	2014	2015	合计
收案数量（件）	1	15	14	7	11	19	93	160

对于涉外经贸案件类型划分也没有具体标准，主要包括民间借贷纠纷、融资租赁合同纠纷、买卖合同纠纷、房屋租赁合同纠纷等，以上类型居多，当然也有极少数的知识产权方面的案件，但相对较少。

2、涉外性质的认定

只要原告或被告一方主体涉外就可以，包括港、澳、台（参照涉外进行审理），同时在送达、司法协助等方面又与涉外案件有一些不同之处，特别是台湾与港澳又有不同之处。对于标的或行为等涉外的，一般以当事人意思自治优先，当事人没有意思自治的，根据法律适用法或者管辖的有关规定进行处理。

3、送达不能

首先是按照我国诉讼法规定的方式进行送达，包括直接送达、留置送达等。直接送达无法触及域外，所以需要司法协助通过外交途径进行送达。对于经过双方确认的邮箱地址，可以通过电子邮件的方式进行送达，对方有进行回复或者提供答辩状的，即为送达。穷尽电子邮箱、司法协助等方式都无法送达的，最后进行公告送达，在《人民法院报》的海外版或者《人民日报》的海外版进行公告，被告不出席就进行缺席判决。由于送达时间、证据鉴定等各种因素的影响，案件审结的时间都相对较长，少则一两年，对于一些特别复杂的案件，所需时间特别长。目前来说对于外商的保护或者可能涉及外交事件的都比较小心谨慎，一般情况下都依法办事。

4、管辖权异议的问题

存在管辖权异议，但总体较少。

原因：原告一般情况下都比较谨慎，有管辖权才会提起诉讼，不会无依据进行诉讼，而对于被告来说，为了拖延时间或者收集证据而提管辖权异议。

处理：管辖权异议的其他问题与国内诉讼一样。总体按照《民事诉论法》规定处理。

管辖权

存在同一诉分别在外国法院和我国法院提起诉讼的情况，外国法院受理不影响我国法院对案件的管辖权。若一方当事人不应诉不出庭，法院可依法作出缺席判决。

对于同一原告就同一诉同时在中国和域外起诉同一被告的，按照优先原则，哪个国家先立案就由哪个国家受理审判，同时原告也会权衡利弊，选择对自己有利的法院进行诉讼。

5、不方便管辖原则

在实践中没有遇到过不方便管辖的，海事方面的案件不方便管辖会比较多，管辖问题与国内诉讼管辖没有太大区别。

管辖其他问题（举例说明）：对于外国裁判的承认与执行，我国最高人民法院有相关规定，此处所指裁判是指终局性的裁判，但是由于各国规定不一样，在有些国家，一些禁令也是通过裁判的形式作出，比如暂时性的禁止从事某个行为，此时的裁判是暂时性、临时性的。在实践中碰到过这样一个案件，原告向法院提出一个美国州法院的裁定，该裁定具体表述为，暂时性的禁止被告（长沙某公司）及其代理人从事展览、转让、使用某项技术，而在后来法院的最后判决中对原告其他诉讼请求都进行了判决，却没有对该项诉讼请求进行判决。那么此时被告提出的裁定到底是不是终局性的？如果是临时性的，法院就没有受理的依据了，此时法院是否具有管辖权？法院是否应该驳回，是驳回诉讼请求还是驳回申请都成为法院的难题。（特例）

6、管辖权冲突

7、送达

送达方式：目前来说使用最多的是司法协助，邮寄送达在港、澳、台由于语言文字相通所以适用的还相对较多。电子送达一般只有双方约定或者是当事人通过电子邮件有回应的才适用。而且电子邮箱的安全性比较没有保障，在网络发达的当今社会，邮箱被黑客攻克的可能性是存在的，很难保证信息的安全，电子送达的方式也是比较少的。

考虑因素：效果，效率，法院责任。

司法协助的具体程序：案件承办人将相关的文书通过转送函交由省高级人民法院，省高级人民法院交由最高院，最高人民院通过司法协助中心，依据双边协定、国际公约或者互惠关系进行送达。程序时间相对较长，目前正在进行改进，最高人民法院正在设立一个网络平台，法院都可以通过网络平台层层上报与审批，然后进行送达。

8、总结送达的主要疑难问题

程序繁琐，耗时较长。穷尽其他手段才能公告送达，会浪费很多时间。邮寄等地址难以确认，同时还面临当事人拒绝签收的问题。当事人处于被动地位的往往有一种抵触心理，这也是很大一个问题。（法定的发回重审理由）

9、对外方的保护

程序完善，有专门的外事部门，法院内部也有相关的外事协调人员，法院一般情况下会知会和通知外事协调人员。首先向同级政府外事办通报和反馈。（处理外方当事人权益的，比较重视代表国家，知会外事办通报；容易上升到外交问题）

10、域外证据

证据认定：以前是所有的域外证据都必须进行公证，而近年来有所改变，并不是都需要公证认证，只有对于授权这些关于权力来源的必须进行公证认证。经过公证认证的证据除非有相反证据推翻，不然都是有效的。

困难：出现翻译错误的问题，而提供翻译的又是有翻译资质的机关，此时比较难以认定。另一个就是被告不到庭的问题，被告没有提供证据，很多情况下都是原告提供的，都是孤证，很难保证全部证据的真实性。此时对于证据认定就出现了困难。

证据保全：在国家机关层面的，法院一般会进行保全；在一些正规公司的，比如银行，保全也不难执行。当直接涉及被告的时候，要求原告提出的线索明确真实，此种情况法院进行的保全比较少。

11、国际条约

国际条约如果已经内化为国内法的直接适用，也有用国际货物买卖公约的，但是直接适用公约的不多。

12、法律适用

一般情况下参照法律适用法，当事人约定适用外国法的适用外国法律。具体外国法查明问题没有遇到过。除非必须适用外国法律（比如行为能力），一般情况都适用中国法律。也有确实需要适用外国法律，但是确实无法查明的，也适用我国法律。如果我国与外国都可以适用的情形，一般会适用我国法律。（没有因为法律适用而提起上诉的情况）（外交部有三个外国法的查明平台……）

根据当事人提供身份证明，比如说通过使领馆机构提供证明等。

13、律师代理

对于那些确实没有聘请中国律师，又不懂中国法律的，法院会明确告知有哪些诉讼权利，并且对其进行引导，也有法律援助。

外方当事人申请提供翻译时，法院应委托有相关资质的翻译机构，费用由申请一方承担。

若诉状未提交中文译本，其行为则视为程序不合法。

14、同等对待

如果外方当事人觉得法院不公，法院可以告知其有上诉的权利，可以申请回避，也可以向相关部门举报。

15、财产保全

必须要有担保。但是对于一些信誉比较好的企业，可以不要求提供担保。不仅包括物保、金钱保，也包括保函。

16、对于外国裁判的承认与执行，我国最高人民法院有相关规定，此处所指裁判是指终局性的裁判，但是由于各国规定不一样，在有些国家，一些禁令也是通过裁判的形式作出，比如暂时性的禁止从事某个行为，此时的裁判是暂时性、临时性的。

17、行政干预和地方保护

不存在这样的情形，一般会有外商保护协会，例如侨办等，介入协调与沟通。

18、对外商的保护

在立法层面，主要是政府的保护。另外，对外商在程序方面可能照顾得会比较多，比如举证期限，补充证据等。

附件四：
数据收集

标注：

1、经贸：经济与贸易的简称。故此调研项目排除婚姻家庭、继承等民事法律关系案件；

2、数据需尽可能详细且有相关文件支持；

3、以下数据如无特别说明，期间则为2013－2015年。

一、贵院涉外民商事案件历年收案与结案统计表

（请特别注明涉外经贸领域的案件数量，用“/”分割。如132/90）

	2013年	2014年	2015年	备注
立案				
不予受理或驳回起诉				
结案				
上诉				
备注				

二、贵院涉外经贸案件历年立案（一审）案由统计表

案由		2013 年	2014 年	2015 年	备注
合同类纠纷	民间借贷				
	（国际）货物买卖合同				
	融资租赁合同				
	金融借款合同				
	其他（请分别详细说明）				
侵权类纠纷					
公司经营或股东权纠纷					
中外合作经营纠纷					
中外合资经营纠纷					
信用证纠纷					
知识产权纠纷					
其他					

三、贵院涉外经贸案件诉讼主体情况统计表

诉讼双方（案件数量）	中方个人	中方企业	外方个人	外方企业（境外注册）	“三资”企业
外方个人					
外方企业（境外注册）					
“三资”企业					
备注（一）	此处判断涉外因素的标准为主体一方或双方是否涉外； 因追加当事人或第三人而使案件具有涉外因素的，请特别说明； 若所受理案件涉外因素判断采取以下标准：民事关系的标的物在外国领域内；产生、变更或者消灭民事权利义务关系的法律事实发生在外国。 请特别说明				

续表

诉讼双方 （案件数量）	中方个人	中方企业	外方个人	外方企业 （境外注册）	"三资"企业
备注（二）	上述表格没有包含中外合作经营企业与中外合资经营企业内部中外双方所发生的纠纷，故另做统计： 1、中外合作经营企业合同纠纷 2、中外合资经营企业合同纠纷 注："三资企业"指外商独资企业、中外合作经营企业、中外合资经营企业三种形式				
备注（三）	请列举具有代表性的涉诉企业主体5－10个__________________________________				

四、贵院涉外经贸案件管辖方式适用情况统计表（仅限于裁判文书对管辖权依据作出阐述的案件）

	一般地域管辖	特殊地域管辖	协议管辖	专属管辖	默示管辖	平行管辖	指定管辖	移送管辖
数量（件）								

五、贵院涉外经贸案件域外送达数据统计表

（1、此处域外送达指文书从国内到国外的送达。故法院向诉讼代理人、代表机构、分支机构（业务代办人）的送达方式不包括在内；2、公告送达方式为其他方式送达不能时才使用，故不做统计。）

年份	域外送达案件	域外送达方式——数量/平均耗时/送达成功数														
		双边或多边条约			外交途径			使领馆送达			邮寄送达			电子送达		
2013																
2014																
2015																
备注																

六、贵院涉外经贸案件法律选择方法统计表

法律选择方法	数量	法律选择方法	数量	法律选择方法	数量
最密切联系原则		意思自治原则		默示意思自治原则（注释1）	
单边冲突规范		侵权行为地法		不动产所在地法	
参照法律精神（注释2）		代理人营业地所在地法		所在地国法	
保护弱者原则		适用当事人本国法或住所地法		规避内国法而不发生适用效力	
外国法无法查明而适用法院地法		无准据法选择方法（注释3）		备注	
备注		备注		备注	

注释1：默示意思自治原则：指当事人虽未选择解决纠纷所需要适用的法律，但由于其行为或对于法院或其他方适用某一准据法不表示异议，法院视为当事方资源选择该准据法。

注释2：实际上这并不是准据法选择方法，而只是一种文书表述。

注释3：无准据法选择方法：指虽没有强制性法律规定适用法院地法，但审理法院直接适用了法院地法而不说明任何准据法选择依据。

七、贵院涉外经贸案件被适用的法律统计表（其他空格需填写具体被适用哪个国家、地区的法律或国际条约、国际惯例。）

被适用的法律	适用次数	被适用的法律	适用次数	备注
法院地法				

八、贵院涉外经贸案件审结期限统计表（若基层法院则忽略二审结案数据）

	3个月以内	3－6个月	6－12个月	1－3年	3年以上	备注
一审结案						
二审结案						

九、贵院涉外经贸案件结案数与结案方式统计表

	2013	2014	2015
审结数			
判决			
调解或撤诉			

第四篇　农村留守妇女健康权保护的困境与对策调研报告*

引言

（一）研究背景与问题的提出

1、研究背景

20 世纪 80 年代我国全面推行改革开放，在改革的道路上层层推进，步步深入，快速发展的同时对各方面的需求也在不断扩大，尤其是随着市场经济的不断发展和提高，对于劳动力的需求也在日益增强。正是由于处于这样的经济社会大背景之下，城市的发展需要农村劳动力，农村劳动力为了改善生活环境需要向城市转移。① 而这样的现象多年未曾改变，甚至愈演愈烈。随着“城乡二元体制”的壁垒逐渐被打破，这种转移的速度进一步加快。可以说，城市各行各业的生产中无不出现农民工的身影，他们为城市的现代化做出了巨大的贡献。然而，经济发展与分配机制的改革并没有同步，农村劳动力带来了城市面貌的改变，但是由于户籍制度的限制，他们在经济收入、社会保障、社会地位等方面都没有获得和

---

* 本调研报告源于蔡高强教授主持的国务院新闻办咨政项目“农村留守妇女权益的提出问题与对策研究”，由蔡高强担任指导老师，钟婷任调研团团长，陈露、刘功奇、谭星、冷冰然等组成的 2014 年湘潭大学暑期调研团成员共同完成。

① 李玲：《关于农村留守妇女安全感的研究》，载《知识经济》2010 年第 12 期。

城市户籍人口同等的机会和待遇，他们事实上处于被边缘化的地位。农民工受自身条件的限制，无法突破长期以来形成的体制的限制，无论是主观上还是客观上都没有条件实现整个家庭往城市迁移。在这些现实面前，这些农民工的父母、妻子、孩子却只好选择留在农村，这样，农村独特的留守群体便应运而生。用当今学者比较主流的观点来说留守人口包括留守儿童、留守老人、留守妇女这三大群体。其中，相较于留守儿童和留守老人来说，留守妇女可以说是压力最大、负担最重、对农村发展影响最大，却得到关注最少的群体。根据民政部的统计，2010年我国拥有4700万农村留守妇女，占留守人口总数的54.2%；2011年农村留守妇女人数已经超过了5000万。[①] 有相关的研究指出到2020年我国至少还将有3亿农村人口进城，也就意味着留守现象在短时间之内是无法消灭的，留守妇女这一群体也将长期存在。

农村留守妇女在我国属于社会弱势群体，由于其处在特殊的生存环境与地位，因此其需要承受来自各个方面的压力，尤其是在生产、生活和精神方面。正是由于处于这样的高压环境下，使得她们难以享受到现代社会所带来的真正福利，而且很多的权益也得不到保障与救济。这种现象不但影响着农村留守妇女的全面健康发展，更影响着社会的和谐稳定与新农村建设。通过整合社会资源，建立健全农村留守妇女的制度保障体系，为农村留守妇女提供强有力的权益保障和支持，培养并提高农村留守妇女的权利意识和能力，具有重要的社会意义。

2、研究问题的提出

我国在农村留守妇女健康权益保护方面一直比较薄弱，目前对农村留守妇女的主要研究方向是留守妇女生存现状分析与探索、留守妇女的婚姻家庭情况调查报告、加深研究留守妇女群体提供文献资料和指导的研究等。农村留守妇女承担着家庭大小事务，承担着家庭生计、家庭角色责任和农业生产的压力，精神压力和家庭压力繁重。此外，长期的性压抑或性骚扰、性侵犯，使她们的身心状况越来越糟糕，导致各种疾病的产生。由此可见，在农村建设与发展的同时，农村留守妇女的健康权在一定程度上受到损害。这一社会问题的出现，引发了社会各界的广泛关注与思索。针对这一社会问题，社会各界都想从各自的角度予以解决。然而该问题的积累性和繁杂性并非一日形成，保护这一群体的健康权并非轻而易

① 窦存芳、曹琪：《农村留守妇女心理压力社会支持系统中的问题及对策》，载《现代妇女：理论前沿》2010年第7期。

举。在探索解决此问题上，难以避免会出现一些困难和矛盾，而这些困难和矛盾需要我们结合具体实际，对症下药，以达到最佳效果。

农村留守妇女是留守家庭的支柱，是农业生产劳动的主力军，是社会主义新农村建设的骨干力量。然而，社会对作为农村中坚力量的留守妇女的关注却相对缺乏，人们往往把关注的焦点集中于留守儿童和留守老人，很少关注生活在劳动强度高、家庭负担重、心理压力大、缺乏安全感的生活状态下农村留守妇女的心理健康状况。她们在承受巨大压力的背后是否存在一定的社会支持？社会支持与心理健康之间存在怎样的关系？无数的关心和疑问萦绕心间，因此，本调研活动选择以农村留守妇女作为调研对象。综合运用问卷调查、参与式观察等方法，对农村留守妇女的社会支持现状以及农村留守妇女健康权益保护所面临的困境和对策进行研究探讨，以期丰富对农村留守妇女研究的理论成果，使社会能将更多的目光投向农村留守妇女群体，为她们提供支持和帮助，为她们建立起社会支持网络体系，支撑她们面对生活的压力、困难，舒缓心理压力，实现身心健康发展。①

（二）研究方法与目标

研究学问都有一定的态度和方法，不同的研究者，因其立场不同、视角不同，观点和方法也就不同。在研究该课题过程中，课题组集思广益，运用多种多样的探究方法，结合理论与实践，把握农村留守妇女健康维权受阻的原因与结果，深入社会实践中，进一步找到问题的症结所在，多角度分析问题，以期更好更快地解决问题。

1、研究方法

为了考察农村留守妇女群体的现实生存状况以及健康权益的保障程度，调研组选取了湘潭市及周边临近市的农村留守妇女作为研究对象。运用深度访谈、小组座谈、问卷调查、参与式观察等研究方法，深入农村留守家庭进行调查和访问。同时还采用多角度的调查方式，不光对农村留守妇女直接进行访查，同时也对乡镇和农村有关的负责人进行访谈，深入了解目前农村保障制度下对于农村留

① 吴惠芳、叶敬忠：《丈夫外出务工对农村留守妇女的心理影响分析》，载《浙江大学学报（人文社会科学版）》2010 年第 3 期。

守妇女的健康权益的保障。另外，为了调查了解地方对农村留守妇女健康权保护的真实性和直接性，对各乡镇干部和村干部，以及地方民政妇联的干部采取的是个别单独访问的形式，以便在调研过程中获取第一手资料。本文对湖南地区农村留守妇女健康状况进行调查，从影响因素进行分析并提出建议。为了实施该研究项目，课题组选择了湖南省宁乡县大屯营村和湘潭县河口镇为主要调查区域，进行问卷调查，并走访了当地医生和村妇联主任，抽取研究对象进行了调查。

（1）计量分析法

在确立该研究课题后，课题组成员对湖南省农村范围内的留守妇女进行了具体的数据统计。结合网络资源以及当地数据，对省内各地区政府网站对留守妇女的人口数量、年龄层次、身体健康、心理健康、家庭情况以及政府、医院、妇联等机关的数据进行了细致的搜索和具体的记载。在计算机和专业统计软件的帮助下，团队对这些原始数据资料进行统计分析，对湖南省农村地区留守妇女的基本情况有了初步的了解和探索，然后根据具体数据分析的观点，使用数理计量、数据模型、数据检验和数据推演的方法，对农村留守妇女健康权保护的困境进行整体突破，进而寻求解决对策。

（2）问卷调查法

在一定的理论框架指导下，对留守妇女展开较大范围、较大规模、严格随机的问卷调查是我们在研究中采取的研究方法之一。根据不同地区的具体情况，我们精心设计了针对留守妇女本人、政府、妇联、医院等部门不同的调查问卷。这种方法可以帮助我们获取大量的、符合研究设计要求的第一手资料。我们既可以从宏观结构上总体把握留守妇女的状况和社会行为特点，也可以用来检验社会学、人口学中相关的理论命题和假设。

（3）实地访谈与考察方式

从研究事物现象之间的因果关系来说，实地访谈与探索的方法无疑是非常必要的；但在社会研究领域中，实地访谈与探索需要动员各方面的力量。研究农村留守妇女健康权保护的困境和对策要求我们深入实践调查，将理论付诸实际。在该项调研中，我们实地访谈了调研目的地的基层政府、妇联、医院、卫生部门等单位的领导和有关负责人，与他们进行开放式的交流和谈话。此方式为我们进行调研活动积累了丰富的资料，为我们日后研究留守妇女健康权的保护以及制定相关政策提供了有利的依据，从而使该问题的探讨更严格、更科学、更令人信服。

（4）案例比较分析法

在文章中，将用多个案例来分析农村留守妇女健康权保护的现状以及出现的困难，通过不同案例之间的比较，找出农村留守妇女健康权保护受阻的症结，进而寻找相关的解决方法。比较分析方法为理论分析提供了事实支持，并可从案例中总结出问题的发展趋势和相关经验。

在掌握了前期的调查资料后，调研后期主要侧重于整合已有资料、访谈记录和问卷调查情况，采用案例分析与比较研究相结合的方法，以调查的实事案例为基础，分析目前农村留守妇女健康权保护遭遇的困境和阻碍。团队通过规范分析与实证分析相结合的方法，认真研究在我国现有机制下，如何保障农村留守妇女的健康权益；运用静态分析与动态分析方法的融汇，用发展的眼光看待农村民生保障制度的变迁，从中分析研究对于农村留守妇女健康权益保护所要做的特殊应对。①

2、研究目标

研究目标主要有以下三个方面：一是通过问卷调查，对农村留守妇女的健康权保护进行深入了解，以期探讨她们目前在健康权保护方面的现状和遭遇的困境等；二是通过实地访谈，掌握目前各乡镇农村对于留守妇女健康权保护的现状和制度，以期了解其不足和值得改进之处；三是通过整合并分析现有数据以及实地调研考察，为农村留守妇女健康权保护现状和困境得出真实的分析和实证参考，以期为相关部门就如何加强农村留守妇女健康权的保护，促进农村留守妇女身心健康水平的提高提供更加切实具体的对策建议。

（三）研究意义

通过国内目前对社会弱势群体的相关研究可以发现，近年来学术界对于农民工问题关注较多，但对留守妇女的研究相对欠缺。近年来，农村留守妇女的健康权保护成为大多数民众的普遍呼声。随着改革开放的深入发展，尊重和保护农村留守妇女的健康权越来越成为新农村建设的必然趋势。而针对农村留守人员的相关研究，有关留守儿童和留守老人的研究较多，成果较为丰富；而对于农村留守妇女这一社会弱势群体权益保障的研究则比较薄弱，有待我们加强对这一群体的权益保障的研究，以丰富相关的研究成果。当前，学者们已经对农村留守妇女的现状、留守原因，留守对农村留守妇女婚姻关系、心理健康等方面的影响进行了

① 叶敬忠：《丈夫外出务工对留守妇女婚姻关系的影响》，载《中州学刊》2009 年第 3 期。

研究，然而，对农村留守妇女健康权益的保护的调查研究还是比较少见的。[①] 如何探讨农村留守妇女健康权的保护问题，是当今国家、政府、社会工作重要的议题，也是我国的法制建设的重要补充，具有一定的现实意义和学术价值。

本次调研将对农村留守妇女的身体健康与心理健康的保护现状和困境进行探讨，以期能为进一步解决农村留守妇女问题提供一些参考。而且我们在查阅有关的文献资料的时候发现，当前对于农村留守妇女的研究，描述性研究居多，实证性研究偏少。

目前我国农村留守妇女的队伍比较庞大，有调查显示，目前全国有 8700 万农村留守人口，其中有 4700 万留守妇女。[②] 农村留守妇女承担着家庭大小事务，承担着家庭生计、家庭角色责任和农业生产的压力，精神压力和家庭压力繁重。此外，长期的性压抑或性骚扰、性侵犯，使她们的身心状况越来越糟糕，导致各种疾病的产生。因而，以农村留守妇女的健康权保护为研究课题，具有重要的现实意义和学术价值，这主要体现在以下两个方面：

1、现实意义

第一，探索农村留守妇女的健康权问题，有利于广大农村妇女得到国家和政府的高度重视和广泛关注，国家和政府可以更好更快地解决现实社会中农村留守妇女权益保护问题。

近年来，党中央、国务院高度重视农村留守妇女的权益保护问题。党的十六届三中全会提出了科学发展观，树立和落实科学发展观，要求坚持以人为本，统筹城乡发展，统筹人与自然的和谐发展。因此，实现可持续发展，应确立起审视农村妇女发展的新坐标，也必然要求把农村妇女的发展纳入统筹发展的全过程。从性别视角审视和重新解读妇女权益，进一步了解留守妇女的健康现状，掌握农村留守妇女在生产、生活、权益等方面存在的问题，有针对性地开展妇女健康权保护研究，既是科学发展观的内涵和本质要求，也是农村妇女的权益新时代理念的体现。

留守妇女问题是中国现在面临的一个很现实的问题，这一群体逐渐成为了农村建设的主力军，从政治、经济、文化、道德、法制等各个方面影响着农村的稳

① 黄晴宜：《保障妇女权益，促进人权全面实现》，载《人权》2003 年第 3 期。

② 张晓玲：《妇女人权——一个来自历史和现实的崭新概念》，载《中共中央党校学报》1997 年第 1 期。

定和发展。目前我国有8700万农村留守人口，其中妇女有4700万，占了约54.2%。总体来说，农村留守妇女文化素质偏低，观念比较陈旧，自我保护意识不强，身心负担过重，部分留守妇女出现了心理失衡症状。因此，关注留守妇女的身心健康问题十分必要。国务院高度重视对农村留守妇女的权益保护，各地各部门出台了有关政策和措施，各级妇联开展的帮扶工作也取得了成效。但是，随着工业化、城镇化进程的加快，农村留守妇女群体的健康权保护仍面临诸多困难。这需要国家完善对农村留守妇女健康权的相关政策和措施，也需要政府等工作部门狠抓落实对留守妇女弱势群体的帮扶，使对她们的关心和帮扶制度化、常态化，更为重要的是留守妇女应该意识到对自己权益的保护。①

同时加强对农村留守妇女这一特殊群体的健康权保护的研究，了解目前农村留守妇女健康权保护的现实状况、存在的特征，并在此基础上为她们建立起强大而广泛的社会保障体系，支撑她们勇敢面对生活中的困难和问题，在挫折和苦难面前仍能保持健康的心态，维护个人身心健康，这对于解决农村留守妇女问题有着重要的现实意义。

第二，关注农村留守妇女的健康问题，维护农村留守妇女的健康权益，能增强广大农村妇女同胞的幸福感，提高我国妇女的整体素质，同时也有利于农村家庭与社会秩序的和谐发展，以便国家更好地建设社会主义新农村。

建设新农村要以发展农村经济为中心，而农民则是新农村建设的主体。对于大多适龄男性外出务工的农村来说，建设社会主义新农村的重大历史任务不可避免地落在了留守妇女的身上，她们成为这些地区新农村建设的主力军。② 但近年来，农村留守妇女的妇科疾病不断增加，性传播疾病增多，精神抑郁、农村孕妇分娩死亡、留守妇女被强奸等各种悲剧发生的数量与日俱增，这些问题，都将会直接影响新农村经济的发展和农村现代化的进程。因此，分析和思考农村留守妇女问题，既是当前新农村建设的现实需要，也是建设社会主义和谐社会和落实科学发展观的内在要求。

而自从改革开放以来，大量农民进城务工，他们被迫留在农村的妻子便成为农村中的“留守妇女”，农村留守妇女问题也就随之出现。农村留守妇女，是我国工业化和城市化发展进程中出现的一个特殊群体，在今后较长的一段时间，这

---

① 韩小兵：《中国农村少数民族妇女参与基层决策和管理的法律思考》，载《西南民族大学学报》2004年第3期。

② 李树茁：《农民工社会支持网络的现状及其影响因素研究》，载《西安交通大学学报（社会科学版）》2007年第1期。

一群体仍将继续存在。[①] 丈夫外出打工之后，面对年老的父母和年幼的孩子，她们只能独自承担起生活的压力，挑起家庭的重担。这些驻守在农村的留守妇女在操持家务、抚养孩子、赡养老人的基础上，还得种田、搞副业，家中一切大小事务都得由她们处理。然而，留守妇女作为负担最重、贡献最大、牺牲最多的留守群体，却是受到的关注最少，最容易被忽视的群体。因此，农村留守妇女已经成为城市化背后支撑的一支庞大力量，也是农业化的主力军。农村留守妇女作为一个特殊的群体，她们的健康权应该得到保护和重视。帮助农村留守妇女解决她们健康的困惑和障碍，促使她们能健康幸福地生活劳动，这不仅关系到家庭的和谐幸福，而且关系到农村生产和发展的正常进行，乃至国家和社会的和谐与安定。如果农村留守妇女的健康权能得到保护，将有利于她们获得社会的归属和尊重，有利于当地构建和谐社会，有利于建设社会主义新农村，促进可持续发展。因而调研农村留守妇女健康权的保护具有极大的现实意义。

研究农村留守妇女的健康问题和提高她们自身对健康权保护的认知水平对维护留守妇女健康权益，促进妇女事业健康的发展和新农村经济快速建设具有十分重要的意义。

2、学术价值

目前对于农村留守妇女进行的研究文献数量在逐年增多，农村留守妇女问题已经引起了学术界的广泛关注。然而，从已有的研究文献来看，仍然存在一些不足，因此展开对农村留守妇女的健康权保护的调研，实地考察收集实例资料论证分析，能进一步从理论上丰富该主题的研究内容，加强对留守妇女的人权保护，完善农村法制建设，促进社会主义和谐发展。

农村留守妇女健康权主要关系到我国的基本人权问题。我国妇女不仅在政治、经济、文化、社会、家庭、财产、人身等领域享有与男子同等的权利，而且对其特殊权利的保护作为国家维护和保障基本人权的一个重要组成部分。[②] 对农村妇女健康权的保护需要政府和社会各界的共同努力，中国妇女地位的提高以及妇女的整体素质全面改善，更加需要研究人员进行深入的探索。因此，调研农村留守妇女健康权的保护，从目前的保护困境出发，在实践基础上提出相关理论对策，对农村留守妇女健康权的保护提供理论支持。对特殊人群的权益保护的研究

① 李林：《法治社会与弱势群体的人权保障》，载《前线》2001 年第 5 期。

② 鲁斌：《妇女人权国际保护及其最新进展》，载《妇女研究论丛》2000 年第 2 期。

能进一步促进我国人权保护的理论发展，从而改善我国在人权方面的实践实施。

当前学术界对农村留守妇女问题进行的描述性研究居多，真正贴近农村留守妇女实际生活，对收集的第一手资料进行实证分析的研究比较少，未来研究很有必要综合运用多种研究方法对农村留守妇女问题开展实证调查研究。空谈理论是不能从根本上解决问题的，而展开实地调研，收集第一手资料，形成相关的理论成果，对实践进行指导是我们展开本次调研的理论研究意义之一。本次调研以期将实际问题上升到学术研究的高度，而不是盲目地进行政策实施。就目前的学术研究现状来看，在这一领域尚未形成系统的理论分析，在研究视角上，虽然现有研究对影响农村留守妇女身心健康的因素作了探讨，然而，对影响农村留守妇女身心健康的因素具体到某一个层面进行深入探讨的还不多，需要我们在今后的研究中更加深入具体地剖析影响农村留守妇女身心健康的因素。

一、农村留守妇女概述

（一）农村留守妇女的概念

随着社会主义市场经济的发展和农村改革体制的不断深入，人口城镇流动加大，工业化、城市化进程逐步加快，越来越多的农村剩余劳动力涌入城市，导致了一个新的社会群体——“留守妇女”的出现。关于“留守妇女”的含义，学者们意见不一。周福林认为，“留守妇女”是指与丈夫户籍在同一家庭内，但是丈夫外出务工而自身留守在家的女性。范丽娟认为，“留守妇女”是指丈夫长期或季节性在外地务工，被迫留在农村照顾家庭的已婚妇女。张宏宏则认为，“留守妇女”是指那些丈夫离开本土到城市中务工、经商的已婚女性。顾红霞认为，“留守妇女”指丈夫离开户籍所在地，外出务工、经商或从事其他生产经营活动，外出时间一年内累计超过半年的已婚妇女。魏翠妮认为，“留守妇女”是指丈夫长期（半年以上）离家在外从事劳动，留居家中的已婚妇女。

笔者认为，所谓“留守妇女”，指丈夫长期进城务工或从事其他生产经营活动时间为6个月以上，妇女独自或携老幼留居在原户籍的已婚女性。[①] 留守妇女在一定程度上与农业女性化中的女性是不同的，因为留守妇女很多从事的是非农

① 许传新：《西部农村留守妇女家庭压力及其影响因素分析》，载《人口与经济》2010年第1期。

业生产。

（二）农村留守妇女产生的原因

在宏观层面上，留守妇女的产生与新中国独特的现代化模式息息相关。丈夫外出务工，妻子留守家庭，这种选择并不是每个个体家庭的非理性行为，而是众多农户家庭在当前社会转型和市场经济体制下的一种价值目标的合理选择。导致农村妇女留守的原因有很多种，归结起来有以下几个方面：

1. 自然因素

农村一般地处偏远地带，交通不便，生活困难，大多数情况下都是自给自足。而有些山区，由于可耕地面积狭小，农业生产的收入根本不足以维持家庭的生计。因此，很多居民通过开采林木、土特产品和中药材等森林资源来维持生计。长期不合理、无节制的乱砍滥伐，严重破坏了周边的生态环境。因此，1998年国家通过实施退耕还林和天然林防护等工程，严禁当地村民非法砍伐林木。为保障山区居民正常生活，政府虽然采取了相应的一些补偿政策①，但是以木材为原料的企业全部关停后，并没有从其他方向来发展新的产业，使得当地村民的家庭经济收入来源大为缩减，家庭经济一度跌入低谷。严峻的现实迫使村民为了生存不得不外出寻找新的出路，许多家庭中的青壮年男性劳动力开始外出打工，而为了维持一家老小的日常生活，山区农村已婚女性只能留守家庭操持家务，教养子女和照顾老人。

2. 制度因素

这里提及的制度因素，主要是城乡二元体制，这是在计划经济时期，政府基于当时我国城市化程度不高，城市难以吸纳大量农村剩余劳动力的情况，实施的一套旨在维护城乡社会稳定、避免过多农村人口流入城市的一套制度化管理体系，包括户籍制度、劳动人事制度和用工制度等。在20世纪60年代，随着二元体制的建立，城市居民和农村居民生活程度和水平产生了很大的差异。城乡居民在就业、住房、受教育、养老和医疗保健等社会福利方面，都有着不可逾越的鸿沟。农村以农业为主，抑制其他产业的发展，并囿于传统的组织方式和生产方

① 周福林：《我国留守家庭研究》，中国农业大学出版社2006年版，第32页。

式。由于城乡采取城乡分割的二元社会结构管理，特别是附加在户籍制度上的各种资源和利益，如就业、就学、城市基础设施与社会福利、社会保障制度等，构成了阻隔农民工进城的最大障碍。也正是因为如此，长期以来，城市的文明与经济快速发展，对农民来说产生了极大的诱惑力，很多农村居民将迁入城市或者工作在城市作为毕生的梦想。① 20 世纪 80 年代改革开放以后，随着农村经济体制的改革，农村大批剩余劳动力外出打工从事非农化生产，成为农村家庭脱贫致富的一条捷径。然而，城乡二元结构下的户籍制度，却限制了农村夫妇共同迁居城市。在此情况下，农村家庭只能选择夫妻一方留在家庭，另一方外出务工，以增加家庭的经济收入。

还有一个因素就是社会保障制度。我国现在建立起来的社会保障制度，主要包括基本养老保险制度、基本医疗保险制度、失业保险制度和城市居民最低生活保障制度等。但这张网主要是覆盖城镇居民的，农村只是一个角，即使是农村，基本上也是城市的郊区农村，我国只有少数省市开始在农村实行最低生活保障制度。现在农村的老年人主要是靠家庭养老，家中老人能生活自理时还可以，但当老人不能生活自理时，照顾老人就成为农村留守妇女家庭生活的主要负担。

3. 社会因素

这里面包含着传统文化带来的因素以及妇女自身的因素、公共资源分配的因素等。首先是传统文化带来的因素，从宏观层面来看，社会性别规范是通过家庭和劳动力就业市场层面来发挥影响的，这也是约束妇女流动的根源所在。另外，针对妇女的就业歧视由来以久，而且大多数留守妇女受教育程度并不高，就业职位的不平等和不平衡，也在一定程度上限制了妇女外出。② 再者，城乡社会公共资源分配不平衡，农民的生产和生活基本是自力更生的，农民家庭经济主要依靠自我发展。我国现在建立起来的社会保障、福利等制度，一般只覆盖城市居民，而在农村，农业生产、照顾老人、抚养孩子、生老病死等一系列问题，必须由农民自己承担，这就导致农民为生计出去打工，农村留守妇女为生计在家操劳，使农村留守妇女的思想教育处于边缘。

其次是妇女自身因素，妇女自身文化程度不高，身无技术。我国封建社会所

① 范丽娟：《留守女：现代农村社区的一个新群体》，载《合肥学院学报》2005 年第 5 期。

② 顾红霞：《农村留守妇女心理健康、社会支持的现状》，载《中国健康心理学杂志》2014 年第 1 期。

提倡的“三从四德”的观念，代表了男权社会的一系列两性的伦理道德原则，这些观念把女性视为从属于家庭和男人的次要的社会角色。这种传统，围绕着“男主外，女主内”、男强女弱的观念，这从根本上以及思想上禁锢了妇女外出务工的想法。一般农村妇女都认为，“相夫教子”才是自己的命运。因此很多妇女成为农业生产的主力军，妇女有限的精力与繁重的农业生产产生了巨大的矛盾。现代传媒中的各种信息也暗示着：女性与家务劳动、厨房、儿女联系在一起；男性与工作、成功和先进的科学技术联系在一起。文化传媒使社会性别差异在观念形态上固化并得以延续。

公共资源分配方面，农村基础设施建设与城市差距太大，使农民的生产生活提高受到了很大限制。譬如，农村的道路往往修到村口，到村里依然是土路，下雨、下雪天，村里的路十天半月不干，而且农村道路修好以后，缺乏管理维护和必要的配套措施，几年就坏了，大坑小沟的，交通很不方便。很多青壮年不甘于一辈子在小山村里，结婚后便会独自外出务工，家里则由妇女照料。虽然改革开放以后，农民自发的学科学、用科学的热情很高，科学种田有了很大发展。但原来有的农业科技推广网，却因体制、财政等方面的原因，几次撤并、改制，弄得网破、线断、人散，反而衰败。过去农村还有文化站等传播科技文化的机构或场所，现在连文化站多数也解散了。[①] 一些不是很偏远的农村还可以接收到电视信号，而偏远的农村连电视信号都没有，几个月也看不到一场电影。原来的流动放映队也销声匿迹，农民基本没有什么文化娱乐项目。与此相反，城市的灯红酒绿，吸引着一批批的农村青年外出。

（三）农村留守妇女的影响

农业女性化对农业与农村发展带来消极影响，其必然会影响农村土地流转的供给与需求市场的发育，阻碍着农村土地资源效益的最大化，而且还会影响到留守妇女本身。这些变化有积极方面的，如由家庭中的次要角色上升为“双主角”之一、独立性加强、自由范围更大、成就感加强等；但其中更多的是负面影响，留守妇女要挑起全家的重担，在变得坚毅的同时自身的压力也日益增多，人们对这些压力却熟视无睹。譬如她们的收入在家庭总收入中的比重下降、心理负担和生理负担加重、劳动程度增强、发展机会屡屡减少，还有的妇女对男性的经济依

① 魏翠妮：《农村留守妇女问题研究——以苏皖地区为例》，南京师范大学2006年硕士毕业论文。

赖变得更重。

从两性关系角度，孙琼如指出，在传统性别观念支配下，留守家庭实行男女角色分工。在留守妇女问题的研究中，“男出女守”的角色分工对农村婚姻与家庭的冲击不容忽视。一系列问题都导致留守家庭离婚率上升，诸如夫妻共处的时间减少，城市化水平的差异逐步扩大、异质性的增强等。而且留守妇女对婚姻的感受对留守妇女产生的影响也是不可忽视的。不同的留守妇女对婚姻的要求不同：有的注重“精神方面”，注重夫妻之间的交流和互相安慰；有的注重“物质方面”，她们认为家庭生活就是“过日子”，经济条件的改善自然有利于提高婚姻质量。不同想法的留守妇女对婚姻的感受不同，但大多数留守妇女都会有隐约担心，在丈夫外出务工，长期在外，两性生活得不到满足的情况下，丈夫出轨，婚姻变化都是有可能的。因此，这也在一定程度上使得留守妇女的心理压力增大，一方面得不到情绪的舒缓，一方面压力肆意增大，很容易造成留守妇女精神过度紧张。

再者，外出务工者（即男性）多从事第二、第三产业，他们更易于向上流动和实现产业转移，而留守妇女则充当了劳动力的蓄水池[①]，接替了原先属于“外”领域并作为当家做主的标志，但现在被纳入家务劳动范畴，变成“内”领域的农业生产。两性在发展机遇和发展方向上截然不同。因此，丈夫外出，妻子留守，这是“性别不平等关系的再生产”。根据“对家庭资源的掌握和控制程度”，以及“独立程度和对家庭事务自主的程度”两个标准来考察，农村留守妻子的家庭地位没有得到根本的改变，表现如下：一是妇女对责任田只拥有使用权，但没有所有权，家里所有重大事务仍由丈夫决策；二是留守妻子的农业收入远低于丈夫的务工收入，这在一定程度上使得妇女劳动在家庭收入和社会总产值中的比重相对下降；三是留守妻子因负担加重而影响了身心健康，其想进一步发展愈发艰难。

但是，实证的经验研究表明，由于留守妇女不是一个完全相一致的群体，区域经济的不同决定了留守妇女生产类型的不同，并有可能进一步影响她们在家庭中的地位。农业型留守妇女的家庭地位与土地的数量，与土地收入在家庭总收入中所占的比重相关。土地少，在家庭总收中的比重自然就少；土地多，在家庭总收入中的比重则较大，会导致对土地的需求比较强烈，留守妇女自然在家中地位相对而言会重要。但不可忽视的是，土地数量增加，会加大留守妇女的劳动强

① 覃金玲：《农村留守妇女自我意识的问题与重建》，中南民族大学2008年硕士毕业论文。

度。对家庭权力关系构成影响的主要因素包括：（1）经济方面：非农就业的能力，因为农产品效益下降，农业型留守妇女的劳动贡献率受到忽略；（2）文化方面：男女平等的区域文化观念；（3）资本因素：年龄轻、文化程度高的妇女。各地从事非农业生产型的留守妇女的情况也不太一样。有的地区，妇女们大都在附近镇上个人小作坊式的工厂工作，那里的环境卫生差，劳动强度很高，留守妇女很容易患上疾病。一旦患上疾病，她们就会面临失业的危险，而且社会化服务水平低、缺乏养老保障，留守妇女要身兼数种角色。

二、农村留守妇女健康现状

2006年版《现代汉语词典》这样解释健康："人体生理机能正常，没有疾病和缺陷。"2009年版《辞海》将健康解释为："人体各器官系统发育良好，功能正常，精力充沛，体质健壮，并具有健全的身心和社会适应能力的状态。"①《百科简编》将它定义为："健康，使个体能够长时间地适应环境的身体、情绪、精神及社交等方面的能力。"20世纪中叶，世界卫生组织在其制定的文献中是这样表述健康的："健康乃是一种在身体上、心理上和社会上的完满状态，而不仅仅是没有疾病和虚弱的状态。"由此可见，它的规定与上述文本的规定都不大相同。我们不难得出：世界卫生组织对健康的定义较之于前两者更为严格和精细。它强调的是身体、心理、社交的完满状态。《汉语大辞典》将健康界定为单一的、身体有无疾病和缺陷这一层面，显然是不适应当今社会需求的，因为当今社会已不再是单一追求表面的身体健康，而是越来越关注精神层面和社会关系层面。

"宪法意义上，健康权的基本含义是政府对公民健康负有责任，即国家保障公民所享有和应当享有的保持其躯体生理机能正常、精神状态完满并由此对社会适应的权利。"②"健康权是指公民享有可能达到的最高标准的身体健康和精神健康和要求国家为公民实现健康权提供必要的保健条件的权利，国家是健康权实现的义务主体，承担主要责任。"③ 两种定义是从国家和公民在健康权上权益关系的角度来定义的。前一种定义是从国家的角度来谈的，认为健康权的维系和保护

① 《辞海》，上海辞书出版社1999年版，第722页。

② 杜承铭、谢敏贤：《论健康权的宪法权利屈性及实现》，载《河北法学》2007年第1期。

③ 蔡维生：《人权视角下的健康权》，山东大学2005年硕士毕业论文。

是国家的责任，国家是健康权实现和保障的积极推动者，公民只是单纯的受益权者。后者的角度正好与前者相反，认为公民不光是被动的受益权者，宪法上的健康权还赋予了公民积极主张要求国家作为与不作为的权利。对于健康权的保障首先国家负有主要的义务，同时健康权的权利主体也不仅仅是健康权体系的被动参与者，也是积极的权利主张者。《经济、社会、文化权利公约》规定："人人有权利享有能达到的最高体质和心理健康的标准。""健康权是公民以其身体的生理机能的完善性和保持持续、稳定、良好的心理状态为内容的权利。"① "不限于生理健康，而且包含心理健康"② 等。

健康权作为一项基本人权，是公民行使其他权利的基础。它不仅包括身体健康，还包括心理健康，具体内容主要包括身体健康维护权、劳动能力保持权及健康利益支配权三个方面。也就是说，一个人在躯体健康、心理健康、社会适应良好和道德健康四方面都健全，才是完全健康的人。

随着社会主义市场经济的发展，农村改革体制的不断深入，人口城镇流动加大，工业化、城市化进程逐步加快，越来越多的农村剩余劳动力涌入城市，导致了一个新的社会群体——"留守妇女"的出现。在农村建设与发展的同时，农村留守妇女的健康权在一定程度上受到了损害。农村留守妇女是留守家庭的支柱，是当下农村农业生产劳动的主力军，因而劳动强度高、家庭负担重、心理压力大、缺乏安全感的生活状态使他们的健康状况每况愈下。当前农村留守妇女身体健康状况主要存在三大问题：一是农村留守妇女妇科病患病率高。近年来的农村留守妇女生殖健康检查结果显示，农村妇女患各类妇科疾病的比例高达93.2%。二是恶性肿瘤和性病成为损害农村留守妇女健康的重要病种，可称得上是危及农村留守妇女生命健康的头号"杀手"。三是农村孕产妇安全缺少有效保障。各地农村孕产妇死亡事件时有发生，究其原因除了农村妇女卫生保健意识缺乏、生活卫生条件恶劣、卫生保健队伍没有发挥应有作用外，还有一个重要原因就是农村疾病普查制度和心理咨询与保健制度的缺失，农村留守妇女被高额医疗费用阻挡，生理疾病难以就医。

首先，农村留守妇女劳动强度高导致健康状况差。农村留守妇女身兼数职，既要承担丈夫外出留下的"主外"角色、又要承担所属的"主内"角色。留守妇女最大的挑战是农忙季节的生产问题，缺少劳动力，自己需要想办法来完成繁

① 王利明：《人格权法新论》，吉林人民出版社1994年版，第288页。
② 张俊浩：《民法学原理》，中国政法大学出版社1991年版，第144页。

重的农活。在生活中，留守妇女必须培养自己的自主意识，提高自己的处事能力，这是积极一面，同时其还要挑起几乎家里全部的对外交往及家庭责任，包括家务劳动、照顾老人、教育子女等，尤其是遇到家人生病，留守妇女更是难上加难。留守妇女时常担心疾病发生在自己身上，如是，就只能靠硬扛来支撑这“留守”的一片天空。每日“内外兼顾”的超负荷劳动强度，使得留守妇女的身心健康受到严重挑战。调查中发现，由于留守妇女缺乏基本的健康和卫生保健知识，健康认知水平低，加之贫困地区农村生活环境的恶劣以及公共卫生设施的不健全，留守妇女往往养成了“小病拖，大病抗”的不良就医观念。此外，在访谈中了解到，留守妇女几乎没有接受过任何常规性体检，许多妇女患有不同程度上的妇科病，部分妇女分娩时选择在自家接生而不愿去医院。落后的就医观念，加上农村公共医疗卫生条件的匮乏，加大了妇女们的生育风险，再加上日常生活中繁重的家务劳动，从而造成当地留守妇女群体整体健康水平呈现不断下降的趋势。

其次，精神压力大导致心理疾病频发。由于丈夫常年在外打工，留守妇女独守家园，饱受寂寞之苦。在生活中缺乏关爱，感情上出现空缺，同时还会担心丈夫在外拈花惹草，这些已成为留守妇女最大的心理负担。由于文化程度不高，组织简单技能培训和开展文化活动较为困难，尽管农村在传统节庆日或农闲时举办民俗文化娱乐活动，也吸引了不少留守妇女参加，但总体来讲，留守妇女精神空虚、娱乐生活单调，无人可以倾诉，只有独自忍受。这些精神上的压力严重影响了身体健康。调查结果显示，有75%以上的留守妇女患有妇科性疾病和其他慢性疾病，90%以上的留守妇女容易出现烦躁、无助情绪，不安全感和危机感，20%的患病妇女没有钱或没有时间治病，20%的留守妇女近5年从未检查过身体。总之，农村留守妇女承受着很大的精神压力。心理学研究发现，精神压力是由个体在生活适应过程中的一种身心紧张状态，由于环境要求与自身应对能力不平衡，这种紧张状态倾向于通过非特异的心理和生理反应表现出来。① 常见的心理反应表现有：恐惧、焦虑、忧郁和悲伤等；同时伴随的身体反应主要为自主神经系统的警醒，常有心跳加快、血压升高、肌肉张力增加、口干等。过度与持续的压力如未及时疏导与释放，会变成致病因素，从而导致异常心身反应的发生。

最后，农村留守妇女缺乏安全感导致身心健康每况愈下。由于村里大部分男

---

① 许传新：《西部农村留守妇女的身心健康及其影响因素——来自四川农村的报告》，载《南方人口》2009年第24卷第2期。

性的外出，农村留守妇女家庭被盗事件、性骚扰事件明显增多，这使留守妇女精神长期处于紧张状态。既怕受到人身侵害，又担心家庭财产受损，大大加重了她们的不安全感。[①] 调查显示，农村性侵害案件中有70%的受害者是留守妇女。加之农村治安状况不好，留守妇女普遍没有安全感。家庭财产安全没有保障，尤其在农忙季节，她们更是无暇顾及家庭的财产安全，甚至会忽略孩子的安全问题。另外，由于丈夫长年外出务工，夫妻长期两地分居，留守妇女不得不忍受着情感的煎熬，夫妻双方只有依靠打电话来沟通，少数夫妻几乎不联系，致使部分夫妻之间缺乏交流沟通，双方相互猜疑，婚姻感情危机较大。被调查的留守妇女中，婚姻生活质量普遍不高。在思念丈夫的同时，还要担心丈夫在外是否有不轨行为或移情别恋。久而久之，夫妻感情容易产生裂痕，甚至导致婚姻破裂。据了解，在农村离婚人群中，因丈夫外出打工导致离婚的比例一直上升。人身安全、财产安全、婚姻安全都使农村留守妇女的健康问题尤为突出。

三、农村留守妇女健康权保护面临的困境

随着我国社会经济的进一步发展，国家对健康权益保护也日益完善，但农村留守妇女健康的真实现状却不尽如人意，当前农村留守妇女健康权保护面临多重困境。

（一）农村留守妇女的现实生活困难

1、过重的家庭负担与农业劳动对身心健康的伤害

在调研中了解到，90%以上的农村留守妇女需要独自承担家务劳动、赡养老人和抚育子女等家庭责任，其最担心的是老人生病和子女不好好学习。留守妇女肩负着本应由夫妻双方共同承担的生产生活责任。在传统农业地区，丈夫外出务工后，留守妇女成为家庭农业生产的主力，劳动力不足、没有技术、生产资料购买困难等是留守妇女在农业生产中遇到的主要问题。由于过度劳累而导致的疾病发病率较高，身体健康受到影响。

---

① 吴惠芳、叶敬忠：《丈夫外出务工对农村留守妇女的心理影响分析》，载《浙江大学学报（人文社会科学版）》2010年第2卷第3期。

2、子女教育问题是农村留守妇女的一大心病

由于父亲外出打工导致家庭教育缺位，子女生活缺少关照、精神缺少关怀、学习缺乏管理，严重影响了孩子的健康成长。许多农村留守妇女由于自身文化程度低，教育能力差，加上繁重的农活和家务，无暇过问孩子的学习，家庭教育基本处于空白状态。而正处于身心迅速发展的中小学生，对学习、自身和生活的变化有太多的问题需要指导、解决，尤其对正确世界观、人生观、价值观形成的指导，致使孩子对一些事情的认知、判断上模糊，存在误区。调查显示，农村留守妇女家庭子女学习成绩一般较差，留守妇女家庭子女违法犯罪的占青少年犯罪总数的 15－20%。①

3、长期的性压抑或性骚扰、性侵犯对身心健康的损害

农村已婚男性外出打工，由于受经济条件和工作性质的影响，一般半年、一年甚至是几年才能回家团聚一次。留守妇女因为交通、费用和农活等原因也很少去看望务工在外的丈夫，其通常有“三怕”：一怕丈夫不挣钱，二怕丈夫不安全，三怕丈夫有外遇。很多人因此变得焦躁、脆弱，甚至出现极端不良情绪。在这漫长的岁月中，农村留守妇女长年独守空房，再加上农村缺乏必要的文化娱乐与交流，因而她们的性需求只能长期抑制。与此同时，留守妇女在农村特有的熟人社会条件下，还时不时地遭受性骚扰之苦，甚至有些男性把留守妇女作为性侵犯的对象。在极度困难和空虚的条件下，有的留守妇女甚至经不住男性的诱惑和骚扰而屈从，严重损害了留守妇女身心健康。

（二）现有农村基本制度的障碍

1、农村科普制度和医疗卫生知识教育制度的不完善

针对农村留守妇女健康权保护，现有的农村科普制度和医疗卫生知识教育制度非常不完善。留守妇女对于身体状况的认知，尤其是对疾病的认知，严重缺乏客观性与全面性。调查中发现，由于当地留守妇女缺乏基本的健康和卫生保健知识，加之贫困农村生活环境的恶劣以及公共卫生设施的不健全，当地妇女往往养

① 付浩、赵迪：《河南省农村留守妇女现状调查》，载《新乡医学院学报》2013 年第 5 期。

成了“小病拖，大病抗”的不良就医观念。即使在有关疾病检查结果出来之后，因为经济等原因使农村留守妇女得不到及时救助。在宁乡县大屯营镇的调研中发现，组织的普查普治有时是一些商业机构的商业利益行为（如扩大结果报告），有待整治。落后的就医观念，加上山区农村公共医疗卫生条件的匮乏，加大了留守妇女的生育风险，从而造成当地留守妇女群体整体健康水平呈现不断下降的趋势。

2、农村留守妇女互助组织的缺失与不完善

目前，我国农村只存在基层自治组织——村民委员会，并没有其他农村社会组织的存在，尤其是留守妇女互助组织缺失。据中国妇女联合会的调查，5000万的农村留守妇女只有30万留守妇女互助组织。在调查中我们了解到，农村留守妇女大都年龄偏大，文化程度较低，她们没有一技之长，对于集中组织的技能培训、文化活动等不是很感兴趣，吃饱穿暖就行的思想普遍存在。因此，农村留守妇女互助组织的作用还没有得到政府的足够重视，也没有得到社会的高度关注。当前，在互助组织开展的活动中遇到的各种困难还不能及时得到政府和社会各界的支持和帮助，有利于互助组织开展活动的各种载体缺乏，所以，在农村留守妇女的精神生活、文化生活、物质生活等方面都还很缺乏的情况下，建立互助组织应得到相关政府和组织的支持与帮助。

3、农村文化建设组织制度的不健全

建设社会主义新农村离不开建设新农村文化，而文化建设有利于推进农村的精神文明发展，有利于推进农村民主政治进程，有利于推动农业文化市场的发展，有利于使农民产生幸福的感觉。[①] 然而，当前农村文化建设中还存在着诸多不足，主要表现在：农村文化组织机构不健全，农民缺乏精神文化生活；政府对文化建设重视不够，农民自身文化素质偏低。在所调研的湘潭市河口镇与宁乡县大屯营镇，农村留守妇女多以打麻将来消磨时光，除打麻将之外，并没有丰富的文化娱乐设施可供消遣。

4、农村继续教育机制的缺失

人们文化水平的高低，直接关系到对自身的主体性认识、自我价值的肯定和

① 周密：《社会主义新农村文化建设中存在的问题与对策研究》，载《中国石油大学学报》2010年第5期。

对民主权利的追求，是个人素质的基础。国内已有的研究表明，我国农村妇女文化素质普遍偏低，已是不争的事实。在走访中我们了解到，留守妇女文化程度小学及其以下的比例接近70%，参加过技术培训的只占15%，没有参加过的占到85%。年龄越大，文化程度越低，技能越少，是农村留守妇女的现状。有35%的留守妇女缺少基本的法律常识，大多数留守妇女对“权益侵害”所包含的意思还不能很好地理解，甚至不知道自己拥有哪些权利。当权益受侵害时，39.3%的留守妇女选择不作处理或者自己忍受。因为，她们不知道怎样通过法律途径得到法律保护。继续教育机制的缺失，导致其只能从事较简单的农业生产活动，从而严重阻碍了留守妇女自身的发展和合法权益的维护。

（三）农民工探亲制度的缺失

我国在1981年修订的《关于职工探亲的规定》规定，凡在国家机关、人民团体和全民所有制企事业单位工作满一年的固定职工，与配偶不在一起又不能在公休假日与配偶团聚的，双方中的一方可以享受每年30天的探望配偶假。未婚职工每年享有20天的探望父母假，已婚职工享有每四年一次20天的探望父母假。1986年《国营企业实行劳动合同制暂行规定》中规定国营企业合同固定工人一样享有探亲假待遇。

公务员、国企和事业单位的员工一般都能享受到探亲假，但在农民工密集的许多企业，这样的待遇是不可想象的。农民工生活及住宿场所一般都是企业提供的场所或者是就近租房居住，不能和本地劳动者一样每天回家。每天除正常上班外，农民工的社交及业余生活相对较少。相当一部分农民工认为下班后晚上无事可做，还不如加班多赚点钱，这部分农民工对延长工作时间或休息、休假日加班视为正常现象。加班加点往往也是他们多获得报酬的唯一途径。由于缺乏制度保障，特别是那些在生产企业工作和服务性行业农民工为了保证“饭碗”，探亲变得遥不可及。一年甚至几年才能见一面，在丈夫不在的时间里，留守妇女承担了大量的体力劳动，长期面临的性压抑、性骚扰、性侵犯，给留守妇女的心理蒙上了一层阴影。

四、加强农村留守妇女健康权保护的对策

当前，农村留守妇女作为社会的最基层，已经成为农村劳动力转移的坚强后

盾，为农村的发展作出了杰出的贡献。对农村留守妇女的身心健康和权益保护，全社会应该给予更多的同情与关注。为此，我们应该从全面建成小康社会和全面推进改革的高度来加强和完善对农村留守妇女健康权保护。

（一）加强农村法治建设，切实维护留守妇女权益

在农村妇女权益保护方面，我国的《妇女权益保护法》，以及《农村土地承包法》《社会保障法》《婚姻法》和《治安管理处罚法》中有相关条款涉及对妇女的人身、财产权益的保护。当前，保护农村留守妇女的合法权益是基层政府的一项长期责任。[①] 实践中，有关农村留守妇女的政策、法律法规并没有落到实处，有关部门之间互相推诿无法及时解决留守妇女的问题，严重影响留守妇女的合法权益的实现。

实地调查显示，妇联和计生办在广大农村留守妇女群体中有较好的信誉，影响力最大，传播网络广，传播效果比较明显。另外，妇联也非常重视留守妇女问题，开展了一系列以妇联为组织单位的活动，在留守妇女群体中产生了重要的影响。妇联和计划生育部门在基层都有自己独立的上下服务网络，主要由乡、村两级妇联干部、村妇代会主任、村卫生室医生组成。因此，要对乡、村的妇联和计划生育服务部门进行人员和经费充实，加强基层行政工作人员的法律技能培训，为农村留守妇女的权利保护与救济提供切实可行的法律帮助。

此外，关注农村留守妇女的健康问题不仅仅是治疗她们的身体健康问题，更需要加强对她们身心健康、人身财产安全问题进行预防和保护。所以，强化留守妇女的法律意识，维护其合法权益十分具有必要性。我们应该加强对农村留守妇女的法律知识教育，提高留守妇女依法保护自己合法权益的能力。相关部门应通过各种法律知识的培训，组织广大农村留守妇女学习法律法规，引导她们学会运用法律武器，合理合法地表达利益诉求。通过宣传教育，增强农村留守妇女自主维权的意识，提高她们依法维权的能力，使之在参与社会经济发展的同时，做到学法、知法、懂法、守法。[②] 与此同时，司法部门应为留守妇女提供各种法律服务，维护留守妇女的合法权益，为留守家庭提供相应的政策保障。村委会要加强

① 梁前菊、方国武：《传统“礼法”与新农村法治建设》，载《云南农业大学学报（社会科学版）》2015 年第 3 期。

② 李长健：《我国农村法治的困境与解决方略研究》，载《武汉大学学报（哲学社会科学版）》2005 年第 5 期。

对留守妇女的法制教育宣传活动，运用各种形式提高妇女的维权意识和自我保护能力。如，组织村里妇女排演节目，组织开展奖励性法律知识竞赛，利用板报橱窗进行法治教育宣传，请法律宣传员针对典型案例开展讲座，组织集体观看法制节目，开通服务热线等。

（二）推进农村共享社会服务机制建设，优化留守妇女健康环境

在社会这个大舞台上，每一个人都扮演着不同的角色，承担着不同的责任。随着城镇化进程的加快，农村留守妇女与外界社会的接触日益增多，经济地位也在逐渐提升，农村留守妇女也向往更美好的生活。因此，面对变化万千的社会发展形势，以及农村留守妇女的角色的转化，各级政府、尤其是基层政府应当根据农村留守妇女的角色转换特点，通过专项教育培训开拓农村留守妇女的视野，满足她们对健康知识、子女教育、文化娱乐等公共服务方面的需要；加大在文化场所、设施建设方面的投资，使其认识到安于传统、安于自给自足的生存观念已经无法满足社会发展和新农建设的发展需要，促使其在低级需要满足后迅速向高级需要转化。

各级政府可以通过全社会的力量，加大经费投入，努力改善留守妇女的健康环境，加强体育设施和公共休闲设施的建设。在全面发展城市社会服务组织的基础上，应引导城市社会服务组织向农村发展，实现城市与乡村社会服务组织的一体化。①

此外，要加快我国现有户籍制度的改革。因为，我国的户籍制度与医疗、教育、社会福利等政策相互关联。要缩小农村与城市间的经济文化差距，户籍制度的改革必不可少。户籍制度改革能打破原有的二元结构，使农村居民也能享受城市的医疗资源、教育资源等各种社会资源。农村留守妇女也可以和丈夫一起进入城市工作，进行自我发展，这样更有利于农村留守妇女的身心健康，也更有利于社会的稳定。

① 舒晓琴：《探索农村社会服务管理工作新途径——关于兴国县加强农村社会服务管理工作的调查》，载《求是》2011 年第 15 期。

（三）加强农村文化设施与文化环境建设，塑造留守妇女新风貌

各级政府部门应高度重视，加大农村建设投资力度，充分挖掘地方特色文化，发挥村组织作用，采取多种形式丰富农村留守妇女的精神生活。这不仅可以暂时填补农村留守妇女因丈夫长期外出打工所造成的情感空虚，同时又可以扩大她们的社交圈，使她们在群体活动中互助互利，建立起融洽的人际关系，便于获得更多的社会支持。① 针对目前农村文化生活单调、文化组织缺失的现状，政府及有关部门要推进农村信息与互联网建设、图书馆建设，以及公共文化与娱乐设施建设，建立并加强以宣传妇幼保健知识、体育锻炼知识为主要内容的健康知识传播体系。

基层政府应引导文化、体育等部门组织开展寓教于乐、丰富多彩的文体活动，丰富留守妇女的业余文化生活，如举办乡村竞技赛、秧歌队、腰鼓队等，丰富农村文化生活，促进精神文明建设。村委会根据留守妇女不同层面的需求，可以组织开展一些文化活动，比如唱歌、小品表演、知识竞赛、农活比赛等。这样既能丰富留守妇女的业余生活，激发她们对生活的积极向往，又有利于农村精神文明建设。现在流行于农村的打麻将及赌博行为不利于乡村文明建设，开展健康的文化活动可以凝聚留守妇女，教育留守妇女，引导她们在文化娱乐活动中提高自己的文化水平，陶冶情操，从而使农村留守妇女享受现代文明成果，提高精神文化修养，保持乐观开朗、积极向上的精神面貌。

（四）改善农村教育条件，提升留守妇女素质

我们要改善农村现有的教育条件，提高留守妇女家庭的文化水平，改善子女及留守妇女的教育状况，解除农村留守妇女的后顾之忧。留守妇女面临的最大困难之一是子女教育问题。为此，政府要加大对农村中小学教育经费的投入，改善农村中小学学习环境和体育娱乐场所，合理配置师资力量，鼓励有志的大学毕业生到农村任教，让农村留守妇女的孩子在良好的学习环境中健康成长，使留守妇女看到美好的希望与未来。

---

① 徐学庆：《农村文化设施建设：问题、成因及推进思路》，载《中州学刊》2008 年第 1 期。

此外，各级政府特别是县、乡政府和教育部门应探索有效方式，建立农村继续教育制度，使留守妇女在继续教育学校和相关机构能继续学习，提高文化水平、农业生产技能和社会认知能力，以改变她们的思想意识、提升幸福指数，促进身心健康发展。① 村级组织应当加强农村精神文明建设，加大对农村教育设施的投入，在农村建立文化站、图书馆等文化场所，一方面丰富留守妇女的文化生活，另一方面使她们通过读书和参与各项活动，培养良好的道德意识、体育锻炼意识、健康意识，培养文明的生活方式，营造良好的健康氛围，不断提高留守妇女的身体素质。

（五）建立健全农村社会保障体系，守护留守妇女基本健康

社会保障体系在一定程度上有助于维护社会稳定、推动社会发展，是我国社会发展中不可或缺的一部分。目前，我国的社会保障制度，主要包括基本养老保险制度、基本医疗保险制度、失业保险制度和城市居民最低生活保障制度等。但这主要是覆盖城镇居民的，即使是农村，基本上也是城市的郊区农村，我国只有少数省市开始在农村实行最低生活保障制度。现在农村的老年人主要是靠家庭养老，家中老人能生活自理时还可以，但当老人不能生活自理时，照顾老人就成为农村留守妇女家庭生活的主要负担。此外，我国的社会保障体系存在着待遇差别大、保障水平不高、覆盖面小等问题，尤其是城乡之间和不同群体之间的待遇不同，差距较大，不利于社会稳定。②

因此，建立健全农村社会保障制度显得尤为重要，当前国家推进的新农村合作医疗保障制度，远远不能满足需要。要进一步扩大新型农村合作医疗参保范围，要合理改善医疗条件和报销比例，让农村妇女尤其是留守妇女能走进医院看得起病，真正发挥合作医疗的社会保障作用。

国家应借鉴“新农合”的经验，积极推广建设农村全方位的社会保障体系建设。针对农村留守妇女这一社会群体的特点，政府各部门要充分发挥各自的优势，积极引导商业保险机构开展对农村留守妇女的健康关爱工作，着手建立健全的针对农村留守妇女的社会保障体系。

---

① 王红妮、王学春：《四川农村劳动力调查及其对农村继续教育的启示》，载《安徽农业科学》2014 年第 15 期。

② 张世青、王文娟、陈岱云：《农村养老服务供给中的政府责任再探——以山东省为例》，载《山东社会科学》2015 年第 3 期。

（六）建立农民工双向探亲制度，保障留守妇女家庭幸福

我国长期以来存在的是城乡二元体制，农村家庭成员在离开农村务工后面临着子女上学难、看病难等问题，以及进城务工人员不能享有带薪探亲权利的问题。受经济收入影响，农民工大多选择租金非常便宜的房屋租住，居住条件的恶劣使留守妇女们来城探亲时也不能长久居住，加上交通费用和一些其他方面的开销，使农村家庭难以承受，也影响了农民工夫妻的团聚。长期的两地分居，使许多家庭夫妻情感亮起了红灯，这加重了社会的不稳定因素。

《中华人民共和国劳动法》第四十五条规定："国家实行带薪年休假制度，劳动者连续工作一年以上的，享受带薪休假。"调查结果显示，绝大多数的留守家庭，丈夫在外打工时间都超过一年，最长的达二十多年，他们为我国的城市建设做出了巨大贡献。但是他们的妻子、孩子却长期面临着留守家乡，难以与亲人团聚的困境。

因此，各级政府和相关部门应建立健全有关制度，降低农民工在城市居住的经济成本，并督促企业和用人单位为农民工夫妻实现双向探亲提供便利和条件，为双向探亲提供休假以及差旅费报销与资助，建立专门针对农民工和留守妇女的双向探亲制度，如逐步推行农民工带薪休假制度或制定农民工"探亲节""探亲假"，给予为中国农业发展及城市繁荣做出巨大贡献和牺牲的农村留守妇女最基本的人文关怀。[①]

农民工返乡探亲既能帮助妻子进行生产劳动，减轻留守妇女负担，增进夫妻感情，同时农民工也把城市里的新理念、新知识、新技术带回家，将自己的感悟和收获与妻子一起分享，对提升整个家庭的文明程度有很大帮助。和谐的夫妻关系，能减少留守妇女的担心和焦虑，同时留守妇女进城探亲能增加对丈夫工作环境和工作内容的了解，也能开阔留守妇女的视野，促进留守妇女的自我发展，不仅有利于农村留守妇女身心健康，更有利于社会稳定。

（七）建立农村疾病普查普治机制，预防留守妇女重大疾病

近年来，由于劳作和精神的双重压力，以及薄弱的健康卫生知识积累，越来

① 周争艳：《鲁西南地区农村留守妇女权益保障对策研究》，载《山东农业大学学报（社会科学版）》2014 年第 3 期。

越多的留守妇女患有妇科疾病、乳腺疾病等而不自知，等到发现已是晚期，回天乏力。面对这种困境，我们需要加强留守妇女健康知识的普及和宣传，提高她们对自身健康问题的关注，包括身体健康和心理的健康。同时，建立农村妇女妇科病普查普治的长效机制。[①] 2009 年，中央国务院启动重大公共卫生服务项目之一的农村妇女“两癌”检查试点，这项工程的实施惠及亿万农村妇女。在坚持推广这项政策的基础上，地方各级政府还应从政策和资金上支持医疗机构、社会团体到农村开展健康科普宣传，普及女性健康知识，医疗卫生部门建立对留守妇女的健康支持系统，定期免费为留守妇女儿童提供健康检查和咨询，提升健康意识和保护意识。

（八）建立农村留守妇女心理健康干预机制，确保留守妇女心理健康

首先，农村基层社区卫生服务站要积极主动对农村留守妇女开展健康教育与健康促进工作，建立心理健康干预机制。心理健康教育主要着眼于生活实际，帮助她们舒缓心理压力，调节心理失衡，消除留守妇女的心理障碍，提高她们的心理危机防范意识和能力。[②]

其次，积极引导心理工作专家、志愿者走进农村，为留守妇女提供专业服务，通过开展心理讲座、技术指导等方面的辅导，采取个案式、团体式和社区式工作方法对留守妇女进行培训；帮助组建农村留守妇女互助小组，留守妇女通过分享彼此的经历，探讨解决问题的方法，从小组中获得情感支持和帮助。

最后，针对农村留守妇女群体的特殊心理需求和生活习惯，农村妇联和计生办可以利用留守妇女赶集的机会开展形式多样的宣传活动，如发放宣传手册、宣传画、进行集中培训、座谈以及当面咨询等，以满足不同层次农村留守妇女的保健需求，增强其自我保健意识，提高留守妇女的保健知识水平。[③] 此外，妇联和计划生育服务部门还应该加强对典型农村留守妇女的心理干预，有针对性地进行个别随访。

---

① 张妍：《中国农村妇女妇科病普查普治问题研究》，载《中国农村卫生事业管理》2011 年第 1 期。

② 胡亮、杨敏：《“宅一族”行为自评量表与心理特征量表的编制与信效度检验》，载《浙江大学学报（人文社会科学版）》2015 年第 3 期。

③ 吴惠芳、叶敬忠：《丈夫外出务工对农村留守妇女的心理影响分析》，载《浙江大学学报（人文社会科学版）》2010 年第 3 期。

（九）加强农村留守妇女互助组织建设，提升留守妇女幸福指数

各级政府和有关部门应加强农村留守妇女互助组织建设，使广大留守妇女相互交流信息、相互帮助、相互关照，实现共同发展。组织开展留守妇女的互助与合作，不仅有利于解决她们生产和生活中的困难，还可以在互动的交流中，帮助她们缓解不良情绪，消除无助的心理，加强留守妇女与亲友和邻居之间的亲密关系，建立更加紧密的农村社会网络，使她们同大家一起分享快乐、分担忧愁。

开展农业生产上的合作和互助，一方面要缓解农忙时留守妇女家庭劳动力缺乏的问题，使农业生产顺利进行。另一方面要在农业技术问题上互帮互助，从而提高留守妇女的农业生产技能，提高农业生产机械化水平，减轻留守妇女的劳动强度。

“农村留守妇女互助组”要实现生活互助、生产互助和公益互助，大家在体力上互相帮扶，精神上互相安慰，生活上互相关照，缓解留守妇女在生产生活中的压力，增强留守妇女的安全感。比如创建示范“妇女之家”，使其成为留守妇女交心谈心的场所，规避矛盾风险的安全港湾。① 通过互助活动的有效开展，发挥留守妇女互助组织在精神交流、文化生活、婚姻家庭、安全保障中的积极作用，努力形成团结友爱、文明祥和的新风尚，增强留守妇女的安全感和幸福感，从而促进其身心健康。

五、参考文献

[1] 李玲. 关于农村留守妇女安全感的研究 [J]. 知识经济，2010 (12)。

[2] 窦存芳，曹琪. 农村留守妇女心理压力社会支持系统中的问题及对策 [J]. 现代妇女（理论前沿），2010 (7)。

[3] 吴惠芳，叶敬忠. 丈夫外出务工对农村留守妇女的心理影响分析 [J]，浙江大学学报（人文社会科学版），2010 (3)。

[4] 叶敬忠. 丈夫外出务工对留守妇女婚姻关系的影响 [J] 中州学刊，

① 巢湖市妇联：《“留守妇”如何变成“生力军”——安徽省巢湖市含山县农村留守妇女互助的实践及启示》，载《中国妇运》2009 年第 3 期。

2009（3）。

［5］黄晴宜．保障妇女权益，促进人权全面实现［J］．人权，2003（3）。

［6］张晓玲．妇女人权——一个来自历史和现实的崭新概念［J］．中共中央党校学报，1997（1）。

［7］韩小兵．中国农村少数民族妇女参与基层决策和管理的法律思考．西南民族大学学报，2004（3）。

［8］李树茁．农民工社会支持网络的现状及其影响因素研究［J］．西安交通大学学报（社会科学版），2007（1）。

［9］李林．法治社会与弱势群体的人权保障［J］．前线，2001（5）。

［10］鲁斌：妇女人权国际保护及其最新进展［J］．妇女研究论丛，2000（2）。

［11 许传新．西部农村留守妇女家庭压力及其影响因素分析［J］．人口与经济，2010（1）。

［12］周福林．我国留守家庭研究［M］．北京：中国农业大学出版社，2006。

［13］范丽娟．留守女：现代农村社区的一个新群体［J］．合肥学院学报，2005（5）。

［14］顾红霞．农村留守妇女心理健康、社会支持的现状［J］．中国健康心理学杂志，2014（1）。

［15］魏翠妮．农村留守妇女问题研究——以苏皖地区为例［D］．南京：南京师范大学，2006。

［16］覃金玲．农村留守妇女自我意识的问题与重建［D］．武汉：中南民族大学，2008。

［17］吴旭．关于中国农村留守妇女现状问题的综述［J］．法制与社会，2008（01）。

［18］黄敏．农村“留守妇女”生存现状及对策思考［J］．安徽农学通报，2007（2）。

［19］孙琼如．农村留守妻子家庭地位的性别考察［J］．中华女子学院山东分院学报，2006（2）。

［20］张艳．关于弱势群体权利保障的法律思考———以农村留守妇女为例［J］．湖南人文科技学院学报，2011（6）。

［21］蒋月娥．农村留守妇女的问题的思考与建议［J］．中国妇运，2001

（8）。

［22］许传新．西部农村留守妇女的身心健康及其影响因素——来自四川农村的报告［J］．南方人口，2009，24（2）。

［23］杜承铭，谢敏贤．论健康权的宪法权利屈性及实现［J］．河北法学，2007（01）。

［24］蔡维生．人权视角下的健康权［D］．青岛：山东大学，2005。

［25］王利明．人格权法新论［D］．长春：吉林人民出版社，1994。

［26］张俊浩．民法学原理［D］．北京：中国政法大学出版社，1991。

［27］付浩，赵迪．河南省农村留守妇女现状调查［J］．新乡医学院学报，2013（5）。

［28］江西省瑞金市妇联．“农村留守妇女互助组”实施方案［J］．中国妇运，2007（3）。

［29］周密．社会主义新农村文化建设中存在的问题与对策研究［J］．中国石油大学，2010（8）。

［30］张欣．我国医疗卫生体制存在的问题及对策［J］，新学术论丛，2012（6）。

［31］朱海忠．农村留守妇女问题研究述评［J］．兰州学刊，2007（10）。

［32］Wellmanand WoI - tley. Social support［J］. Journal of Marriage & the Family. 1989，(5).

［33］张宏宏．留守女形成的原因及其从业行为分析［J］．贵州民族学院学报，2002（6）。

［34］郑真真．关于人口流动对农村妇女影响的研究［J］．妇女研究论丛，2001（6）。

［35］周福林．我国留守妻子状况研究［J］．西北人口，2007（1）。

［36］范丽娟．程一．留守女：现代农村社区的一个新群体［J］合肥学院学报，2005（4）。

［37］张晓翔．农村中年空巢家庭妇女的社会支持网络研究［J］．中华女子学院学报，2005（1）。

［38］项丽萍．农村留守女：一个值得关注的弱势群体［J］．广西社会科学，2006（5）。

［39］张妍．中国农村妇女妇科病普查普治问题研究［J］，中国农村卫生事业管理 2011（1）。

[40] 胡亮，杨敏．“宅一族”行为自评量表与心理特征量表的编制与信效度检验［J］．浙江大学学报（人文社会科学版），2015（3）。

[41] 吕芳．农村留守妇女的村庄政治参与及其影响因素——以16省660村的留守妇女为例［J］．北京行政学院学报，2013（6）。

[42] 巢湖市妇联．“留守妇”如何变成“生力军”——安徽省巢湖市含山县农村留守妇女互助的实践及启示［J］．中国妇运2009（3）。

[43] 周争艳．鲁西南地区农村留守妇女权益保障对策研究［J］．山东农业大学学报（社会科学版），2014（3）。

[44] 王红妮，王学春．四川农村劳动力调查及其对农村继续教育的启示［J］．安徽农业科学2014（15）。

[45] 张世青，王文娟，陈岱云．农村养老服务供给中的政府责任再探——以山东省为例［J］．山东社会科学，2015（3）。

[46] 舒晓琴．探索农村社会服务管理工作新途径——关于兴国县加强农村社会服务管理工作的调查［J］．求是，2011（15）。

[47] 徐学庆．农村文化设施建设：问题、成因及推进思路［J］．中州学刊，2008（1）。

[48] 李长健．我国农村法治的困境与解决方略研究［J］．武汉大学学报（哲学社会科学版），2005（5）。

[49] 梁前菊，方国武．传统“礼法”与新农村法治建设［J］．云南农业大学学报（社会科学版），2015（3）。

六、附录

附件一：

湘潭大学法学院暑期社会实践团

——农村留守妇女健康权保护的困境与对策调查问卷

（单位填写）

尊敬的＿＿＿＿＿＿＿＿＿政府：

您好，我们是湘潭大学法学院的学生，现在正在进行一项“农村留守妇女健康权保护的困境与对策”的暑期社会实践调查活动。旨在了解农村留守妇女健康权保护面临的主要障碍，并据此来提出对策与建议，为保障农村留守妇女的健康问题提供理论依据。

此问卷仅限于学术研究，采取不记名形式。如果您有时间，希望您能积极参与并请实事求是地予以回答。我们将本着专业精神承诺：在调查过程中严格保守秘密，不向任何第三方透露被调查单位的任何非公开信息，不将被调查单位的答卷信息用于本次调查以外的任何目的。请您在符合贵单位情况的序号或者序号下的“□”上画“√”。谢谢您的合作！同时对您提供的热忱帮助表示由衷的感谢！

湘潭大学“农村留守妇女健康权保护的困境与对策研究课题组”
联系电话：1397322××××　1517323××××
负 责 人：

1、您部门所辖范围内留守妇女的总数比例占了多少？

□10%－20% 以内　□20%－30%以内　□30%－40%以内
□40%－50%以内　□50%－60%以内　□60%－70%以内

2、留守妇女经常受到侵害的原因：（可多选）

□农民法制意识淡薄　□妇女维权意识不高，选择隐忍
□法规不够严厉

3、留守的原因：

□养育孩子、陪孩子读书　□农业生产是家庭经济的保障

□照顾老人　　□城市里生活费用太高

4、是否了解本地区留守妇女的基本情况？

□是　　□不是

5、留守妇女日常生活中最大的困难：

□生活劳动强度太大　　□发展生产缺资金、缺技术

□子女教育压力大　　□养老困难　　□夫妻感情出现危机

□心理压力大　　□本人身体不好　　□缺乏安全感

6、是否有留守妇女主动向政府部门反映有关权利受侵害的情形？

□有　　□没有

7、贵单位解决留守妇女健康权受到侵害的主要办法是：

□请被侵害妇女向邻居亲友帮助

□要求基层干部经常性关注该地区留守妇女身心情况

□加强法律法规的保障

8、政府是否出台相关政策保护留守妇女的健康权？

□有　　□没有

9、面对众多的留守妇女权益侵害案件，是否向上级主管部门反映并商讨解决办法？

□有　　□没有

10、在解决留守妇女权益受侵害的案件时，遇到的瓶颈是什么？

11、面对留守妇女权益受到侵害，认为社会应该怎么来解决？

12、留守妇女权益遭到侵害的最普遍情况是什么？

13、未来加强留守妇女健康权保护的措施有哪些？

附件二：

湘潭大学法学院暑期社会实践团

——农村留守妇女健康权保护的困境与对策调查问卷

（单位填写）

尊敬的______________妇联：

您好，我们是湘潭大学法学院的学生，现在正在进行一项“农村留守妇女健康权保护的困境与对策”的暑期社会实践调查活动。旨在了解农村留守妇女健康权保护面临的主要障碍，并据此来提出对策与建议，为保障农村留守妇女的健康问题提供理论依据。

此问卷仅限于学术研究，采取不记名形式。如果您有时间，希望您能积极参与并请实事求是地予以回答。我们将本着专业精神承诺：在调查过程中严格保守秘密，不向任何第三方透露被调查单位的任何非公开信息，不将被调查单位的答卷信息用于本次调查以外的任何目的。请您在符合贵单位情况的序号或者序号下的“□”上画“√”。谢谢您的合作！同时对您提供的热忱帮助表示由衷的感谢！

1、是否有向本地区留守妇女宣传过妇女权利保护的法律、法规和政策？

□有　　　　□没有

2、是否了解留守妇女健康状况？

□了解　　　　□不了解

3、留守妇女在受到侵害后是否到妇联申请维护自身权益？

□很少　　　　□偶尔　　　　□经常

4、留守妇女权益遭到侵害常见案件是？

□经济纠纷类　　　　□自身健康类

5、接到留守妇女健康权益遭到侵害案件后的反应是？

□派专人协调及了解情况　　　　□让妇女直接找相关司法机关办理

6、对于留守妇女的心理问题，通常怎么解决？

□将留守妇女组织来开展活动　□心理问题严重的找咨询师开导

□丰富留守妇女的日常生活

7、如何保护妇女的健康权益？

□提高妇女福利待遇　　　　□向妇女宣传相关的政策法规

□向妇女讲解如何预防侵害及遭到侵害后的救助办法

8、应加强哪种力度来保障留守妇女的身心不受侵害？（可多选）

□国家政策要更为严厉　　□向留守妇女宣传如何保护自己

□加强农民的法律意识　　□健全现有社会经济制度

9、应加强哪种力度来保障留守妇女的身心不受侵害？（可多选）

□国家制度建设　　□留守妇女自我保护意识提高

□农村基层组织完善

10、未来加强留守妇女健康权保护的措施有哪些？

附件三：湘潭大学法学院暑期社会实践团

——农村留守妇女健康权保护的困境与对策调查问卷

（单位填写）

尊敬的______________社会保障局：

您好，我们是湘潭大学法学院的学生，现在正在进行一项“农村留守妇女健康权保护的困境与对策”的暑期社会实践调查活动。旨在了解农村留守妇女健康权保护面临的主要障碍，并据此来提出对策与建议，为保障农村留守妇女的健康问题提供理论依据。

此问卷仅限于学术研究，采取不记名形式。如果您有时间，希望您能积极参与并请实事求是地予以回答。我们将本着专业精神承诺：在调查过程中严格保守秘密，不向任何第三方透露被调查单位的任何非公开信息，不将被调查单位的答卷信息用于本次调查以外的任何目的。请您在符合贵单位情况的序号或者序号下的“□”上画“√”。谢谢您的合作！同时对您提供的热忱帮助表示由衷的感谢！

1、国家政策规定对妇女的社会保障有哪些？

2、国家是否有对留守妇女权益保护的特别保障政策？

□有　　□没有

3、留守妇女健康权保障机制有哪些？

4、留守妇女在身体遇到伤害时，贵部门是否能提供救济措施？

□能　　　　　　　　□不能

5、贵部门受理的留守妇女申请权益保障的典型案例是什么类型？

6、留守妇女在权益受侵害时寻求贵部门保障的情况？

□很少　　　　　　　□偶尔　　　　　　　□经常

7、未来加强留守妇女健康权保护的措施有哪些？

附件四：

湘潭大学法学院暑期社会实践团

——农村留守妇女健康权保护的困境与对策调查问卷

（医院填写）

尊敬的______________医院：

您好，我们是湘潭大学法学院的学生，现在正在进行一项“农村留守妇女健康权保护的困境与对策”的暑期社会实践调查活动。旨在了解农村留守妇女健康权保护面临的主要障碍，并据此来提出对策与建议，为保障农村留守妇女的健康问题提供理论依据。

此问卷仅限于学术研究，采取不记名形式。如果您有时间，希望您能积极参与并请实事求是地予以回答。我们将本着专业精神承诺：在调查过程中严格保守秘密，不向任何第三方透露被调查单位的任何非公开信息，不将被调查单位的答卷信息用于本次调查以外的任何目的。请您在符合贵单位情况的序号或者序号下的“□”上画“√”。谢谢您的合作！同时对您提供的热忱帮助表示由衷的感谢！

湘潭大学“农村留守妇女健康权保护的困境与对策研究课题组”

联系电话：1397322××××　1517323××××

负 责 人：

1．今年来就医的留守妇女数量占普通妇女的比重多不多？

□多（具体说明）　　　　　□少

2．就诊的留守妇女相比于普通妇女的诊治情况如何？

□好　　　　　□差

3．医院是否有为留守妇女免费或补贴查病、查孕和治病的服务项目？

□有　　　　　□没有

4、对查出有疾病的留守妇女，医院是否有集中治疗和预防的服务？

□有　　　　　□没有

5．请问贵医院对于留守妇女就医问题是否有优惠政策？

□有（具体说明）　　　　　□没有

6、对患有疾病的留守妇女诊治后医院是否有跟踪和随访服务？

□有　　　　　□没有

7、医院未来加强留守妇女健康权保护的措施有哪些？

附件五：

湘潭大学法学院暑期社会实践团

——关于农村留守妇女健康权保护的困境与对策调查问卷

（卫生部门填写）

尊敬的__________卫生部门：

您好，我们是湘潭大学法学院的学生，现在正在进行一项“农村留守妇女健康权保护的困境与对策”的暑期社会实践调查活动。旨在了解农村留守妇女健康权保护面临的主要障碍，并据此来提出对策与建议，为保障农村留守妇女的健康问题提供理论依据。

此问卷仅限于学术研究，采取不记名形式。如果您有时间，希望您能积极参与并请实事求是地予以回答。我们将本着专业精神承诺：在调查过程中严格保守秘密，不向任何第三方透露被调查单位的任何非公开信息，不将被调查单位的答卷信息用于本次调查以外的任何目的。请您在符合贵单位情况的序号或者序号下的“□”上画“√”。谢谢您的合作！同时对您提供的热忱帮助表示由衷的感谢！

湘潭大学“农村留守妇女健康权保护的困境与对策研究课题组”
联系电话：1397322××××　　1517323××××
负 责 人：

1、贵单位有无对农村留守妇女健康权保护出台相关指导性文件？
□有（具体说明）　　　　　　　　□无
2、贵单位所辖行政区域农村留守妇女通常会遇到哪些健康权危害？
3、针对农村留守妇女健康权屡遭侵害的现象，贵单位是否有所行动？
□有（具体说明）　　　　　　　　□无
4、针对农村留守妇女传染病防治方面，贵单位有哪些举措？

5、贵单位在留守妇女健康权保护方面采取了哪些政策措施？

6、对相关医院在农村留守妇女健康权保护方面采取的特殊举措是否进行考评和指导？请具体说明？

附件六：

湘潭大学法学院暑期社会实践团

——关于农村留守妇女健康权保护的困境与对策调查问卷

（民政部门填写）

尊敬的________________：

您好，我们是湘潭大学法学院的学生，现在正在进行一项“农村留守妇女健康权保护的困境与对策”的暑期社会实践调查活动。旨在了解农村留守妇女健康权保护面临的主要障碍，并据此来提出对策与建议，为保障农村留守妇女的健康问题提供理论依据。

此问卷仅限于学术研究，采取不记名形式。如果您有时间，希望您能积极参与并请实事求是地予以回答。我们将本着专业精神承诺：在调查过程中严格保守秘密，不向任何第三方透露被调查单位的任何非公开信息，不将被调查单位的答卷信息用于本次调查以外的任何目的。请您在符合贵单位情况的序号或者序号下的“□”上画“√”。谢谢您的合作！同时对您提供的热忱帮助表示由衷的感谢！

湘潭大学“农村留守妇女健康权保护的困境与对策研究课题组”
联系电话：1397322××××　1517323××××
负 责 人：

1、贵单位对所辖行政区域农村留守妇女是否有过详细统计？
□有（具体说明）　　□无
2、贵单位是否意识到农村留守妇女健康权屡遭侵犯的问题？
□有（具体说明）　　□无
3、贵单位是否有对农村留守妇女健康权保护的相关指导性文件？
□有（具体说明）　　□无
4、贵单位目前的五保、低保对象中，是否对农村留守妇女有所倾斜？
□有（具体说明）　　□无
5、贵单位针所了解的农村留守妇女离婚率高的原因有哪些？
6、贵单位觉得是否有必要把农村留守妇女健康权保护纳入长期民政规划？
□有（具体说明）　　□无

附件七：

湘潭大学法学院暑期社会实践团

——农村留守妇女健康权保护的困境与对策调查问卷

（妇女填写）

妇女朋友：

您好！

我们是湘潭大学的学生，现在正在进行留守妇女健康权保护的研究课题，希望得到您的理解与支持！我们将向您了解一些基本的情况，希望您能帮助我们完成这份问卷，问卷采取匿名的方式，问卷结果仅限于研究使用，不会对您个人和您的家庭造成影响！在填写问卷时，请您在符合您情况的选项上打“√”，如果没有特殊要求，每道题只选一个答案。

湘潭大学调研组

1、您的身体状况怎么样？

A、很好，基本不生什么病　　B、一般，偶尔有些小病

C、不太好，经常生病　　D、很不好，需要人照料

2、在生病的时候，一般是哪些人照顾您？

A、一般不生病，所以没有这个问题　　B、没人照料，只有自己照顾自己

C、公婆，丈夫家的兄弟姐妹　　D、娘家人

E、自己的好朋友　　F、其他

3、当您的权益受到侵犯时（如遭受性侵、恐吓、盗窃等），你会如何救济自己的权利？

A、到公安局报案　　B、到妇联投诉

C、找亲友帮忙　　D、忍气吞声，不说

4、您丈夫多长时间回家一次？

A、没有回来过　　B、每周一次

C、两三周一次　　D、每月一次

E、两三个月一次　　F、半年一次

G、每年一次　　H、一年以上

I、说不定，没有规律

5、您最希望政府部门在哪些方面给你提供帮助？

A、提供资金支持，帮助发展经济

B、解决好当地的治安问题

C、组织劳务输出，保证丈夫能有一个稳定的工作

D、发展当地经济，丈夫在家乡也可以一样的赚钱，不用外出打工

E、提供农业技术支持

F、其他

6、您对自身健康最关心的是什么？

7、你希望政府给予你们怎样的帮助和支持？

8、你们了解自己有哪些正当权利吗？如果受到侵犯知道怎么救济吗？

附件八：

到各单位所需收集的资料

一、卫生部门

1、农村卫生工作的发展规划和有关政策；全区农村卫生服务体系建设的资料；农村卫生现状的资料；农村卫生的政策措施、发展规划、标准规范和社区卫生服务体系建设的资料。

2、关于疾病预防、妇幼保健和职业病管理的资料。

3、关于留守妇女健康权保护的政策与措施。

二、民政部门

1、关于农村居民最低生活保障、医疗救助、临时救助制度；农村社会救助体系建设工作的资料。

2、关于农村留守妇女的婚姻登记情况，留守妇女的离婚率情况。

3、关于农村孤寡老人、孤儿等特殊群体权益保护的资料。

4、关于留守妇女的最低生活保障、医疗救助、社会救助的资料。

5、关于留守妇女健康权保护的政策与措施。

三、社会保障部门

1、关于留守妇女的社会保障方针政策和社会保障福利发放情况

2、统筹城乡的就业发展规划和政策，和对农村妇女就业援助制度的资料。

3、农村留守妇女的社会保障的资料。

4、关于留守妇女健康权保护的政策与措施。

四、妇联

1、承诺留守妇女投诉的情况，典型案例，案件处理情况。

2、为受农村害留守妇女提供法律援助的情况。

3、关于承诺留守妇女工作的困境和所需要的帮助。

4、关于留守妇女健康权保护的政策与措施。

五、乡镇医院

1、农村留守妇女就医情况、康复情况资料。

2、农村留守妇女疾病分类情况资料。

3、农村留守妇女医疗费用支付情况。

4、关于留守妇女健康权保护的政策与措施。

附件九：
访谈提纲

一 、卫生部门

1、贵部门有关妇女卫生保健出台了哪些政策措施？

2、在解决农村留守妇女健康权方面，有没有特殊倾斜性？是否考虑应该给予适当倾斜？

3、面对农村留守妇女普遍性疾病，贵部应该怎么解决？

4、请问目前农村留守妇女的健康状况如何？

5、关于农村留守妇女健康权保护的未来将采取哪些政策与措施？

二、民政部门

1、您认为民政部门在保护留守妇女健康权方面应该担负起一种怎样的社会责任？

2、保护留守妇女健康权的制度障碍有哪些？

3、农村留守妇女的婚姻状况如何？离婚率是否高于普通妇女？

4、农村留守妇女的最低生活保障、医疗救助、临时社会救助的情况如何？

5、关于农村留守妇女健康权保护的未来将采取哪些政策与措施？

三、社会保障部门

1、贵部门对留守妇女有什么样的保障措施？

2、您认为贵部门在保护农村留守妇女健康权方面可以出台哪些政策措施？诸如制度建设，整合哪些组织资源。

3、您希望上级政府或职能部门在留守妇女工作上给予怎样的帮助？

4、关于农村留守妇女健康权保护的未来将采取哪些政策与措施？

四、妇联

1、是否向留守妇女宣传过保护其不受侵害的法律、法规？

2、关于留守妇女遭受家暴或者被强奸的案件发生率有多少？

3、一般在接到关于留守妇女相关的申诉后是怎么解决的？

4、处理留守妇女工作面临的最大难题是什么？

5、关于农村留守妇女健康权保护的未来将采取哪些政策与措施？

五、人民政府

1、请问国家关于保护留守妇女权益的政策有哪些？

2、您认为各级政府在保护留守妇女健康权的职责是什么？

3、您认为留守妇女健康权的保护机制有哪些不足之处？

4、关于农村留守妇女健康权保护的未来将采取哪些政策与措施？

六、乡镇医院

1、请介绍农村留守妇女就医的基本情况？

2、请问贵医院对于留守妇女就医问题是否有优惠政策？

3、留守妇女患病几率是否高于普通妇女？是否有相关方面的统计？

4、关于农村留守妇女健康权保护的未来将采取哪些政策与措施？

七、农村留守妇女

1、年龄、家庭成员？

2、家庭主要生活来源？

3、丈夫每年的回家次数？

4、您认为目前这样的分居生活对家庭关系有什么影响？

5、遭到权益受侵犯时会选择什么样的方式去解决？

6、如今家庭面临的最大的难题？

7、希望国家能给予怎样的帮助？

第五篇　湖南省出口企业对外贸易纠纷及其解决方式调研报告*

引言

（一）研究背景

出口贸易在我国对外贸易战略中始终处于主导的地位，具有不可替代的作用，它不仅是我国对外贸易的关键所在，更关系到我国对外开放的前途问题。这些年来我国坚持以出口贸易为先导，以此带动了进口贸易，推动了对外开放，促进了国民经济增长。湖南省也紧跟国家对外贸易发展的脚步，不仅政府注重发展外向型经济，企业发展对外贸易的热情也很高。然而，随着湖南省外贸的快速发展，近几年来，湖南对外贸易摩擦频发，呈现常态化趋势，对全省外贸和产业的影响越来越大。湖南贸易争端案件涉案金额占出口额的比重居全国各省市区之首。湖南出口贸易争端的频繁与激增，迫切需要加强对出口贸易争端法律救济机制的研究，以有效化解贸易争端，保障湖南经济社会的健康发展。① 通过对湖南省出口企业近几年对外贸易发展情况和贸易纠纷增长趋势进行实地考察来研究湖南省出口企业对外贸易纠纷及其解决方式具有重要的现实意义。

---

* 本调研报告源于蔡高强教授主持的湖南省软科学重点项目“湖南省出口企业对外贸易争端及解决模式研究”。由蔡高强教授担任指导教师，刘玉冰任调研团长，张正娇、宋雅馨、文禹衡、刘功奇、钟婷、冷冰然等同学组成的2013年湘潭大学暑期调研团全体成员共同完成。

① 石传玉、王亚菲、王可：《我国对外贸易与经济增长关系的实证分析》，载《南开经济研究》2003年第1期。

为此，2013年8月15日至16日，湘潭大学法学院·知识产权学院博士生导师蔡高强教授率湖南省出口企业对外贸易纠纷调研团在湖南省长沙市及湘潭市进行了实地考察调研。在调研过程中，团队主要围绕湖南省出口贸易的纠纷类型、纠纷涉及的主要产品、地域分布和解决纠纷时面临的问题与相关的应对对策进行实地调查和走访，并搜集了近几年的主要案例。通过对相关负责人进行访谈、对公司员工等进行问卷调查、查阅公司的相关数据资料等一系列的调研活动，收集到了大量的数据资料，了解了出口贸易纠纷的现状，具体包括产生贸易纠纷的产品类型、分布区域、产生的原因及解决方式、主要案例、未来面临的问题与主要质量标准与认证体系、因质量标准差异产生贸易纠纷的情形及解决形式、主要案例、标准国际化面临的问题与对策等对外贸易信息。[①] 本次调研从湖南省出口贸易争端日趋增加的现实出发，以实地考察和案例分析为基础，全面了解湖南出口企业面临的对外贸易纠纷类型、特点、产生和发展的基本状况，分析近5年来湖南出口企业应对和解决对外贸易纠纷的方法、路径和救济方式，探讨湖南出口贸易纠纷解决的基本方式，并论述这些基本方式的特点、现实运行状况以及缺陷和不足。[②] 调研力图揭示出口贸易纠纷对企业合法权益的损害及对湖南经济社会发展的影响，分析近5年来湖南出口企业在面临对外贸易纠纷时寻求国内救济和处理对外贸易纠纷的方法、路径和救济方式。此次调研的主要目标是为湖南出口企业解决对外贸易纠纷提出具体应对措施，维护企业合法权益，实现湖南出口贸易的正常化和规范化，保障湖南“四化两型”建设和“十二五”时期经济社会发展目标的实现。

（二）调研方法

此次调研对象为湖南省商务厅、湘潭市质监局等行政职能部门，以及湘电集团有限公司等湖南的主要出口企业。

此次我们采用实地调查和统计分析相结合的研究方法，并采用了结构式访谈、面对面问卷调查和统计分析相结合的资料收集方法。同时，调研组成员不仅与相关部门做好了调研的前期协调工作，而且已收集有关国际贸易制度方面的论文和案例资料百余件，并能随时从LexisNexis、Westlaw等法律网站获取该课题研

① 黄大中：《我国对外贸易的特点》，载《中国统计》2003年第4期。

② 尹晓波：《经济增长应注意贸易平衡》，载《对外经贸实务》2003年第3期。

究的最新资料。在整个调查过程中，调研组共发放调查问卷50份，收回有效问卷49份，并用SPSS对问卷进行一定的统计分析，与20余位相关人员进行了深入的访谈、交流。

一、湖南省出口贸易发展现状

近年来，随着我省开放型经济战略的推进和外贸经济的快速发展，湖南省的进出口贸易增幅明显[①]，外贸规模扩大的步伐逐步加快，不断创造新纪录。以2013年为例，从总体上来说，据湖南省商务厅对外贸易发展处的最新数据显示，2013年1－8月，全省累计进出口149.19亿美元，同比增长16%，比全国水平高7.7%。其中出口87.98亿美元，同比增长25.2%，比全国水平高16%；进口61.21亿美元，同比增长4.9%，比全国水平低2.4%；8月当月，全省累计进出口21.16亿美元，同比增长31.5%，环比下降1.2%。其中出口12.16亿美元，同比增长47.8%，环比下降13%；进口9亿美元，同比增长14.5%，环比增长21.2%[②]；同时湖南出口贸易呈现出以下特点：

（一）对香港、欧盟、美国等主要市场出口保持平稳，对东盟出口2013年来首次实现增长。2013年1－8月，湖南省对香港出口19.08亿美元，同比增长54%，占全省出口的21.7%；对欧盟出口10.91亿美元，同比增长46%，占全省出口的12.4%；对美国出口9.2亿美元，同比增长28.7%，占全省出口的10.5%。对东盟出口11.95亿美元，同比增长1%，系2013年来的首次同比增长。其他主要出口市场中，对非洲、拉美、中东、俄东出口增幅在12%－49.8%不等，对日本和韩国则出现16.7%和11.1%的同比降幅。进口方面，我省资源类产品的主要进口来源地，如南非、巴西、秘鲁、澳大利亚、俄罗斯等数据均保持增长，增幅均在9%以上，而以机电、高新技术类产品为主的进口来源地大多出现降幅，如日本和欧盟，降幅分别为53.1%和12.2%。

（二）电子电器类产品、劳动密集型产品和部分有色金属产品增长较快，汽车和汽车底盘进口大幅下滑拖累全省进口。2013年1－8月，湖南省机电产品出口35.53亿美元，同比增长14.3%，机电产品中，受手机零部件带动，电子电

① 董秘刚：《我国对外贸易与经济增长相关性分析》，载《外贸经济》2001年第2期。

② 参见对外贸易发展处：《2013年1－8月全省外贸运行情况分析》，http：//www. hunancom. gov. cn/swdy/426144. htm，最后访问时间2013年11月3日。

器类产品出口增速达到50.9%。劳动密集型产品中，服装、陶瓷、鞋类、烟花爆竹、纺织品、箱包、打火机等合计出口18.9亿美元，大幅增长70.2%，占同期全省出口总值的21.5%，除打火机小幅下滑1.1%外，其余商品均不同程度增长。有色金属产品出口7.24亿美元，同比增长47.6%，其中未锻造银和未锻造锰出口增速分别达到76.8%和205.2%。其他主要出口商品中，高新技术产品出口增长23.6%，农产品出口增长23.4%，钢材出口下降21.9%。进口方面，我省机电产品进口20.06亿美元，同比下降13.9%，其中汽车和汽车底盘进口3.14亿美元，同比下降65.8%。铁矿砂共进口16.58亿美元，同比增长21.2%。

（三）一般贸易出口额、加工贸易进口额快速增长。2013年1－8月，湖南省一般贸易进出口111.03亿美元，增长14.9%，占同期全省进出口总额的74.4%，其中出口65.86亿美元，增长34.4%；进口45.17亿美元，下降5.2%。同期，加工贸易进出口35.76亿美元，增长20.3%，占24%，其中出口21.58亿美元，增长5.9%；进口14.18亿美元，增长51.6%。

（四）民营企业对全省出口的拉动作用进一步加强。2013年1－8月，湖南省民营企业进出口67亿美元，增长41.5%，占同期全省进出口总额的45%。民营企业出口52.21亿美元，大幅增长73.8%，占同期全省出口总额的59.5%。此外，三资企业进出口41.58亿美元，增长6.9%，占27.9%；国有企业进出口37.62亿美元，下降7.3%，占25.1%。

综上所述，进出口贸易已经成为拉动湖南经济增长的重要动力之一，对维护湖南经济运行安全有重要意义。①

二、湖南省出口企业对外贸易纠纷类型

（一）对外贸易纠纷及其类型

目前我国关于国际贸易纠纷及其类型的文章较少，但有人认为在国际贸易领域，一般来说，国际贸易争端、国际贸易纠纷、国际贸易争议、国际贸易战等这几个概念在学术著作中都在混用，没有根本性的区别。② 他们只是从争执和矛盾

① 参见湖南省商务厅 http：//www. hunancom. gov. cn/swdy，最后访问时间：2013年11月3日。
② 张金海：《国际贸易摩擦中的法律问题与对策研究》，中南大学2007年硕士毕业论文。

的不同主体、不同程度等角度来反映国际贸易纠纷。因此，出口企业对外贸易纠纷是指出口企业遭遇的在国际贸易领域内的争端与矛盾，由于出口贸易的复杂性及其对一国经济的重要性，出口企业更易遭遇贸易纠纷，同时其争执不下与难以解决的程度相对于其他经济纠纷或法律纠纷也更为甚之，对于出口企业和宏观经济发展的影响也较为深远。

那么，对外贸易纠纷到底有哪些类型呢？大多数学者是从贸易摩擦的角度研究国际贸易纠纷的类型的，尹翔硕、李春顶、孙磊在《国际贸易摩擦的类型、原因、效应及化解途径》一文中对贸易摩擦的类型做了一个文献综述，尹翔硕其后将该文提到的文献中提出的贸易摩擦形式和类型都归纳在了下表中：

表 1：国内外文献对国际贸易摩擦的不同分类①

国外文献		国内文献	
传统类型	现代类型	基本类型	独到分类
(1) 关税 (Johnson，1954)；(2) 配额、自愿和强制性出口管制、其他非关税措施等 (Stern，1973)	(1) 技术性措施 (Sturm，2006)；(2) SPS (Kastner 和 Powell，2002)；(3) 国内垄断性措施 (Baron，1997)；(4) 保障和反补贴措施、301 和特别 301 条款、TBR、TABD (Sherman 和 Eliasson，2006)	(1) 陈立鹏，2006：反倾销、反补贴、保障措施、特保措施和 242 措施、337 调查、SPS；(2) 鞠真，2005：反倾销摩擦、知识产权摩擦、服务贸易领域摩擦、汇率方面摩擦	(1) 尹翔硕，2006：比较优势领域摩擦、比较劣势领域摩擦；(2) 王雪峰、王平利，2005：显性贸易摩擦、隐性贸易摩擦；(3) 赵瑾，2002：微观摩擦、宏观摩擦、投资摩擦、制度摩擦、技术性贸易摩擦

而杨勇，蒋应铨，刘柯主编的《贸易纠纷与争端解决》一书中在分析贸易纠纷案例时，则是从十七个角度对不同国际贸易纠纷类型的案例进行了介绍，他们分别是：一、最惠国待遇方面的纠纷；二、国民待遇方面的纠纷；三、反倾销方面的纠纷；四、补贴与反补贴措施方面的纠纷；五、保障措施方面的纠纷；六、农产品贸易方面的纠纷；七、纺织品和服装贸易方面的纠纷；八、知识产权

① 尹翔硕：《国际贸易摩擦的类型、原因、效应及化解途径——一个文献综述》. http：//www. econ. fudan. edu. cn/ teacherblogfjdetail. php？id＝605，最后访问时间 2013 年 11 月 3 日。

方面的纠纷；九、与贸易有关的投资措施方面的纠纷；十、卫生检疫措施方面的纠纷；十一、一般例外和安全例外方面的纠纷；十二、中日农产品贸易纠纷；十三、贸易执行合同方面的纠纷；十四、产品质量方面的贸易纠纷；十五、商标方面的贸易纠纷；十六、一起变理赔为胜诉的贸易纠纷；十七、一起索赔贸易纠纷。[①] 可见，划分对外贸易纠纷类型是个仁者见仁智者见智的问题。

（二）湖南省对外贸易纠纷类型概况

由于经济发展水平、区位优势和产业结构等方面的差异，我国各省的对外贸易水平也有很大差异，通过此次调研我们了解到我省外向型经济发展水平与沿海省市相比虽然还不高，但纵向比较还是取得了较快的发展。其具体表现在：出口贸易总量发展迅速、出口贸易结构不断优化、工业制成品和高新技术产品出口占总出口的比重不断提高。[②] 同时伴随出口总量的提高，贸易纠纷也有所增加。根据湖南省商务厅世界贸易组织处发布的“2011－2012年湖南贸易摩擦案件情况”，仅2011年和2012年两年，我省就遭到了来自加拿大、巴基斯坦、泰国、美国、欧盟、印度、墨西哥、巴西、秘鲁、日本等国家和地区针对我省输加油管短节、铝型材、铜纸板、柠檬酸、应用级风塔、日用陶瓷、电子绝缘管、鞋类、铝挤压型材、无缝管、服装及配饰、陶瓷餐具、电解二氧化锰产品等出口产品发起的反倾销、反补贴或双反调查。这些调查，有些是针对全国发起，有些是针对我省某些出口企业发起。其中，涉案企业包括湖南衡阳钢管集团、湖南经阁铝业、华天铝业有限公司、湖南湘江纸业有限公司、湖南洞庭柠檬酸化学有限公司、湘潭电机有限公司、湖南华联瓷业、醴陵华鑫电瓷科技股份有限公司、衡阳荣阳鞋业、耒阳市南阳鞋业、长沙湘联科技有限公司、长沙凯西进出口公司、湖南同享工艺品进出口公司、湖南金辉节能门窗幕墙有限公司、湖南瑞联进出口公司、湖南省泰时进出口有限公司、醴陵市湖南泉湘公司、醴陵陶润公司、醴陵佳盈公司、醴陵市楚华公司等众多出口企业。[③] 这还仅仅是反倾销、反补贴方面的贸易纠纷，加上大量出口企业遭遇的众多无法精确统计的技术性贸易壁垒、三一重工等企业遭遇的知识产权贸易壁垒、各种新型贸易壁垒如动物福利壁垒、劳工

① 杨勇、蒋应铨、刘柯：《贸易纠纷与争端解决》，四川大学出版社2003年版，第21页。

② 李青阳、曹康：《湖南省出口贸易：现状·问题·对策》，载《科技经济市场》2006年第10期。

③ 参见世界贸易组织处：《2011－2012年湖南贸易摩擦案件情况》，http：//smc. hunancom. gov. cn/ajtj/404756. htm，最后访问时间2013年11月19日。

标准壁垒、环境壁垒以及常见的贸易合同方面的纠纷。这些都足以说明我省对外贸易纠纷都是呈增加趋势，而且涉及的行业范围不断扩大，造成的损害逐年增加且难以估量，应对难度加大。

从全省出口的地域来看，长株潭地区是受国外贸易壁垒危害最严重的区域。长株潭地区一直是湖南出口的重点地区，2008 年长株潭地区出口额为 53.06 亿美元，占湖南省出口总额的 63.09%，但本次调查显示长株潭地区出口造成的贸易利益损失占全省总损失的比重却达到了 80.9%，是受国外贸易壁垒危害最严重的区域；其次是衡阳，占 12.61%。[①] 以上反倾销、反补贴调查的涉案地区也主要集中在长株潭、衡阳、张家界、湘西、岳阳等市州，因此造成出口损失的产品类别和出口地域也比较集中。

从全省出口结构来看，出口方面，我省机电产品出口增长 42.7%，占同期全省出口的 40.4%，较上年提高 4.4%。主要劳动密集型产品中，烟花爆竹、服装、日用陶瓷、纺织品、鞋类、打火机、箱包等均保持增长，上述商品约占全省出口的 15%。"两高一资"类商品整体低迷，其中钢材、未锻造锑下降 17.4% 和 34.3%，未锻造银增长 4.8%。[②] 这些数据反映出我省的出口贸易现状可谓喜忧参半，可喜的是我省进出口商品多元化的趋势进一步明显，堪忧的是我省的优势行业集中在机电产品，而这也是招致反倾销、反补贴调查以及技术性贸易壁垒和知识产权贸易壁垒的高危行业，导致国外贸易壁垒对湖南出口优势产品造成的损失巨大；劳动密集型产品占出口比重也很大且集中在传统中低档行业，这些产品低附加值、低技术含量的劣势，使其往往难以满足国际市场的消费需求，很容易遭遇技术性贸易壁垒或者在产品质量方面产生纠纷；而"两高一资"类商品整体低迷说明我省该类出口贸易已经受到双反调查以及国际经济形势的不利影响；由于全球金融危机对出口市场的消极影响，加上出口企业外贸经验不足，法律风险意识薄弱，我省出口企业容易遭遇贸易执行合同方面的纠纷。根据调研，我们发现我省对外贸易纠纷主要集中于技术性贸易壁垒引起的纠纷、贸易合同执行方面的纠纷以及救济措施引起的纠纷和知识产权有关的贸易纠纷等四种贸易纠纷类型。

---

① 参见湖南省商务厅：《近几年我省遭遇国外贸易壁垒情况调研报告》，http：//www. hunancom. gov. cn/swdy/ 193194. htm，最后访问时间 2013 年 11 月 19 日。

② 参见对外贸易发展处：《2012 年全省外贸进出口情况分析》，http：//www. hunancom. gov. cn/ swdy/373294. htm，最后访问时间 2013 年 11 月 2 日。

三、湖南省对外贸易纠纷的现状

出口贸易在我国对外贸易战略中始终处于主导的地位，具有不可替代的作用，它不仅是我国对外贸易的关键所在，更关系到我国对外开放的前途问题。这些年来我国坚持以出口贸易为先导，以此带动了进口贸易，推动了对外开放，促进了国民经济增长。湖南省也紧跟国家对外贸易发展的脚步，政府注重发展外向型经济，企业发展对外贸易的热情很高，湖南省出口贸易发展势头较好。但调研结果也显示近年来随着我省出口企业对外贸易的扩大，随之而来的还有国际贸易纠纷的增多。因此，只有了解我省出口企业对外贸易纠纷的主要类型和该类纠纷发生的原因以及各种纠纷类型的特征，才能“对症下药”“各个击破”，更好地解决我省出口企业的对外贸易纠纷。

（一）技术性贸易壁垒引起的纠纷

调查显示，我省出口企业遭遇的贸易壁垒主要表现为关税壁垒、通关环节、进口限制、技术性贸易壁垒、反倾销调查、反补贴调查、知识产权壁垒、劳工标准壁垒、国外环境壁垒以及其他壁垒。① 而在这些贸易壁垒中，又以技术性贸易壁垒最为隐蔽也最为常见，其带来的损失也最为巨大。

1、我省技术性贸易壁垒纠纷现状

技术性贸易壁垒是指一国违反《TBT 协议》有关原则，通过颁布法律、法令、条例，建立技术标准、认证制度、检验检疫制度等方式，对外国进口商品制定苛刻繁琐的技术、卫生检疫、商品包装和标签等标准，从而提高进口产品的技术要求，增加进口难度，最终达到限制进口保护国内市场的目的。由于技术性贸易壁垒大多以技术面目出现，因此常常会披上合法外衣，并成为当今国际贸易中最为隐蔽、最难对付的贸易壁垒形式，也是中国外贸出口面临的最大障碍。据有关部门统计，目前技术性贸易措施已经取代反倾销，成为中国出口面临的第一大

---

① 参见对外贸易发展处：《2012 年全省外贸进出口情况分析》，http：//www. hunancom. gov. cn/swdy/373294. htm，最后访问时间 2013 年 11 月 2 日。

非关税壁垒。[①] 调查表明，国外设置技术性贸易壁垒给湖南出口也带来了较严重的影响，受技术性贸易壁垒影响的产品类别达到了 13 大类，是调查的贸易壁垒中影响出口产品类别最多的一项，其既影响湖南的初级产品出口，也影响制成品的出口，给湖南出口企业造成的总损失为 5913.21 万美元，占全省总损失的 6.22%，尤其对第六类和第十五类造成的总损失最大。有 2.17% 的公司因未满足进口国（地区）的技术法规（主要是美国 FDA 法规，欧盟 REACH 法规等）而遭受损失，4.8% 的公司因未满足进口国（地区）的产品标准（主要是 FDA、GMP、EMC、CEP、EN420 等）而遭受损失，1.4% 的公司出口产品时因未满足进口国（地区）的合格评定程序要求而遭受损失。[②]

2、我省技术性贸易壁垒纠纷特征

（1）我省遭遇的技术性贸易壁垒纠纷主要集中在中低档类传统产品

通过此次调研我们了解到，我省劳动密集型产品出口增长较快，2013 年 1 - 8 月，我省劳动密集型产品中，服装、陶瓷、鞋类、烟花爆竹、纺织品、箱包、打火机等合计出口 18.9 亿美元，大幅增长 70.2%，占同期全省出口总值的 21.5%。[③] 可见，我省出口中劳动密集型产品仍占较大比重。调研发现，我省劳动密集型产品容易遭遇技术性贸易壁垒纠纷，并主要集中在中低档类传统产品，如天然蜂蜜、食品、斑点叉尾鮰、氧化铝、化学工业及相关产品、箱包、五金模具、劳保手套、工艺包、强化地板、竹筷、日用瓷、钨铁、建筑机械、混凝土机械、电器、打火机[④]等。由于这些出口商品以初级、低附加值的产品为主，即使是制成品，其质量、技术和工艺水平也较低，难以满足国际市场要求，加上欧美等发达国家相继提高进口产品的技术、卫生检疫、商品包装和标签等标准，我省中低档传统产品竞争能力弱，更容易和更频繁遭受技术性贸易壁垒。例如，在烟花爆竹行业，近年来，全球烟花爆竹的消费量每年以 20% 的速度增长。烟花爆竹产品的安全性备受关注。英国、美国、加拿大、欧盟等国家与地区制定了烟花爆竹产品标准……由于国外条例繁杂、要求苛刻以及标准制定不透明等因素，我

---

① 童锡林：《中国外贸出口企业面临的三大主要贸易壁垒》，载《经济研究导刊》2012 年第 36 期。

② 参见湖南省商务厅：《近几年我省遭遇国外贸易壁垒情况调研报告》，http：//www. hunancom. gov. cn/swdy/ 193194. htm，最后访问时间 2013 年 11 月 3 日。

③ 参见对外贸易发展处：《2013 年 1 - 8 月全省外贸运行情况分析》，http：//www. hunancom. gov. cn/swdy/426144. htm，最后访问时间 2013 年 11 月 3 日。

④ 参见湖南省商务厅：《近几年我省遭遇国外贸易壁垒情况调研报告》，http：//www. hunancom. gov. cn/swdy/ 193194. htm，最后访问时间 2013 年 11 月 3 日。

国烟花行业在遭遇技术壁垒时常处于弱势地位。如前几年曾经发生在荷兰、丹麦的烟花爆炸事件，一开始就将责任归咎为我省的烟花生产厂家，后来经过国际权威检测机构的严格检测，均是由于当地工作人员操作不当所致。然而，类似不实的信息一经传播，我省的烟花爆竹出口立马就会受到不利影响。①

（2）我省遭遇的技术性贸易壁垒纠纷主要来自发达国家

目前湖南的主要贸易伙伴是欧美和日本等发达国家，由于这些国家是技术性贸易壁垒的主要发起国和倡导国，因而我省遭遇的技术性贸易壁垒纠纷主要来自这些发达国家，并主要集中在欧盟、美国、日本、印度、加拿大、土耳其、俄罗斯。这些国家实施贸易壁垒对湖南出口造成的损失占湖南出口总损失的83.67%。② 例如，在服装、玩具与农产品方面，我省出口产品易遭遇美国、加拿大、欧盟等国家因不符合其法规规定的阻燃性标准、化学含量标准、人身安全标准而被发出产品预警通报、消费者警告甚至实施召回，湖南省商务厅就多次发布商务动态，提请企业注意避免和减少损失，③ 如2009年8月3日，省商务厅提醒相关出口企业美国童装行业出新规；2010年4月9日，省商务厅提请出口厂家注意避免损失“近日美国CPSC对中国产女款上衣和木质家具实施召回”；2011年12月2日省商务厅提请厂家注意“2011年11月11日欧盟RAPEX对华产品预警通报情况提请我省出口企业关注”；2012年8月28日省商务厅提请厂家注意“欧盟对我国部分产品安全发出警告提请我省有关出口企业关注”；甚至还出现出口产品因不符合当地标准被扣留、废弃与退货的现象。可见，我省传统产品出口企业遭遇技术性贸易壁垒纠纷不仅次数频繁，而且主要来自发达国家。当然，也有来自发展中国家的技术性贸易壁垒，如2009年1月，印度宣布对中国玩具实行为期半年的进口禁令，而后印度政府又宣布放松对中国玩具进口禁令，允许获得全球安全机构认证的中国玩具进入印度市场，必然会波及湖南的玩具出口企业尤其是没有获得全球安全机构认证的企业。

（3）我省出口企业在遭遇技术性贸易壁垒纠纷时难以应对、维权困难

通过调研我们发现，我省出口企业对发达国家市场依赖程度高而对当地法律法规却不甚了解。由于技术性贸易壁垒的隐蔽性和合法性，加上缺乏应对此类纠

---

① 参见曹娴：《烟花出口：有望挣脱“技术壁垒”绳索》，http：//hnrb. voc. com. cn/article/201112/201112212210 529959. html，最后访问时间2013年11月3日。

② 参见湖南省商务厅：《近几年我省遭遇国外贸易壁垒情况调研报告》，http：//www. hunancom. gov. cn/swdy/ 193194. htm，最后访问时间2013年11月3日。

③ 参见湖南省商务厅发布的关于对外贸易的商务动态。

纷的经验，出口企业要么因为进口国（地区）技术性贸易措施审查程序复杂冗长、费用过高而难以应对；要么因为进口国（地区）技术性贸易措施具体要求缺乏可操作性、难以执行和事先不了解而放弃维权；或者因国内行业技术水平不能满足进口国（地区）的要求而无法补救导致损失无法挽回。由于许多国家都出于以保护国家安全利益、保障人类、动物或植物的生命或健康、保护环境、防止欺诈行为、保证产品质量等为目的，认为其采取技术性贸易壁垒的行为具有合法性，协商解决的可能性很小，因此大多数企业难以应对，最后只好采取撤出当地市场和召回产品措施，损失极大且无法挽回，对企业今后的出口也会产生影响，如不增加成本满足当地要求则会彻底失去当地市场。

我省出口企业遭遇技术性贸易壁垒纠纷虽有来自进口国提高技术要求等的外因，但调研表明，更多的是来自内因。比如，有些纠纷是由技术性贸易壁垒引起的，但也有些纠纷是因为我省出口的产品的确存在某些质量问题而引起的，如出口猪肉瘦肉精超标问题。这些质量问题或者是因为企业技术水平较差，或者是因为企业存在侥幸心理，或者是由于我国产品质量与标准法律法规滞后而与发达国家存在存在较大差距，或者是由于我省质量监督与检验检疫制度不完善。随着我省外向型经济的发展，来自发达国家的节能、环保、标准、技术等方面的贸易壁垒也会越来越多。如欧盟 REACH 法规、轮胎标签法等，短时间内，我们将它看成是贸易壁垒，但实际上这些贸易规则并不单单是为了贸易保护，因为它对规则制定国的产品也同样适用。这些规则当我国的产业发展到一定程度时也同样需要的，所以对这些“壁垒”，国内企业更应该主动适应。①

（二）贸易合同执行方面的纠纷

1、我省贸易合同执行纠纷现状

近年来，随着我省企业“走出去”的步伐加快，企业产品出口与对外投资大大增加，每一笔对外贸易意味着一项合同的达成，同时也伴随着合同纠纷的到来。贸易合同纠纷，是指贸易合同当事人之间对合同履行情况和不履行所引起的

① 参见湖南省商务厅世界贸易组织处：《从容应对贸易摩擦》，http：//smc. hunancom. gov. cn/swdt/372974. htm，最后访问时间 2013 年 11 月 5 日。

后果产生的争议①，即贸易合同执行方面的纠纷。近年来，我省出口企业与外国进口商因贸易合同难以执行或者执行不到位引发纠纷甚至遭遇贸易诈骗，导致出口企业损失惨重。比如，浏阳烟花鞭炮企业就因意大利、尼日利亚、南非、委内瑞拉、德国等国烟花贸易进口商拖欠货款而与其发生贸易纠纷，而且在这些案子中，老客户占到了多数。与巴基斯坦、以色列、多哥等新兴市场的贸易合同纠纷也在增加。对外投资方面，与美国、加拿大、阿根廷、伊朗、保加利亚等国际合作的项目在合同的执行方面也产生了一些纠纷导致项目被停止甚至撤回。这些都给出口企业造成难以估量的经济损失。

2、我省贸易合同执行纠纷特征

（1）我省贸易合同纠纷受国际贸易大环境影响较深

自2008年全球金融危机、欧债危机爆发后，占我国出口市场比重60%的主要发达国家经济相继陷入衰退，世界经济低速增长的态势贯穿整个2012年，全球经济复苏整体乏力，2013年国际贸易环境仍旧不容乐观。这不仅导致发达国家进口需求大幅萎缩，我国外贸订单锐减，且部分国外进口企业资信状况也大为受损，出口形势恶化，许多外贸企业急于“找米下锅”，原来以欧美为主要出口市场的企业，也转过头来经营非洲国家等发展中国家的市场。而受金融危机或国内安全局势的影响，这些发展中国家进口商资金实力和合同执行能力并不强。由于我省出口企业对发展中国家缺乏了解，又急于拓展新市场或者寻求新的贸易机会，却对新市场及其相关法规政策缺乏足够了解，套用在发达市场的国际贸易经验，加上缺乏法律风险意识与防范风险能力薄弱，这些都是导致合同执行难的原因。例如，2008年年底以来巴基斯坦进口商普遍资金紧张，信誉度下降，贸易纠纷及贸易欺诈事件显著上升，呈现出案件多、频率高、金额不大的特点。2009年全年我国驻卡拉奇总领馆经商室共接到贸易纠纷投诉106起，同比增加26.7%，其中涉案金额在5万美元以下的案件占80%。②

（2）我省贸易合同执行纠纷类型多样

调研表明，我省贸易合同执行纠纷主要集中在诈骗、货不对版、恶意拒绝履行合同、因情势变更导致不能履行合同等类型。在诈骗纠纷中，通常贸易双方通

① 李明义：《贸易实务》，中央广播电视大学出版社1996年版，第6页。

② 参见中国驻卡拉奇总领馆经商室：《中巴常见贸易纠纷类型分析》，http://zhidao.baidu.com/link?url=hJFxM6lgDkJwvOMo8Ei1YOTkU_E5d46ILGyKX6BOg9jSaVGXkh85jULyKNG0xLwpVzpLoZDx8fP0uP-daJkDPq，最后访问时间2013年11月6日。

过网络联系，要么是一方已付款另一方不发货，要么是一方已发货而另一方不付款，而诈骗方的联系方式突然都不可用，被诈骗的一方对对方了解极少且救济无门。我省出口企业遭遇诈骗则主要是由于在国际贸易严峻的形势下迫切寻求合作机会或者急于达成投资协议，而对达成合同的前期资讯调查不周、风险防范意识较低而轻率签订合同，造成难以挽回的损失。货不对版纠纷案件部分是由于不法商人缺乏诚信，主要是我国出口企业所发货物与合同不符，货物假冒伪劣或者质量低次等，如少数企业将外地莲子冒充具有地理标志的湘潭湘莲出口引起的纠纷。恶意拒绝履行合同纠纷是部分企业在继续生产经营的同时，长期拖欠货款或货物。贸易双方保持联系，但是付款或发货问题久拖不决。例如我省某出口企业遭遇的一例纠纷，由于对方不按时履行合同，合同履行时间超出了当地政府的补贴期限，导致整个合作的基础丧失，造成根本违约。在因情势变更导致不能履行合同中，由于处在国际金融危机持续深化的大背景下，如企业破产、生产商未按时提交货物、由于标准等问题货物无法清关等原因，造成一方无法履行合同。在这方面，连欧美一向有信誉的客商也有被迫毁约的情况，我省出口企业与近年来寻求的发展中国家新客户出现此类纠纷就更加不足为奇了。

（3）我省贸易合同执行纠纷主要由于出口企业法律风险防范意识低下

据此次调研了解，我省出口企业虽然大部分设有法务部门，但法务部门地位很尴尬，往往在合同签订之前，法务部门并不参与前期谈判，企业不重视对项目进行前期调查和可行性分析，更不重视评估、权衡合同面临的法律风险，甚至担心法律谈判导致双方分歧太大影响合作，为了达成合作获得出口机会，即使对方合同中存在某些对我方不利的条款，企业也会妥协。签订合同时对当地市场情况和相关法律法规不了解，此种情况下达成的合同条款往往存在很大的缺陷，直到合同在执行过程中出现了问题，才想起让法务部门去解决，这样往往使出口企业不仅无法预防法律风险，在发生合同执行纠纷后也难以占据有利地位，法务部门即使想发挥作用也为时已晚或者能起到的作用极为有限。

（4）我省贸易合同执行纠纷主要通过企业自身解决

调研显示我省出口企业在与对方发生了贸易合同执行方面的纠纷时，往往首先通过协商解决，以执行合同为目的，如在我出口产品确实无法满足对方质量要求时，企业会通过重新整改、完善质量等方式促成合同的履行。即使无法达成协商，企业也会寻求法律途径比如诉讼、仲裁等形式解决纠纷，一般很少寻求政府帮助。很多企业也有了建立风险防范预警机制的意识，但由于缺乏相应的法律人才，这种机制的建立还有待时日。

（三）贸易救济措施引起的纠纷

1、我省贸易救济措施引起的纠纷现状

贸易救济就是指对在对外贸易领域或在对外贸易过程中，国内产业由于受到不公平进口行为或过量进口的冲击，造成了不同程度的损害，各国政府给予他们的帮助或救助。贸易救济措施是为了保护本国贸易安全而制定的措施。国际上常用的贸易救济措施主要包括反倾销、反补贴、保障措施，此外，中国对外贸易法还规定了其他救济措施，如适用服务贸易的保障措施、针对进口转移的救济措施、其他国家未履行义务时的救济措施、反规避、预警应急机制等。影响我省的主要贸易救济措施中，反倾销措施所占比例最高，其次是反补贴措施，最后是保障措施。近年来，省内涉及此类纠纷就主要包括以上三种。

对湖南实施反倾销调查的国家和地区主要有：欧盟、印度、日本、美国、巴拿马、加拿大、韩国；实施反补贴调查的国家主要有：加拿大、韩国；实施保障措施调查的国家主要有：印度尼西亚、印度。①

2、我省贸易救济措施引起的纠纷特征

（1）立案数量增加，反倾销案件所占比例大，参与申诉的企业范围扩大

贸易救济措施尤其是反倾销措施被许多国家频繁使用，数量上升。影响我省的主要贸易救济措施是反倾销，但就2012年的贸易纠纷情况来说，2011年9月至2012年11月，湖南省贸易摩擦案件共15件，全部是由贸易救济措施所引起的。其中除了三件涉及反倾销与反补贴的合并调查，其余12件全是反倾销所引起的纠纷。在这12件反倾销调查中，又有2件是涉及反倾销期终复审，2件涉及年度复审。

（2）运用贸易救济措施的发展中国家在增多

曾经，我省企业受贸易救济措施的影响几乎都来自发达国家，贸易救济措施纠纷的贸易伙伴相对集中，主要是几个贸易大国，如美国、加拿大等；而根据湖南省商务厅对近年贸易纠纷的统计数据，可以发现，与发展中国家之间的贸易救

① 参见湖南省商务厅：《近几年我省遭遇国外贸易壁垒情况调研报告》，http：//www. hunancom. gov. cn/swdy/ 193194. htm，最后访问时间2013年11月6日。

济措施纠纷越来越多，亚洲国家包括巴基斯坦2012年11月对铜版纸发起反倾销调查，影响到了湖南湘江纸业有限公司。2012年1月，泰国拟继续对原产于中国的柠檬酸的反倾销措施，征收为期5年38.10%反倾销税。我省湖南洞庭柠檬酸化学有限公司对泰国的出口受其影响。[①] 2012年4月9日及2013年9月，印度商工部对进口自中国的电子绝缘管发起反倾销调查。2013年2月，马来西亚终裁后决定对中国盘条征收反倾销税。[②] 另外，美洲的国家也发起了影响我省企业的贸易救济措施，包括2008年我省四家企业遭遇厄瓜多尔对中国平板陶瓷和卫生洁具发起的特别保障措施；2012年4月25日，墨西哥对华鞋类产品反倾销调查复审（出口价格协议承诺），省内涉及调查的企业有衡阳荣阳鞋业、耒阳市南阳鞋业。2012年8月30日，墨西哥展开对华陶瓷餐具反倾销调查。2012年11月15日，墨西哥展开对华无缝管反倾销调查，涉案企业有湖南衡阳钢管国际贸易公司、湖南思瑞通工贸有限公司、湖南格润德管业有限公司。2012年6月23日，秘鲁开始对华服装及配饰反倾销调查，涉案企业为湖南省泰时进出口有限公司。2013年10月23日，秘鲁国家竞争和知识产权保护局决定对来自中国的热轧钢管启动反倾销调查。2013年2月7日，阿根廷法定对原产于中国的瓷砖征收反倾销税。

（3）涉及的产品领域和范围不断扩大

我国是世贸组织争端案件中作为被诉方次数最多的国家，我省自然也受到了影响。从产品类型来看，纺织品成为热点，但已从个别产品的倾销与摩擦阶段，开始逐步向多产业贸易摩擦和结构性贸易摩擦方向发展；从涉及领域看，从货物贸易向与贸易相关的服务贸易、知识产权、技术标准、环境保护等方向发展；从国别看，已从欧美贸易摩擦向如今的全球范围发展，特别是发展中国家和发达国家之间以及发展中国家之间贸易摩擦的发展。

我省反倾销案件涉及多个行业的产品。其中化工行业产品所占比重最大，包括还原靛蓝产品、二氧化硅沉淀物、玻璃纤维及其制品[③]、聚乙烯聚合物制塑料

---

① 参见湖南省商务厅：《2012年全省外贸进出口情况分析》，http://www.hunancom.gov.cn/swdy/373294.htm，最后访问时间2013年11月5日。

② 参见湖南省商务厅：《印度对进口闪存盘发起反倾销调查我省湖南郴州高斯贝尔数码科技股份有限公司涉案》，http://www.hunancom.gov.cn/swdt/402088.htm，最后访问时间2013年11月5日。

③ 参见湖南省商务厅：《近期国外对华贸易摩擦案件进展情况请我省有关出口企业关注》http://www.hunancom.gov.cn/swdt/431006.htm，最后访问时间2013年11月5日。

板[①]等。

（四）与知识产权有关的贸易纠纷

1、我省与知识产权有关的贸易纠纷现状

近年来，随着我国对外贸易量的不断增长，贸易纠纷也成正比例上升，知识产权方面的纠纷主要反映在技术壁垒、专利费索取、商标侵权、仿冒名牌等方面，往往在此“触礁”过了，才会意识到对知识产权保护的重要性。我省受知识产权壁垒影响的出口产品主要有茶叶、箱包、日用瓷、燃气炉、胶辊、变压器、电抗器、挖掘机械、起重机械、日用搪瓷、机电产品、家具类、起重机等。[②] 对湖南实施知识产权壁垒的国家主要有：英国、美国、阿尔及利亚。[③] 迄今为止，我省企业对外贸易发展过程中因知识产权引起的纠纷也越来越多。

2、我省与知识产权有关的贸易纠纷特征

（1）纠纷主要集中在专利以及商标领域，而且集中在大型企业

专利和商标作为重要的知识产权和无形资产，在国际贸易中越来越受重视。

随着我省出口商品结构的不断优化，机电产品出口总量在不断增长，烟花鞭炮等传统商品也远销国外，企业成长得很快。但在企业规模发展壮大的同时，由于法律环境、消费者权利保护意识以及市场文化的差异，发达国家对我国产品实行不同程度的贸易保护措施，加之我省企业在专利和商标方面的自我保护意识以及法律意识较为薄弱，经验也不足，因此我省出口产品很容易在国外遭到知识产权纠纷。调研发现，这类纠纷主要集中于比较大型的企业，原因在于这些企业对外贸易的程度更深，在这个发展壮大的过程中，也是企业更容易出现差错和遭遇纠纷的过程。

专利纠纷方面。最近几年，美国发动“337 调查”的频率越来越高，而涉及

---

① 参见湖南省商务厅：《近日国外贸易摩擦案件情况提请我省有关企业关注》，http：//www. hunancom. gov. cn/swdt/384963. htm，最后访问时间 2013 年 11 月 5 日。

② 参见湖南省商务厅：《近几年我省遭遇国外贸易壁垒情况调研报告》，http：//www. hunancom. gov. cn/ swdy/193194. htm，最后访问时间 2013 年 11 月 5 日。

③ 参见湖南省商务厅：《近几年我省遭遇国外贸易壁垒情况调研报告》，http：//www. hunancom. gov. cn/ swdy/193194. htm，最后访问时间 2013 年 11 月 5 日。

中国企业的调查案件数量也呈现逐年上升的态势，我省一些主要出口企业也未能逃脱。例如，就在轰动一时的三一重工上诉奥巴马案遭驳回的同一天，由于美国马尼托瓦克起重机公司的申诉，美国国际贸易委员会宣布对三一重工生产的履带式起重机产品发起“337 调查”，以确定这些产品是否侵犯美国公司专利权。三一重工反驳马尼托瓦克公司的指控，声称被指控的产品是利用自有技术设计的产品。“337 调查”源自美国《1930 年关税法》第 337 节规定，即如果任何进口行为存在不公平行为（主要针对侵犯专利权或者商标权行为），并对美国产业可能造成抑制和垄断，美国国际贸易委员会（ITC）可以应国内企业的申请进行调查。若违反 337 条款，美国 ITC 将随即签发排除令，指示美国海关禁止进口该产品，使得被控企业，甚至其所在国家或地区的相关产品无法进入美国。由于美国企业最主要的优势就是技术优势，其必然会利用各种各样的手段来维护自己在技术上的先进性和竞争力。

商标纠纷方面。商标抢注与商标侵权所引起的纠纷也时有发生，浏阳花炮就曾多次遭遇知名品牌被抢注的问题。湖南省某著名出口企业也曾发生过商标侵权纠纷，这已成为对外贸易中引人注目的问题。由于全球 200 多个国家和地区，难以做到统一的商标注册，而我省企业一般是根据市场推进的范围进行商标注册，这就不可避免地遇到新商标被抢注等问题。这些商标纠纷类型主要有以下几个方面：①外商抢先把我国出口商品商标在其所在国登记注册，使我国商品销往该国时构成侵权。当然，外商的真正目的是以此为筹码，要挟我方授予其独家经销权或垄断价格。在这种情况下我方只有两种选择：授予外商独家经销权或者退出该国市场。②我省外贸公司出口商品商标侵犯了外国公司的商标权而引起纠纷。③我省一些出口商品的商标，在国内外的商标注册人不一致也常引起纠纷。[①] 而由于国外知识产权壁垒以及我省企业自身在知识产权制度方面存在的瑕疵，致使我省企业也更容易遭遇知识产权侵权纠纷。

（2）企业在失败中逐渐积累起更为成熟的应对措施

相比起贸易救济措施引起的纠纷，企业更愿意以诉讼方式实现自身权利的救济，然而，由于各方面条件和资源的不足导致几乎都以败诉告终。

在专利纠纷方面。据专家测算，在已判决的“337 调查”相关案件中，中国

---

① 陈福诚：《对外贸易中商标纠纷的类型及产生原因》，载《中华商标》1997 年第 4 期。

企业的败诉率高达60%，远高于世界平均值26%。[①] 因此，三一重工在美国遭遇的“337调查”，在应对上面临着重重困难。但三一重工采取积极应对的态度，在美国聘请专业律师团队应诉的同时，其位于美国的子公司也写了一封说明信，向国内的商务部寻求帮助。[②] 积极的应诉态度有利于争取主动权，也更能有效维护本企业的合法权益。而在调查中，企业也将更加注重与对方达成协商以化解纠纷，拓宽美国市场。从以往的失败案例中，我省企业也意识到：企业在“走出去”的同时，首先要增强自己的技术能力，但是进入外国市场的前期准备和寻找当地合作伙伴以减少“水土不服”的风险也很重要。应对知识产权纠纷一定要有预防意识和国际化战略，尤其要意识到与国外市场完全站在对立面并不利于矛盾的解决。因此，在积极应诉的同时，也要意识到在以后的市场开拓中，只有将本企业利益与当地利益捆绑起来才是预防和解决纠纷的最佳途径。

在商标侵权方面。虽然省内企业涉及此类纠纷的不多，相关企业也已采取了一些积极的应对措施，具备了较好的迎接挑战的能力。此次调研的湖南省主要出口企业之一湖南省某著名出口企业提供的资料显示，近几年其对外贸易纠纷非常少，只有一两件这方面的案子，且主要涉及东南亚、欧盟地区。首先，该企业在内部设有律师事务所，该律所不对外承接业务，而是专门负责预防公司的法律风险及解决相关纠纷，企业任何的合同和协议等都得经过该律师事务所审查，但它不能解决企业所有的纠纷，因此其在北京也有相应的合作律师事务所，且在其他国家也有合作机构。通过与国内外有影响力和具备专业技能的律师事务所建立长期稳定的合作关系，在发生纠纷时可以有效解决问题，包括协商解决。其次，据企业相关人士透露，企业内部也有自己的处理纠纷机制。发生纠纷后，前方的营销人员和售后人员会第一时间着手解决。如果事态特别严重，则会成立工作小组，调动相关部门共同合作解决问题，因此大多数纠纷都会得到很好的处理。在总结了相关经验之后，企业也有了自己的一些应对方法，比如直接招聘一些应对纠纷能力较强的人才，并根据需求请专业人士组织培训，加强培养的针对性并减少内部培养的成本。

（3）我省应对此类纠纷的预警维权机制不甚完善

现实表明，单个企业的知识产权保护意识比较薄弱，应对贸易纠纷的能力极

① 参见新华网：《三一高调抗美下暗伤：时机不对策略存疑》，http：//finance. sina. com. cn/chanjing/sdbd/2013081 4/185616448230. shtml？qq－pf－to＝pcqq. c2c，最后访问时间11月19日。

② 参见：http：//www. sipo. gov. cn/mtjj/2013/201308/t20130821_ 813982. htm，最后访问时间2013年11月18日。

为有限，迫切需要由政府有关部门出面，综合各方面的力量，建立湖南省对外贸易知识产权纠纷的预警维权机制。预警维权就是在纠纷发生之前，通过发布预警信息和预测分析，提醒企业，避免可能遭受的损害。应该掌握的信息包括国外专利、商标、版权及国际技术标准的更新变动；国际市场供需行情变化、大宗进出口产品价格变动、重要事件的发展等，提醒企业防范可能出现的危机。对外经贸和知识产权部门可结合我省出口特点，采取对重大涉外知识产权纠纷事件进行连续跟踪报导，提醒广大品牌出口企业注意对专利和商标的保护。但由于企业出于保护商业秘密或者是维护本企业商誉的考虑，往往为了减少此类纠纷对本企业的消极影响而选择“秘而不宣”，这使得整个行业无法获悉预警信息，政府也无从帮助，而其他企业也无法从中学习到维权的经验教训。我省应加强此类信息的搜集与发布，为广大出口企业提供一个了解国内外知识产权信息，掌握知识产权贸易纠纷应对方法，寻求知识产权法律援助的渠道和解决方案，以提高企业的维权能力，增强出口后劲，促进我省经济的发展。

四、现有解决途径

由上可知，随着湖南对外贸易的不断发展，可以看出湖南出口企业对外贸易纠纷总的趋势是迅速增加的。不但案件数量在迅速增加，涉案金额也在迅速增加；不但涉案总金额在增加，单个案件的涉案金额也在迅速扩大。因此，我们必须将湖南省出口企业对外贸易纠纷放在中国经济贸易发展对世界经济影响的大背景下来分析，充分认识湖南对外贸易纠纷增多的长期性和积极应对的重要性。由于贸易规模迅速扩大，湖南出口企业对外贸易纠纷增加是必然趋势，而且这种趋势必将长期存在。而在实践中，在湖南出口企业对外贸易纠纷增加的大趋势下，湖南往年遭遇的出口企业对外贸易纠纷案件，除极少数案件应诉成功外，大部分因各种原因企业放弃应诉或应诉不成功而丢了市场。出口企业对外贸易纠纷如果不积极应对，直接的危害是丢失市场，出口市场和国内市场萎缩。在我们的实地走访中，湖南省出口企业应对贸易争端大致分为以下两种类型：

（一）政府参与型

政府在对外贸易纠纷应对中虽然不是主体，但政府对对外贸易纠纷应对的重视和参与、对整顿出口市场的力度加大对企业最终对外贸易纠纷的胜诉在一定程度上起着举足轻重的作用。在我国，商务部是主管国内外贸易和国际经济合作的国务院组成部门，商务部下属的湖南省商务厅是我省出口贸易的主管部门；质监局是以贯彻国家产品质量法、计量法、标准化法的国家行政部门，在出口企业的产品质量把关方面起了很大作用。面对因对外贸易纠纷产生的国际诉讼，我省很多出口企业，尤其是一些较小的企业，因为对外国的法律以及种种利害关系不甚了解，往往惊慌失措，不懂得利用发起调查国的法律保护自己的正当权益；还有许多企业从出口产品的市场结构分析，该进口国不是其主要的出口市场，目前出口量不多，与其花大力气应诉保住这块并不起眼的“蛋糕”，还不如集中精力开拓主要市场或另辟蹊径，转售别国市场或转产其他产品。[①] 所以，我省很多出口企业在面对国际贸易争端时自主应诉积极性不高，在发生对外贸易纠纷时都依靠政府相关部门出面协调解决。正因为如此，政府相关部门尤其是商务主管部门被卷进出口企业对外贸易纠纷解决中，单就湖南省而言，湖南省市商务主管部门在湖南省出口企业贸易纠纷解决方面发挥了巨大作用。

通过在省商务厅和湘潭市质监局的实地调研，我们了解到，近年来省市商务主管部门和湘潭市质监局在出口企业对外贸易纠纷方面发挥的作用主要表现在以下几个方面：

1、成立专门领导小组。为更好地帮助企业应对对外贸易纠纷，我省专门成立了一个过渡期应对小组——湖南省开放性经济领导小组。据省商务厅相关人士透露，这个小组由湖南省省长亲自担任主任，由天地人律师事务所牵头，性质为议事协调机构，主要负责湖南省出口企业对外贸易纠纷应对措施以及经济政策的制定。

2、对外来出口企业相对倾斜性的服务。在对湘潭市质监局的调研过程中，湘潭市质监局的相关负责人把这种服务称为“短频快服务”，她举了一个很具体的例子，吉利汽车是湘潭市外来企业中主要出口商之一，在正常程序下，一般的出口企业的出口代码办理需要 3 - 5 天的时间，但由于吉利汽车的出口代码办理直接影响到了其经济效益，所以湘潭市质监局对其进行了特事特办，其出口代码的办理仅花费了一个小时。

3、培训、动员企业应诉。根据省商务厅的数据资料显示，近年来省市商务主管部门采取培训、动员企业应诉和提供咨询服务等多种措施，加大贸易摩擦应对工作力度，尤其是在商务合同纠纷方面，通过政治工作，通过驻外使馆以及驻

① 张月花：《出口企业应对美国反倾销策略研究》，西安理工大学 2006 年硕士毕业论文。

外机构来协商解决相关对外贸易纠纷，促使近年湖南应对贸易摩擦取得了较好的成绩。在出口产品遭遇贸易摩擦应诉方面，主要案件通过应诉都取得了较满意的结果。如美国普通钢盘条反倾销调查案是湖南出口产品遭遇的涉案金额最大的贸易摩擦案件，湘潭钢铁集团有限公司是此案涉案金额最大的企业。湘钢在美国于2005年11月份立案调查后，迅速成立专门的应诉小组，与本案的其他主要涉案企业一起进行无损害抗辩，并单独进行无倾销抗辩。通过积极应诉，美国国际贸易委员会不得不判定，没有合理证据表明从中国进口的普盘条对美国产业造成实质损害或损害威胁，此案取得了终止调查、不采取反倾销措施的满意结果。又如印尼一次性打火机保障措施调查案是我国遭遇的首次以湖南企业为主体的保障措施调查，涉及邵东县10多家一次性打火机出口生产企业，邵东打火机厂商积极配合我国有关部门应诉印尼一次性打火机保障措施调查案，同样取得了终止调查、不采取保障措施的结果。再如欧盟对华铸铁井盖反倾销调查案，湖南韶山环球铸造厂通过积极应诉获得了市场经济地位并获得零税率，长沙雨花区莲湖铸铁制品厂和长沙金龙铸造有限公司通过应诉达成价格承诺。韶山环球铸造厂不但保住了欧盟出口市场，而且客户增加，出口猛增。加拿大对华复合木地板反倾销反补贴再调查案，长沙菱格木业有限公司通过积极应诉取得了反倾销和反补贴税率双双为零的理想结果。还有美国对华电解二氧化锰反倾销调查案，涉及湖南多家企业且主要涉案企业在湖南，通过湘潭电化科技股份有限公司等企业积极应诉，取得了较低税率。在进口产品反倾销调查方面，湖南或参与或牵头或单独发起的6起案例都已终裁，都实施了反倾销措施，合法制止了国外大量向我国低价倾销产品，有效地保护了湖南相关产业和企业的利益。

（二）企业自主型

一般而言，企业是对外贸易纠纷解决的主体。由于中大型出口企业出口面广，牵涉到的出口贸易纠纷不可避免比小型出口企业更多，但因其实力雄厚，因此在对外贸易纠纷应对方面大多由企业自主积极应诉抗辩，善于运用贸易救济法律手段维护自身权益，很少由政府部门出面解决。这些企业无论在日常纠纷预防机制还是在具体纠纷解决方面均体现了很强的自主性。

1、日常纠纷预防机制

由于我省主要出口企业牵涉到的出口贸易纠纷较多，经验相对较足，因此企业充分认识到了运用 WTO 规则，积极参与诉讼，争取市场经济地位，维护合法权益的重要性，其在日常预防工作上准备较为充分。通过对有代表性的我省主要出口企业如湖南省某著名出口企业和湘电集团有限公司等公司的实地考察调研，企业的日常预防工作主要体现在以下几个方面：

（1）企业内部设立律师事务所。国际诉讼是一项充满高度风险且耗费庞大人力、物力的系统工程，应诉时间长，专业性强，事务多。它不仅要求要有指挥得力的组织协调者，更要有高效实战的专职人员。[①] 实践中，由于我国涉外法律人才的缺失，我国涉诉企业必须聘用外国律师，而律师费一般都比较高，有名望的律师费用更高，且往往按企业数和产品收费，若出口企业规模小数量多的话，一个案子仅律师费动辄就达数十万美元，甚至上百万美元。高额的律师代理费，加上通讯费、交通费、差旅费、办公费等，再加上谈判、调解费用，应诉成本很高，常常超出中小企业的承受能力。在这种背景之下，一些大中型企业选择在企业内部设立律师事务所，专门处理出口贸易纠纷。以湖南省某著名出口企业为例，其企业内部有一个律师事务所，对其进行专门服务，主要进行风险控制，而不承接外部业务。其企业内部所有的合同或协议均必须经过律师事务所审查。

（2）人才的内部培养。随着我省企业面临的对外贸易纠纷增多，需要相当多的专家人士从事相关法律工作。但我省企业乃至政府在这方面的人才储备远远达不到应诉的要求。从企业来说，培养熟悉 WTO 规则和应对贸易摩擦案件的专业人才，能熟练和正确运用当事国和 WTO 的公平贸易法律原则是很有必要的。不掌握有关国家和 WTO 贸易救济措施法律的程序和实体内容，就谈不上运用法律武器应对国外贸易救济措施调查中对我省企业的歧视性做法。鉴于此，在我们调研的湘电集团有限公司等我省主要出口企业均注重对此类人才的内部培养，会按需求邀请其企业内部设立的律师事务所在其他国家合作机构的律师过来讲课，以增强企业内部法务人员的应诉意识和对 WTO 规则的熟练运用程度。

2、具体纠纷解决

通过对我省主要出口企业的实地考察调研，我们了解到，企业自主解决的出口贸易纠纷一般涉及以下两个方面：

（1）产品质量纠纷解决。产品质量纠纷是外贸中常见的纠纷之一。作为卖家的出口企业，处理好产品质量纠纷，直接关系到收汇。很多外商在收到货之

① 沈四宝：《应对贸易摩擦的对策和建议》，载《经济研究参考》2006 年第 1 期。

后，会提出产品有质量瑕疵，然后据此拒绝付款，或要求减付货款，而此时通常货物已在外商手里，出口企业往往只能自认损失；而作为买家的外商或外贸公司，在付出预付款之后，收到符合质量标准的货物也是至关重要，如果质量有问题，那么对其下家客户的交付就会成问题，容易构成违约，并且在出现质量问题之后，如何向供应商进行索赔也是项比较繁琐的事情。[①] 以湖南省某著名出口企业为例，欧盟是湖南省某著名出口企业产品的主要出口地。在欧盟市场“CE”标志属强制性认证标志，不论是欧盟内部企业生产的产品，还是其他国家生产的产品，要想在欧盟市场上自由流通，就必须加贴“CE”标志，以表明产品符合欧盟《技术协调与标准化新方法》指令的基本要求。这是欧盟法律对产品提出的一种强制性要求。但由于产品可以采取自我宣告的方式进行出口，而实际上却没有达到欧洲的标准，因此在产品的实际使用中出现了很多质量问题。此类纠纷一旦被扩散，对企业有着很大的影响。因此，对于此类纠纷，企业一般均及时采取“双方协商——定协议——按份赔偿”的方式自主地在短期内迅速解决，一般很少有政府部门涉足来进行长周期的交涉和诉讼。

（2）商标和域名抢注纠纷解决。目前世界上大多数国家和地区都采取注册在先原则，即谁先在该国和该地区注册商标，谁就拥有该商标的专用权。由于商标保护具有地域性的特征，商标一旦抢注成功，被抢注商标的企业就不得在该国或该区域内使用此商标，否则构成侵权。我们在实地调研考察中了解到，我省企业一般是根据市场推进的范围进行商标和域名注册，而全球200多个国家和地区，难以做到全球的商标和域名注册，所以不可避免地出现商标和域名被抢注的问题，由于此类纠纷对企业而言意义重大，因此此类纠纷一般以诉讼方式救济。

五、湖南省出口贸易纠纷解决途径

从以上的调研结果可以看出，我省企业的出口贸易面临着严峻的形势。为有力地应对出口贸易纠纷，湖南省政府的有关部门应该按照商务部提出的建立健全商务部、地方主管部门、有关企业、行业协会的联动工作机制，结合自身出口贸易的实际情况，做好应对工作。

---

① 参见中顾法律网：《出口产品质量纠纷的处理》，http：//news. 9ask. cn/xfwq/cpzr/201101/1029768. shtml，最后访问时间：2014年4月20日。

（一）加强企业自身建设应对湖南出口贸易纠纷

在调研中，湖南省商务厅公平贸易处相关负责人指出，国外企业的提起贸易双反调查实际上具有很强的针对性和策略性，尽管其以我省个别企业为对象，但是其真正目的在于针对我省甚至全国的整个产业。外贸活动中发生的纠纷原因也不尽相同，有的是外商的一种市场策略，目的是借调查或者诉讼拖垮我省企业，特别是想抓住我省企业对海外市场法律环境陌生、难以负担高昂诉讼费用等弱点，逼我省企业就范。因此，我省出口企业应该加强自身建设以应对贸易纠纷。

1、贸易结构优质化，产品开发多元化

调整出口产品结构。据湖南省商务厅的统计，湖南出口贸易中国际市场竞争激烈的传统产品多，而高新技术产品和具有自主知识产权的产品少，在国际分工中，我省大部分企业处于产业链的低端，生产的产品技术含量低，价格低廉，由此产生的贸易摩擦越来越多。因此，出口企业要优化出口结构，提高传统商品的技术含量和附加值，提高单项产品的市场占有率，加大科技投入，大力发展高新技术产业，加速对“三高一低”企业的淘汰，加强对钢铁、服装、纺织等产业的技术升级改造，强化绿色包装和清洁生产机制，扩大汽车及零部件等大型成套设备的出口，形成独树一帜的产品优势，发挥其示范和带动作用。

注重产品的多元化开发，树立品牌意识。[①] 企业要注重研发方向的多元化，注重产品的多元化开发，避免同质同类产品的重复开发，主动挖掘市场的需求信息，开发前景好、需求旺、利润高的新产品。在企业走向国际市场的过程中，政府要创新品牌培育机制，企业要注重对自身品牌的打造，加大宣传与公关活动，提高品牌的国际竞争力。

2、调研目标市场，制定合理定价

在反倾销制度中，一个国家对某种产品实施反倾销措施，必须具备三个前提条件：倾销存在、对进口国国内工业造成损害或威胁，并且二者存在因果关系。价格是我省企业生产和对外销售中最关键的元素，低价是我省企业致命的“武器”，这和我省目前低廉的动力成本的现状有关。另一方面也是因为我省出口企

① 曹秋菊：《应对贸易壁垒，维护湖南经济运行安全》，载《湖南商学院学报》2006 年第 2 期。

业不重视国际市场调研，对各种价格水平差异缺乏了解，对于出口报价心中无数，导致低价出口。因此，企业在开发新的国际市场时，应特别注意协调出口策略。直接出口型的企业在产品的定价上应该认真调研目标市场，采用合理的国际市场定价模型，不应过分地依赖低价策略，切记避免不计成本地大规模开发国际市场。尤其是我省具有规模优势的大型骨干出口企业，更应发挥企业的实力优势，注意收集研究国际市场价格信息和国内产业信息，及时掌握本企业市场份额变化的信息，把握出口节奏，避免出现出口产品市场份额急剧增加的情况，随时根据国际市场信息变化，迅速调整出口战略，避免给进口国留下攻击之口实。

3、注重知识产权，巩固市场地位

在调研中我们了解到，省内不少企业在出口贸易过程中面临过知识产权纠纷。例如湖南省某著名出口企业集团就曾遭遇过商标和域名被恶意抢注的情况，湘电集团和韩国企业发生过专利纠纷。这些案件纠纷提醒我们，随着我省企业自主研发能力的提高，面临的知识产权纠纷也会逐渐增加，对企业知识产权的保护日益重要。保护知识产权首先应该做到知识产权先行，即企业在研发之前就应该进行知识产权信息的检索与分析，制定知识产权战略地图，明确企业研发的方向和突破的重点，避免重复开发和专利侵权。[①] 研发成果要积极申请知识产权授权保护，并根据企业发展战略向他国申请保护。其次，要积极进行知识产权运营，通过知识产权侵权诉讼、知识产权授权许可、知识产权转让等形式，有效地运营知识产权，从而占领技术领域的制高点，获取高额利润，扩大并巩固市场占有率。这将使我省企业真正走出国门，成长为国际一流企业。

4、掌握外贸规则，积极应对诉讼

湖南企业要国际化发展，就必须了解和掌握国际化的游戏规则，提高应对贸易纠纷的意识。我省企业在遇到有关贸易救济措施的起诉后，往往认为应诉需要耗费大量人力物力财力，并且结果难以预料，因而消极应诉，这对企业是很不利的。反倾销等贸易救济措施一般来说具有连锁反应，当一个产品在某国或某个地区遇阻，企业即纷纷开拓另一个国家的市场，又导致该国进口大增，结果在该国市场也遭遇反倾销调查。所以，企业在遇到起诉后，首先要克服畏惧心理，积极应诉。在此基础上，企业要利用贸易救济措施有关规则，争取有利的诉讼地位，

① 储敏:《中外知识产权贸易摩擦问题探讨》，载《法学研究》2007 年第 11 期。

借助各方面力量，为胜诉创造条件。一方面，可以积极寻求政府相关部门、商会或是我驻外使馆经商处的帮助，通过外交渠道，对进口国的反倾销调查施加影响，争取案件向有利的方向发展。另一方面，要充分发挥进口商，尤其是一些有影响力的进口商协会的作用，这些进口商熟悉全球的成本核算体系，在“替代国”问题上可以提供大量信息，企业要紧密联合进口商和经销商，通过他们去做其所在成员国政府的工作，常常会对案件裁决产生较大的影响。

在面对国外企业不公平贸易时，要主动运用法律武器，对进口产品发起不公平贸易调查，维护自身合法权益与产业发展安全。据湖南省商务厅统计，我省出口市场主要集中于美国和欧盟。为降低贸易风险，出口企业应大力开拓多元市场，扩大对其他国家和地区的出口，有实力的大型企业可以对外合资、兼并收购当地企业，在全球范围内配置生产环节，这不仅能有效地规避反倾销壁垒，而且可以通过互利合作，使我省企业真正跨出国门走向世界。

5、建立健全纠纷应对机制

既要从产品质量方面加强工作，也要有针对性地了解目标市场相关的非关税贸易壁垒[①]情况，积极建立纠纷应对机制。要深刻认识到贸易纠纷对于企业开拓国际市场、维护同行业产业安全有重要影响。

在对企业的访谈中，我们了解到，湖南的大部分企业未建立自身的贸易纠纷应对机制，发生纠纷往往是临时组建团队或聘请中介组织处理，并未形成长期有效的出口贸易纠纷应对机制，这不利于我省企业在走向国际市场过程中的危机处理能力的提高。为强化企业的纠纷应对能力，我省出口企业应该建立相应的纠纷应对部门，制定规章制度，明确责任，配备专门的人员对企业出口进行信息搜集和风险评估，在纠纷发生时负责企业的应对工作，并保持与政府和行业协会的联系。尤其是我省的重点出口企业，还应当按国际惯例建立企业财务制度，为合理确认产品的“正常价值”提供有力证据，如细化成本核算项目、国有企业土地划拨成本按市场现值计算等，这种做法有利于企业证明自己的市场经济地位，在应对反倾销调查时争取主动，从而在维护全省的外贸经济运行方面发挥重要作用。

① 非关税贸易壁垒，指一国政府采取除关税以外的各种办法，对本国的对外贸易活动进行调节、管理和控制的一切政策与手段的总和，其目的是试图在一定程度上限制进口，以保护国内市场和国内产业的发展。

（二）发挥政府主导作用应对湖南出口贸易纠纷

国家部委起着制定政策、统筹全局的作用，湖南省各级政府主管部门应加强与相关部委的联系，及时获取贸易纠纷信息，争取更多的应对指导和政策支持。湖南企业由于出口传统产品比重大，高新技术产品少，容易面临各种不同领域的贸易壁垒。因此，应对纠纷的工作需要商务部门、环保部门、检验检疫部门、卫生部门等多个部门的协调配合，相关部门应资源共享、信息互通，共同提高应对工作的整体效应。① 总的说来，政府的主导作用尤其重要。

1、建立健全预警机制，宏观指导企业贸易动向

随着我省出口贸易的增长，面临的贸易纠纷也会随之增加，因此建立健全贸易预警机制就十分必要。政府主管部门应组织力量，发挥各种贸易平台、商会协会的作用，研究我省企业贸易对象的市场竞争程度、政策法规动向、贸易壁垒状况等，尤其是我省出口的重点国家和地区的贸易信息情报，从而掌握国外贸易的风险动态，并及时与相关企业沟通，制定合理的应对预案。企业应将自身的出口计划以及出口贸易中面临的各种状况及时上报政府主管部门，尤其是大宗、重点产品出口情况，以便有关机构对省内产业状况的监测和宏观指导，规范出口秩序。②

2、推行标准化生产，强化产品认证

近年来，技术性贸易壁垒、绿色贸易壁垒、社会责任与劳工标准贸易壁垒成为国外贸易保护的重要手段。我省企业和政府主管部门应该搜集上述各种壁垒和标准，并对之加以研究，建立相应的数据库。政府有关部门应该引导出口企业按照国际先进技术性规范和相关标准组织生产，规范强制性产品认证制度的实施，鼓励企业申请环境、质量等国际认证，提高产品的市场竞争力。

近年来，我省的“湘莲”“浏阳花炮”都注册了地理标志。湘潭市质监局一方面加大普法宣传和执法打假的力度，一方面主持了《湘莲》等两个湖南省地

① 参见湖南省商务厅：http：//www. hunancom. gov. cn/swdy/404890. htm，最后访问时间2014年4月13日。

② 王涛生、郭双焦：《湖南出口贸易面临的主要壁垒及应对策略》，载《湖湘论坛》2006年第1期。

方标准的制定工作，并于2007年力推湖南宏兴隆湘莲食品有限公司承担了国家级农业标准化示范项目“湘潭湘莲标准化示范区”；而以湖南检验检疫局牵头的“湖南力量”则不遗余力地推进烟花爆竹国际标准化的进程，让湖南烟花站在国际标准前沿，掌握产业发展的主动权。这一系列举措都有利于我省湘莲和烟花鞭炮的顺利出口。另外，省林业厅牵头制定的竹砧板的行业标准也有利于竹砧板产品质量的提高与出口。事实上“从湖南主要的出口产品和标准所在的主要行业对比中，可以得到，湖南标准化水平较高的产业其出口规模也大”。[①] 因此，应该积极开展合格认证如ISO9000标准、ISO14000标准和产品进口国认证标准，出口企业应尽量通过进口国所要求和认同的认证，促进企业质量水平向国际水平靠拢。以上“内外兼修”的方式，将有力地促进我省出口企业对外贸易的发展以及对外贸易纠纷的妥善解决。

3、实行激励措施，成立外贸信息查询服务平台

由于贸易纠纷产生的影响不仅直接作用于涉案企业，还将对整个行业产生影响。因此，政府应该将应对工作与出口管理结合起来，规范出口秩序，避免相互之间的低价竞争和同质竞争。同时，为便于公众查询出口贸易的相关信息，政府有关部门可以在充分搜集信息的基础上，成立包括贸易法规、市场竞争状况、贸易风险、应对建议等内容的公共信息服务平台，加强出口贸易信息网络基础设施服务建设。

4、设立外贸纠纷风险基金，构建外贸纠纷社会保险体系

国外企业在涉及出口贸易纠纷尤其是诉讼时，往往能立即得到政府部门、行业协会等方方面面的包括资金与法律的支持，而我国企业往往是孤军奋战，在高昂的诉讼成本下，往往败下阵来，或者干脆就主动放弃大片市场。对此，湖南省相关政府部门和行业可以尝试建立自身的贸易纠纷社会保险体系，设立以行业为主体的纠纷风险基金。企业按期交纳资金，在纠纷发生时，则根据企业的资金投入比例，通过借贷等方式给予涉案企业以资金支持，提高企业的抗风险能力。[②]

---

① 侯俊军、刘倩华：《标准化对湖南省对外贸易影响的实证研究》，载《经济地理》2012年第32期。

② 来小鹏：《企业对外贸易中的知识产权理论与实务研究》，法律出版社2007年版，第29页。

（三）整合社会力量应对湖南出口贸易纠纷

在应对湖南省出口贸易纠纷的问题上，仅仅依靠企业自身的力量和政府的主导作用是不够的。社会的力量是强大的，我们还应当积极地向社会各个层面借助力量，从而更加有效地防范和应对外贸纠纷。

1、行业协会建立外贸交易资信档案

该项措施主要借助民间力量，加强对客户信用的调查，保证出口贸易安全。出口贸易属跨国贸易，受国际形势影响较深，中间环节较多，国外进出口贸易商信誉状况各不相同，资历也参差不齐，使得出口贸易面临的纠纷风险远高于国内交易。因此，省内出口商在进行交易之前可以通过相关行业协会、中国出口信用保险公司或者交易对象所在地的律师事务所等有关机构，调查、评估对方的信用状况。如果由单个企业来设立交易资信档案制度，成本耗费过大。因此，建议由对外贸易行业协会根据交易对象的信用状况、财务状况等，对其进行优劣排序，评定客户的信用等级，简历交易资信档案制度，尽可能地减少企业在对外贸易中不必要的贸易纠纷。

需要指出的是，外贸企业中的社会力量主要集中在行业协会上，但我国行业协会存在覆盖面过窄、协调性差、人才不足等问题。据统计我国工业类行业协会覆盖面不超过全行业企业总数的 40%，而且许多私营及合资企业不在其中，协会的工作人员专业知识不够，有些协会只是“俱乐部”性质，并没有发挥真正作用。因此我国及各省应该加强协会自身建设，增强其专业服务能力和影响力，扩大服务面，发挥协会在政府与企业之间的纽带作用，吸引更多的企业加入其中。尤其要注重协会的对外交往能力建设，增加与国外相关协会的交流与合作，达成利益的共识，增强应对贸易纠纷的力量。①

2、发挥中介组织的作用

社会中介组织有专业的人才和丰富的实践经验，有些中介组织在海外设有办事机构，熟知海外应诉策略。② 我省企业在面对贸易纠纷时，不能忽视中介组织的作

① 廖良美：《中国应对倾销与反倾销问题研究》，华中农业大学 2006 年博士毕业论文。

② 蔡高强：《论中国应对南非反倾销的法律机制》，载《法治研究》2010 年第 1 期。

用，在纠纷发生时可以聘请有实力的律师事务所等中介机构维护自身的合法权益。

3、加强对外贸法律人才的培养

在对相关政府部门的调研中，我们了解到，湖南省整个外贸行业具备处理贸易纠纷能力的人才极少。湘电集团等企业则表示，面对贸易纠纷在本地难以找到具备相应实力的中介服务机构，只能赴上海、北京等发达城市聘请律师代理诉讼。除了要求各级商务主管部门和各级商务部门应该面向企业和协会加大贸易纠纷的应对知识培训力度，举办各种形式的讲座或论坛，组织行业外贸人员的相互交流与学习之外，行业协会应通过新闻媒体、培训竞赛等形式，普及相关的法律法规知识，宣传贸易纠纷应对工作的重要意义，既要抓好自身人员的培训，也要努力促进湖南外贸从业人员素质的提高。① 同时，省内高校应加强对进出口贸易人才的培养，高校学生可以进入企业实习锻炼，企业的人员进入高校接受培训深造，形成良好的互动，从长远的角度来讲此举更加重要。

六、参考文献

[1] 石传玉，王亚菲，王可. 我国对外贸易与经济增长关系的实证分析[J]. 南开经济研究，2003（1）。

[2] 黄大中. 国对外贸易的特点［J］. 中国统计，2003（4）。

[3] 尹晓波. 经济增长应注意贸易平衡［J］. 对外经贸实务，2003（3）。

[4] 董秘刚. 我国对外贸易与经济增长相关性分析［J］. 外贸经济，2001（2）。

[5] 李青阳，曹康. 湖南省出口贸易：现状·问题·对策［J］. 科技经济市场，2006（10）。

[6] 童锡林. 中国外贸出口企业面临的三大主要贸易壁垒［J］. 经济研究导刊，2012（36）。

[7] 陈福诚. 对外贸易中商标纠纷的类型及产生原因［J］. 中华商标，1997（4）。

[8] 曹秋菊. 应对贸易壁垒，维护湖南经济运行安全［J］. 湖南商学院学报，2006（2）。

① 吴建功、米家龙：《湖南对外贸易风险防范的机制建设》，载《商场现代化》2008 年第 530 期。

［9］储敏．中外知识产权贸易摩擦问题探讨［J］．法学研究，2007（11）。

［10］王涛生，郭双焦．湖南出口贸易面临的主要壁垒及应对策略［J］．湖湘论坛，2006（1）。

［11］侯俊军，刘倩华．标准化对湖南省对外贸易影响的实证研究［J］．经济地理，2012（32）。

［12］廖良美．中国应对倾销与反倾销问题研究［D］．武汉：华中农业大学博士学位论文，2006。

［13］蔡高强．论中国应对南非反倾销的法律机制［J］．法治研究，2010（1）。

［14］吴建功，米家龙．湖南对外贸易风险防范的机制建设［J］．商场现代化，2008（530）。

［15］徐崇利．政治性国际贸易争端的裁判解决［J］．法商研究，2009（3）。

［16］盛立新．欧盟 REACH 法规对湖南出口的影响及对策［J］．湖南商学院学报，2010（4）。

［17］詹晶．新时期湖南农产品出口贸易的脆弱性研究［J］．长沙理工大学学报（社会科学版），2010（2）。

［18］蔡珍贵．浅析社会责任壁垒对湖南外贸出口的影响与对策［J］．商场现代化，2008（3）。

［19］戴娟．湖南进出口贸易与经济增长关系的实证研究［J］．经济研究导刊，2009（12）。

［20］李明义．贸易实务［M］．北京：中央广播电视大学出版社，1996。

［21］杨勇，蒋应铨，刘柯．贸易纠纷与争端解决［M］．成都：四川大学出版社，2003。

［22］来小鹏．企业对外贸易中的知识产权理论与实务研究［M］．北京：法律出版社，2007。

［23］韩立余．既往不咎：WTO 争端解决机制研究［M］．北京：北京大学出版社，2009。

［24］杨国华．中国入世第一案：美国钢铁保障措施案研究［M］．北京：中信出版社，2004。

［25］王千华．论欧洲法院的司法能动性［M］．北京：北京大学出版社，2005。

［26］Ernst－Ulrich Petersman，Transatlantic Economic Disputes：The EU，the

US, and the WTO, Oxford University Press 2008.

[27] John H. Jackson, Sovereignty, The WTO and Changing Fundamentals of International Law, Cambridge University Press 2006.

[28] Todd Weiler, International Investment Law and Arbitration: Leading Cases from the ICSID, NAFTA, Bilateral Treaties and Customary International Law, Cameron May Ltd. International Law Publishers, 2009.

第六篇　湖南省基层法治队伍建设调研报告*

引言

党的十八届四中全会就全面推进依法治国作了战略部署，并指出，必须大力提高法治工作队伍的思想政治素质、业务工作能力、职业道德水准，为加快建设社会主义法治国家提供强有力的组织和人才保障。全会强调，全面推进依法治国，基础在基层，工作重点在基层，要加强基层法治机构建设，强化基层法治队伍。基层法治工作队伍直面广大群众，加强基层法治工作队伍建设不仅是依法治国的基础，也是保障人民群众切身利益、维护社会和谐稳定、树立法治队伍良好形象、加强法治权威所必需的。为此，调研团在湖南省范围内选取南县、宁乡、永州、株洲、怀化等市县，深入基层法院、检察院、公安局、公证处、法制办、司法局等政法部门，从人员构成、业务水平、保障条件、工作机制等方面入手，通过部门访谈、调查问卷、实地走访、对比研究等形式，调研湖南省基层法治队伍在推进基层治理法治化过程中存在的不足和面临的困境，并针对调研发现的问题，结合基层法治工作的实际情况，提出完善基层法治工作队伍建设的建议。

* 本调研报告为蔡高强教授担任指导教师，刘功奇任团长，蔡瑶、卢莉、李晓峰、陈露、刘蓉、童丹等同学参加的2015年“三下乡”调研报告。

一、湖南省基层法治队伍建设现状

2012 年 2 月 29 日，时任湖南省委书记、省人大常委会主任周强在出席湖南省委法治湖南建设领导小组第一次会议时明确表示：“建设法治湖南重点在基层，难点在基层，要突出基层民主政治建设，必须以之为突破口，全面提升基层各项事业的法治化水平。”《法治湖南建设纲要》实施以来，湖南各地法院、检察院坚持创新工作，以法治建设为目标，由点及面，慢慢不断深入整个法治建设工作，逐步推进整体基层法治建设，这其中就包含了目前我们调研项目中的湖南省基层法治队伍建设。法治队伍建设不仅仅是法治湖南省建设的基础，如果队伍建设得好也会有力推动法治湖南建设的整体进程。在我们此次的“湖南省基层法治工作队伍建设现状”的调研中，对基层法治专门队伍的建设现状做了如下了解：

（一）基层法治专门队伍建设现状

1、人员职业素养和职业培训

法院、检察院为了提高基层法律服务工作者的业务水平，建设一支高素质的基层法律服务工作者队伍，不断地投入大量人力、物力和财力，努力提高整个法治队伍的职业素养，其中的职业素养不仅仅包括队伍人员的职业能力，更要首先培养好队伍人员的职业道德。职业道德与法律服务工作者诚信紧密相关，要强化法律工作服务者的职业道德意识；把职业道德与服务结合起来，以诚信赢得信誉；把职业道德与公民诚信建设结合起来，强化法律工作者职业道德、信用观念和信用意识；形成“职业道德是本，诚信意识是魂”的浓厚氛围。努力树立司法权威，强化全民敬法、畏法的意识。同时对法治队伍人员也有自身道德的约束，在办案过程中真正做到公平、公正，不偏不倚。而在法治队伍建设过程中，法律服务工作者的相关职业培训就变得相当地重要，培训包括业务能力的培训也包含着职业道德的培训。在我们调研的永州市的基层人民法院，相关人员表示在整个法院的系统内部一般也会进行一系列相关的业务能力的培训，特别是对法官的培训会相对比较多，因为法律是不断随着社会经济的发展而不断地调整和修改的，法律也在不断地进步过程中，而随着法律的不断完善，相关办案人员在处理具体案件中可能会面临和之前处理案件不一样的情况，需要适用不同的法律法规和司法解释，这些都是需要进行一个比较系统的培训和学习的。在这个过程中法院内部系统的培训就会显得尤其地重要。除法院自身系统之内的职业培训之外，法院也会积极地组织本院的法官、助理法官等人员去上级法院如中级人民法院或者是高级人民法院进行交流和学习，相互之间取长补短，学习其他法院的办案经验和办案思路。这都是目前法治队伍正在进行中的职业培训。但是也有部分法院表示，由于当前整个法院系统内部真正办案的法官人数其实并不多，而法院受理的案件却在不断地增加，受这样整体环境的影响，许多审判员或助理审判员其实每天都面临着审案的严重压力，没有多余的时间来提高职业素养和进行职业培训。这是目前反应比较多的阻碍法律服务工作者职业素养提高和进行职业培训的一个重要难题。特别是在目前司法改革中所提出的办案法官责任终身制，这确确实实给整个司法系统的办案人员带来了不小的压力，很容易使法官们忙于案件的解决而没有时间顾及职业素养的提高和职业培训。此外，由于执行人员的业务素质不高和工作责任心不强所造成的“执行难”问题，可以看出执行人员的素质与最后整体的执行水平息息相关。

2、落实司法改革情况

今年湖南省法院数字法院系统（案件信息管理系统）应用工作取得了明显进展，目前全省 140 家法院整体数据准确性、文书上传率均达到 100%，绝大部分法院案件类型准确性也达到了 100%。数字法院系统中数据零误差的实现，为湖南法院审判执行和审判管理信息化建设打开了新的局面。例如我们调研的许多基层法院对于已经实施的文书上传落实得很好，像永州市祁阳县人民法院、双牌县人民法院和零陵区人民法院都已经完全实现了大部分法律文书的上传，除了某些涉及隐私的案件按照相关规则不进行网上文书的上传。按照审判管理的要求，所有案件的笔录及法律文书都要上传到审判流程网上，并与案件的卷宗保持一致。其目的是为了解决目前各个法院存在着笔录、文书上传不全、不规范的问题。各个法院的领导们也十分重视审判队伍建设，重视司法改革的正确落实，将中坚审判人员添加到审判管理部门工作，对全院的审判进行强有力的督促与指导，正确引领，严格把关，让全体办案人员能切实认识到新形势、新要求。

对于法官责任终身制这一司法改革举措，其本意是想通过创立一个有效的错案追究终身制，首先将审判的权力真正交还给法官，同时在错案的认定及责任追究程序上更加理性。其目的是让法官大胆负责地自主断案，并承担相应责任。英国思想家培根曾告诫人们："一次不公正的判决，其恶果甚至超过十次犯了罪。因为犯罪虽然是无视法律——好比污染了水流，而不公正的审判则毁坏法律——好比污染了水源。"建立错案责任终身追究制度，能够进一步强化法官的责任意识，进一步提高案件审判质量，提升司法公正。目前虽然说这种司法改革制度并未开始实施，但是我们在调研过程中却发现了很多法院领导人认为这一制度如果实施得好，配套制度完善，必然可以收到预期不错的效果，但是从另一个角度来说却会为办案法官带来不小的压力，其真正实施效果如何还有待日后实践的检验。

3、执行难问题的解决

执行工作是人民法院工作的重要组成部分，是实现人民法院审判职能作用的重要环节，也是当事人合法权益得以保护的最终体现。执行效果如何，直接关系到人民法院能否全面履行宪法赋予的审判职责和当事人权利的真正实现，关系到能否维护国家法律的尊严和法制的统一。然而人民法院的判决书、裁定书、调解书及其他法律文书发生法律效力，在进入执行程序，采取执行措施后，有相当一部分因当事人部分或全部不能履行而难以执行，即"执行难"的问题十分突出，人们把这种执行不能的裁判文书称为"法律白条"。它不仅严重地困扰着人民法院的执法活动，而且严重地损害了法律的尊严和人民法院的威信。因此，认真分析、探索和解决"执行难"的现状，全面正确地履行宪法和法律赋予人民法院的职责，强化执行体制和方式改革，改善执行工作，是实现公平和正义的前提和保障。

我们在"湖南省基层法律服务队伍建设"的调研中发现，"执行难"的一个很重要原因是公民法制观念淡漠。虽然我国目前经济建设蒸蒸日上，但是道德建设和社会主义精神文明建设却后劲不足，市民的诚信观念缺失，大量的债务人道德观念、法制观念淡薄，逃债、废债、赖债的思想观念严重，认为赖债不会坐牢；有的债务人甚至目无法纪，视法律和法院判决书为儿戏，公开肆意对抗法院执行。在全国法院执行网上就有很多的失信被执行人名单。此外，调研过程中，许多法院领导表示一些被执行人欠债后，为躲避执行而外出躲藏，被执行人以各种手段千方百计转移、隐匿、消耗其所有的财产。这些被执行人大都有能力履行，却不愿意履行，采取各种手段对抗法院的执行，这也是经常出现案结事不了的原因，严重加剧了法院执行工作的压力。

调研中很多领导人反映要解决执行难必须要建立并明确信息征用、公开和对失信行为的处罚等一系列规定，增强全社会的诚信意识。要鼓励法人、组织、自然人保持良好的信用，同时对诚信不良的市场主体给予严厉的处罚，对其在一定领域内的活动设置种种限制，使其为失信行为付出高昂的代价，也使进入司法领域的被执行人不敢以失信行为为代价而逃避、抗拒执行。建立宣传教育机制、增强社会公众法律意识要利用多种途径，积极开展形式多样的执行法律宣教活动，提高公民履行生效法律文书的自觉性，教育引导人民群众增强法治观念，为执行案件营造良好的舆论氛围和社会环境。司法行政部门应将民事执行工作列为当前普法教育的一个重要内容，采取行之有效的手段，加大法制宣传力度。法院也应当主动与普法、宣传部门加强联系与合作，组织基层相关人员举办各类法律知识培训班，利用电视等宣传媒体开展以案释法教育，扩大宣传效果。要通过各种途径，增强市场主体的市场风险意识，同时完善各类交易活动的制度，防止或减少纠纷的发生。对于已经发生的纠纷，也要加强诉讼风险教育，使诉讼主体认识到通过司法救济途径解决问题的诉讼风险，从而减少纠纷，减少法院执行不能的现象。

为破解“执行难”，最高人民法院拟出台一项司法解释，对拒不执行法院生效法律文书的“老赖”，将采取“限制高消费”的严厉措施。最高人民法院此次将限制高消费提高到司法解释的高度体现了其破解“执行难”的决心和力度。但是，各法院表示限制高消费令存在着众多不完善的地方，例如哪些属于“高消费”？怎样监督执行“高消费”？“高消费”又会面临怎样的处罚？这些问题都深深影响着限制高消费令的执行和实施。据最高人民法院执行局局长俞灵雨介绍，为破解“执行难”，最高人民法院正在采取一系列措施，比如和公安部联合发文全面限制被执行人出境，和银行联合限制其贷款，和工商行政管理部门联合限制融资增容等。俞灵雨说，这次限制被执行人高消费是为了进一步压缩被执行人的生活空间，使其为“老赖”行为付出代价。对最高人民法院限制高消费的举措，各法院大多表示赞同，认为这样的制度在当前有很强的针对性以及现实意义，有助于解决“执行难”问题。但是也有不少法院人员表示可能会存在难以监督执行的问题。

（二）湖南省基层法律服务队伍建设现状

基层法律服务工作经过近30年的发展后，在2012年《民事诉讼法》修正案中得到立法确认。基层法律服务满足了中国基层社会和低收入群体的大部分法律服务需求，为基层和农村稳定、和谐、经济社会发展做出了突出贡献。但是，随着改革的不断深化和新政策、法律法规的出台，基层司法行政管理工作出现了许多新情况、新问题。对此，我们对湖南省一些基层法律服务队伍的建设现状进行了调研，基本情况如下。

1、基层法律服务队伍的人员配备

湖南省法治建设正如火如荼地开展，湖南省委组织部、省民政厅、省司法厅、省依法治省办在充分调研总结基层民主法治建设实践的基础上，落实中央提出的推进社会矛盾化解、加强社会管理创新、公正廉洁执法三项重点工作的具体举措。目前湖南全省乡镇、村居两级人民调解委员会建成率达100%，并依法新选配人民调解员16万多人，选聘义务调解员和纠纷信息员64万多人，实现了人民调解组织的多层次、宽领域、全覆盖。在张家界武陵源区，前几年就已开始着手部署建立村（社区）法治工作站。按照当地法制工作站建设方案要求，每个法治工作站由站长、指导员、专干3人组成，站长由选派到村（社区）的第一支部书记担任，指导员由公、检、法、司等部门具有法律专业知识的工作人员担任，专干由大学生村官、“三支一扶”干部、法律志愿者或治调主任担任，全区分6个片区，政法系统各单位分派一名班子成员作为片区联络组长。这是湖南法制建设中做得比较好的，但是在良好的大环境下仍然存在着不足之处，我们在对湘潭市雨湖区姜畲镇司法所和长城乡司法所进行走访调查发现，都存在着人员配备严重不足的问题。姜畲镇辖区内有居民53000多人，而司法所在编职工仅仅3人。而长城乡司法所更存在着“一套人马，几块牌子”的现象，长城乡司法所目前有4人在岗，其中3人属于政府编制，1人属于司法局编制，仅仅这4个人肩负着整个乡镇的法律服务工作、综治维稳工作等。基层的乡镇普遍存在着基层法律服务人员人手不够的问题，导致广大农村、乡镇、街道、社区得不到及时的法律服务，为基层人民群众寻求法律帮助带来诸多不便，并严重阻碍着基层法律服务的发展。但现在，乡镇司法所正处于收编改革阶段，乡镇司法所的人力物力将收归司法局统一分配，收编后人员安排将会更加合理。

2、基层法律服务队伍的人员素质

目前正处在法治湖南建设初始阶段，基层法律服务队伍的工作人员法律素养参差不齐。在前些年招录工作人员时，并没有严格要求要有法律专业学习的背景，很多工作人员是由其他部门调动过来或者是由部队退伍转业过来，他们的法律知识主要是靠后期的工作实践和培训学习而来。在调研过程中我们发现基层法律服务队伍中，年纪稍大一点的都只有大学专科学历，而年轻的骨干则是大学本科学历且一般拥有法律专业的系统知识。在基层法律服务队伍中有人通过自己在工作中的学习和实践，通过了由省司法厅组织的基层法律服务工作者考试，取得了湖南省基层法律服务工作者证。但从目前的数据看获得该证的人并不是很多，这也说明了基层法律服务工作人员的专业素养不够。而在长城乡司法所调研时我们了解到，现在基层法律服务工作岗位招录新人，必须要求要有法律专业本科及以上学历，但是不要求通过国家司法考试。总体来说，基层法律服务工作者的素质在不断的提升，为人民服务的技能也是越来越好。

3、基层法律服务队伍的工作机制

基层法律服务队伍对经济发展，特别是乡镇的社会发展起到了不可低估的作用。一是基层法律服务所的网络覆盖城乡，能为广大农民和居民提供便利的法律服务，形成一种与律师、公证优势互补、拾遗补缺的社会作用。二是基层法律服务的服务手段贴近群众、便捷有效，尤其在满足城乡低收入和弱势群体的法律扶助中发挥着独特作用，也在法律援助不发达现状中发挥其应有的弥补作用。三是基层法律服务的服务内容，在协助乡镇政府处理民间矛盾、开展法制宣传、推进依法治理等领域中显示出独特的优势，并为司法所的重要辅助力量，发挥着十分重要的作用。

如今湖南省各地都在探索推行具有湖南特色的人民调解、司法调解、行政调解“三调联动”机制，积极开展征地拆迁、环境保护、土地流转、交通医疗等重点领域矛盾纠纷的预防调处。衡阳、郴州等地不仅在各县市区和乡镇（街道）建立了“矛盾纠纷调解中心”，村（社区）建立了“矛盾纠纷调解室”，成立了“三调联动”领导小组和办公室，构建了人民调解、行政调解、司法调解“三调联动”、相互衔接的大调解工作体系，增强了矛盾化解的实效性、灵活性和联动性；而且成立了交通事故纠纷、消费者权益、医患纠纷等多个专门性的人民调解委员会，邀请专家调处矛盾纠纷；“三官一律进社区”机制则是由法院、基层法庭、检察院调解室，派专门调解员值班，受理案件、解答法律咨询、提供法律服务、调处矛盾纠纷。

目前，全省100%的乡镇建立了法律援助工作站，95%的村（社区）建立了法律援助联系点，每年办理法律援助案件超过两万件，充分发挥了维护困难群体合法权益的“最后底线”作用。

在基层法治建设中，湖南省各地区也通过开展丰富多彩的法制宣传教育活动，不断提高群众法律素质，引导和服务群众依法表达诉求，依法维护权益。湖南省衡阳市针对农村的实际特点，不仅将与“三农”问题密切相关的劳动法、治安管理处罚法、土地管理法、森林法等法律法规编印成《新农村建设普法百事通》、普法挂历、普法明信片等群众喜爱的普法刊物、资料近100万册免费发放给农民朋友；而且建立健全了以“一块普法宣传栏、一个法制图书室、一所法制学校、一支普法队伍”为内容的农村普法“四个一”阵地，定期更新内容，让农民朋友随时随地学法。常德、邵阳等地则组织专门人员将一些热点法治事件、典型案例编成渔鼓戏、花鼓戏、皮影戏等传统民间艺术剧本，邀请民间艺术家到农村表演传唱；开展“普法短剧进农村”活动，把热点法律问题编成普法短剧进行放映，寓法律宣传教育于文化娱乐中，深受农民群众的欢迎。

虽然不是所有的基层法制队伍都会以创新的形式去普法，但是他们以每年的全省农村法制宣传教育月、青少年法制宣传教育周、全国法制宣传日暨全省社区法制宣传日为载体，通过传统的发放普法宣传手册和法制宣讲等形式，广泛开展了以农民、青少年、社区居民为主要对象的群众性法制宣传教育。同时，积极推动法律进社区，积极建设法制广场、法制宣传长廊、大型法制宣传标牌，营造法制宣传教育氛围，使广大公民的法律素质普遍得到了提高。

4、基层法律服务队伍的保障机制

基层法律服务队伍的保障主要包括经济保障和人力资源保障。通过对基层的司法所走访调查发现，现阶段基层法律服务工作人员的工资待遇与一般的公务员工资持平，一般在2000元/月左右，工龄长一些的工作人员大约在3000元/月左右，再加上“五险一金”。乡镇司法所的工作人员每个月有额外的200元下乡补贴。而在工作方面的财政支出，由于乡镇司法所是由乡镇政府和司法局双重领导双重管理，所以日常工作经费由乡政府和司法局划拨。据了解，乡镇司法所的工作经费主要是日常文件的打印费，一年一万元左右。还有社区矫正工作的专项经费，姜畲镇是每人每年150元左右，在长城乡也差不多是每人每月15元。据工作人员反馈的信息来看，这些经费用到社区矫正人员身上时，并不宽裕，因此社区矫正工作的质量也难以得到保障。

基层法律服务队伍的人力资源保障，主要是通过对在岗职工进行培训，不断提升他们的业务能力。在调研过程中我们发现，基层法律服务工作者的升迁机会和途径并不多，有老干部反映他们在这岗位上一干就是几十年，只有极少数的特别优秀的人才被提拔到政府部门或升迁至法制办等单位。基层的法律服务工作者们在平淡中默默地奉献着，但也慢慢地失去了工作的激情和热情。这在一定程度上很不利于基层法治社会的建设。

总的来说，现阶段基层法律服务队伍建设存在着人员紧缺、人员工作素质参差不齐、资金不足的问题，这些问题是法制建设路上的重要问题，也是亟待解决的问题。

二、湖南省基层法治队伍建设面临的困境

（一）基层法治专门队伍建设面临的困境

通过走访湖南省永州市零陵区人民法院、永州市双牌县人民法院、永州市祁阳县人民法院、湘潭市岳塘区人民法院等，对调研材料进行整理，总结出目前湖南省法治专门队伍建设存在以下困境：

1、法治专门队伍工作效率低

导致工作效率低的原因可以从几个方面来分析：

首先，基层法治专门队伍专业人员缺乏。团队通过调研发现，基层人民法院缺乏有经验的专业人员，譬如永州市零陵区人民法院，院长表示院内编制100人，实际在岗人数92人，缺编8人。其中具有审判资格的61人，辅助人员31人（包括法警12人及行政人员等），缺大量辅助人员；祁阳县人民法院副院长表示院内编制146人，在岗138人，缺编8人。基层人民法院是人民群众解决纠纷至关重要的地方，每年基层人民法院受到的案件数量多，人均办案量大，加上缺编缺专业人员，极易出现一人要办理一百多件案子的情况，导致队伍成员无法及时地处理每一个案件，而是有所侧重地按照申诉、上诉先后顺序来处理，或者对疑难复杂案件迟迟不予受理，这就使很多案件无法得到解决。

其次，基层法治专门队伍的人员专业素质不够高。对于基层法院和检察院来说，工作人员整体层次趋向老龄化，甚至大多数工作者都还是八十年代招的，而青年法官、检察官屈指可数。被调研的零陵区人民法院院长表示院内大多数是85级招干的法官，青年法官包括辅助人员在内总共才14人。老一辈的法律工作人员往往习惯于用过去的方法和流程来进行工作，而那些具有时代气息的层出不

穷的案件——如房地产开发、种子纠纷、外嫁女问题、计划生育等对于他们来说需要更多时间来“消化”，在纠结是否摒弃旧的方式和如何正确做出决定的过程中，实际上耽误了很多时间，毕竟克服惯性思维对于中老年人来说是一个需要磨合的阶段。此时青年法官或者检察官显得尤为必要。普遍观点认为他们缺乏经验容易做出错误的判断，其实不然，正因为他们没有经验并且出生于最接近案件的年代，才不会用陈旧和惯常的方式来寻求案件的突破点，他们往往更加能与时俱进，敢于推陈出新。所以定期为法治队伍注入新鲜血液是必要的，有利于全方位分析问题。然而，基层法治专门队伍想要招到需要的人才又很艰难。有法律专业资格凭证并且有本科以上学历的德才兼备的年轻人，为了在最有激情和体力的时代努力拼搏出更多的财富，往往选择去经济文化和交通相对发达的城市发展扎营，而将暂时处于落后发展水平的市、县、乡的单位供给职位置于“备胎”位置。基层人民法院、人民检察院的整体办案效率受专业水平的影响而难以得到进步。

最后，主观因素也起了不可估量的作用。由于队伍老龄化，年纪大的审判监督人员为了能够安度晚年而安于现状地在基层专门法治队伍过着“浑水摸鱼”的日子，想着熬到法定退休年龄就可以领着退休工资高枕无忧了，在此期间也不愿提出有风险的新办法，以事不关己的态度面对上诉人和起诉人，延误了案件最佳处理时间。而相对年轻的审判监督人员也可能出现懈怠等消极心理。经济、地理等原因让他们认为前途渺茫无发展，再加上若在工作中稍有碰壁便容易触及本身不满而敏感的点，产生不必要的冲动。在这种状态下任何因素都可以消磨其激情。

2、工作质量难以提升

基层法治专门队伍的工作质量难以提升，这表现在以下几个方面：

首先，公众参与纳入依法决策的工作并未完全落实。基层法治专门队伍的建设的宗旨就是更好地为人民服务，而真正要做到的就是让群众满意和信服。除了尽可能地公开案件和组织针对性的回访以外，组织听证和宣传工作仍是棘手问题。据问卷调查显示，大多数人身边无从事司法相关工作的人员，难以咨询到相关知识，而没接受良好教育不会使用网络等媒介或缺乏看报纸、电视和听广播习惯的人无从得知相关信息。很多人表示尽管有意见或建议也找不到方式去表达，或者由于渠道艰辛就不愿去提了。所以，宣传工作要从更加广泛的方面入手，渗透到每一位群众与群众间，任重而道远。大到省、市，小到社区、家家户户，可以进行一系列活动定期为居民排忧解难。

其次，人员编制不足同样是导致工作质量难以提升的原因。平均到每个人身上的工作量变大，压力随即增大，所耗费的时间也延长，导致案件证据、线索无法在合适时间收集、核准，从而使案件得不到正确解决，上诉率上升。进行专业培训的机会由于时间紧迫而无法兑现或者不断延期。身心俱疲的队伍培训质量也降低。

最后，正在部分地区试点的“法官终生责任制”存在矛盾。受到法院体制结构框架的约束，案件的经手者往往不会仅仅只有一人或可追究到具体人数的特定团体。院长、主管院长、庭长等都是制约案件法官自由裁量权的领导。我国属于大陆法系国家，法官的自由裁量权并不像英美法系国家那么大，所受到的限制因素更多，且有着明显的层级关系。走访所获回答表示，领导是否放权起到至关重要的作用，而像单庭裁判这样的放权是少之又少，某些案件并非主审法官的意志，因此责任难以追究到具体人员身上，“法官终生责任制”的实施变得抽象。再加上相关处罚法和具体规定并未落实、基层法治队伍本身的积极性不高，再实行这一制度，很多人员表示压力巨大。由此可知，“法官终生责任制”由于以上分析得到的客观原因和调查显示得到的主观原因都会使其在落实过程中受到阻碍而难以实现。

3、人才流失现象严重

第一，难以招到人才就是一个很大的问题。地处偏远落后的地区，譬如永州市双牌县人民法院表示，他们根本无法把学历要求定得太高，否则会大大降低网上报考本基层法院的人数，所以报考的求职者中以二、三本的学历为多；而通过国家司法考试持有法律职业资格证书的却并不多，譬如永州市零陵区人民法院，招录人员中只有 14 人通过了司考，并且其中的 5 – 6 人非任职为审判人员。当然，工作后通过年复一年的努力考到从业资格证的也占很大比例，只是初始招录条件在性质上还是存在不同的。但是法警、行政人员等在内的辅助人员也难以招满，有法院表示甚至需要运用院里的经费来招大量辅助人员，譬如永州市零陵区人民法院就只能用经费招录 33 名辅助人员。所调查的基层检察院的招录情况相对基层法院来说问题没那么严重，如湘潭市岳塘区检察院今年拟招 3 人实招 2 人，条件和要求基本达标。经济、交通等方面发达程度本身是相对优秀的求职者的首要筛选条件，尤其是在这个发展飞速的时代，优胜劣汰、弱肉强食的观念更加深入人心。地处经济条件落后、交通不便的基层法院、检察院所提供的岗位如何在众多硬件更强的岗位中脱颖而出，招录到合适的优秀人才？这一直是基层法治专门队伍建设中不得不纳入优先解决行列的棘手问题。

第二，在职人员辞职或向其他单位流动现象渐增。基层检察院工作人员通常向上级人民检察院流动或者去政府，有的基层法院表示："没有升迁通道。有些干部30多年都解决不了副科待遇，基本进来是什么状况就是什么状况。工资待遇低，最近几年有18人考去了长沙、株洲、衡阳。现在工作待遇：刚参加工作的基本工资600元左右，法官有法官津贴，办案补贴220元，所有加起来总共2500元左右。而长沙的一年差不多7、8万。司法改革影响：要做事的都来了，待遇保障还没有。"留不住人的根本问题在于经济的落后，制度和理念可能还无法完全跟上国家的统一标准，但社会发展的速度之快使"做事的人"等不了迟迟不及的待遇保障，在职人员为了更加充分发挥自身才能实现自我价值，纷纷选择另谋生路。

综上所述，我省基层法治专门队伍面临的困境较为严峻、不容小觑。要提高基层法治专门队伍的建设需从以上三点进行落实，通过提高工作效率、提升工作质量、减少人才流失来一步步脱离困境，在建立健全法治社会的道路上扎实打好基础。

（二）基层法律服务队伍建设面临的困境

基层法律服务队伍的人员编制不足，且其管理体制复杂，不利于基层法律服务的深入开展。

1、人员编制不足，且缺乏司法干警编制，不利于职能的实现

我们通过对湘潭市雨湖区姜畲镇司法所和长城乡司法所进行走访调查发现，都存在着人员配备严重不足的问题。姜畲镇辖区内有居民53000多人，而司法所在编职工仅仅3人。长城乡司法所目前有4人在岗，其中3人属于政府编制，1人属于司法局编制，仅仅这4个人肩负着整个乡镇的法律服务工作。同时我们发现两个乡镇司法所，都没有配备司法干警。司法所是直接面对基层众多群众的窗口和服务平台，本身职能众多，担负着人民调解、社区矫正、安置帮教、法制宣传等职责，而且随着乡镇经济的大力发展，社会矛盾也日益复杂化和多样化，如此少的人员编制根本无法满足需要，平均每个所只有三个司法人员，工作压力很大。而对于社区矫正人员的监管和管理来说更是需要司法干警的参与，其他工作

人员的身份很受限制，没有执法证、没有警衔、没有制服，只是靠说服、教育为主，很难起到震慑作用，也不利于对社区矫正人员的管理。同时对于乡镇群众来说，工作人员不足也会导致他们不能得到及时的法律服务，这会为基层人民群众寻求法律帮助带来诸多不便，并严重阻碍着基层法律服务的发展。

2、双重管理机制不利于其独立地位，且使得司法工作专业性不足

当前，全国大部分地区都按照中央要求，实行了司法机构独立，编制单列，各基层实行司法局的派出机构——司法所，并由司法局垂直领导。而湘潭市雨湖区两个乡镇司法所目前都还受司法局和乡政府的双重管理，资源配置上大多依靠乡镇的力量，所以主要是听从乡镇安排，造成了市司法局管事不管人，乡镇政府管人不管事的现象，导致部分工作人员缺乏归属感和荣誉感。尤其我们还注意到，长城乡司法所实际上是“一套人马，几块牌子”，工作人员既要负责法律服务工作还要进行社会维稳和其他工作，使得工作人员的工作出现了杂而无序、乱而不精的现象。基层司法工作本应是专业性极强的技术性工作，要求队伍建设走向知识化、专业化，然而司法职能和各行政职能的混杂，使得司法人员具有了多重工作职责和多重身份，他们既要高标准严要求地开展司法工作，同时还要深入开展其他社会管理等工作，这势必会造成司法人员不能专心于其本职司法工作，影响司法所法律职能的实现。双重管理模式从长远来看不利于司法所的高质量运行和持续发展，不过从司法人员那里我们也得知，两个司法所当前正处在收编改革阶段，在收编之后乡镇司法所的人力、物力、财力都由司法局统一分配，我们也在静待收编改革后的佳音。

3、基层法律服务队伍的人员素质参差不齐，后续发展动力不足

在调研中发现，两个司法所的人员素质整体都偏低。在前些年的工作人员招录时，司法所并没有严格要求要有法律专业学习的经历，很多工作人员是由其他部门调过来或者是由部队退伍转业过来，他们的法律知识主要是靠后期的工作实践和培训学习而来。总体队伍的人员构成中，年纪稍大一点的都只有大学专科学历或中专学历，而只有极少数年轻的骨干则是大学本科学历。不过，在基层法律服务队伍中也有人通过自己在工作中的学习和实践，通过了由省司法厅组织的基层法律服务工作者考试，取得了湖南省基层法律服务工作者证。但从目前的数据看，获得该证的人并不是很多，这也说明了基层法律服务工作人员的专业素养不够。同时，基层工作人员往往也局限在自己的乡镇中，外出学习的机会少之又

少，无法进行横向比较，不利于基层司法工作的进一步提升，使得工作人员的专业素质不能很好地适应于当前经济社会的迅速发展。

4、基层法律服务队伍的经济保障不到位，人员晋升机制不合理

由于司法行政在开展普法宣传、人民调解、社区矫正、表彰先进典型等工作时都必须有一定的经费作保障，而每年的拨款只是杯水车薪。目前司法所每开展一次工作，凡涉及经费支出的，每一份开支必须先申请，待领导批准后才能实施，年初没有计划、没有预算的很难得到落实。上级对这些工作的拨款不足使得基层工作难以开展。据长城乡司法所工作人员所说，有些经费他们只能够从乡政府的其他行政工作的经费中来填补缺漏。而司法局对于社区矫正的工作补助也是极低的，每人大约150元，远远不能满足需要，司法工作的开展总是受工作经费制约，基层司法所的工作远远不能适应当前工作的需要，不仅影响了维护基层社会和谐稳定职能的充分发挥，也影响了工作的顺利开展和工作人员的积极性。

一般来说，司法所的人员晋升，主要是在司法局内部之间的调整或政府法治部门的选调。而调研过程中发现，在雨湖区的两个乡镇司法所的升迁机会和途径并不多，在政府和司法局的双重管理体制下，晋升空间不仅没有拓宽，反而使得晋升机制混杂，成为一纸空谈。有老干部反映他们在这岗位上一干就是几十年，只有极少数特别优秀的人才被提拔到政府部门或升迁至法制办等单位，而绝大多数人都没有什么晋升的机会。这种过于稳定缺乏激励的机制，也造成了工作人员们的惰性，大部分人都慢慢地失去了工作的激情和热情。一定程度上，这种晋升机制很不利于基层法治社会的建设。

三、完善湖南省基层法治队伍建设的对策

（一）强化基层法治专门队伍建设

1、优化基层法治专门队伍的人员编制结构

优化基层法治专门队伍的人员编制结构可以从以下两方面入手：

第一，合理调整基层队伍的编制数量。目前，基层法治部门编制数的确定仍以辖区的人口数量为主要依据。而实践中，人口数量与各法治部门的工作量并非

均呈正比关系。随着案件数量的逐年上升，各法治部门编制数量的增加却相对缓慢，这在一定程度上加重了基层法治专门队伍的工作压力。此次调研对象普遍反映“人少事多”，即“在编人员工作量大”这一问题。因此，结合本次对湘潭和永州等地的调研，就人员编制数量提出建议。一是综合考虑“辖区人口数量、公检法部门工作任务量、当地经济发展水平”三个因素，对原有编制进行考量修正；二是针对不同区、县的独特政治、经济、地理、文化因素，制定出科学合理的安排。

第二，合理优化在编人员的职能分配。在保证一定数量的在编人员队伍的前提下，如何将资源整合发挥最大功效是当务之急。公、检、法部门中，并非每一个在编人员都处于一线业务线，这是真正的压力所在。以法院为例，一线业务线上的是办案法官及书记员，调研数据显示，一个基层人民法院内部真正的审判力量只有60% -70%。所以在各法治部门内部应当合理优化人员的分配，根据实际办案需求对在编人员的职能进行调整，保证一线办案人员的工作效率与质量，而对于其他综合辅助类的岗位可以通过合同制的模式加以解决。目前，法官员额制正在试点中，其目的就是将高素质的法官人才通过一定的考核集中起来，其他人员则成为专门的司法辅助人员。这样的改革同样是为了优化职能分配而作出的努力，值得各法治部门在改革中予以借鉴。

2、促进基层法治专门队伍的职业化与专业化

首先应该创新招录模式。基层法治专门队伍的招录目前主要是通过公务员考试选拔及签订合同的方式来进行，其范围是全社会。虽然借此引进了不少本科生、研究生等法学专业出身的人才，但他们缺少社会经验、工作经验及专业技能，这些都需要时间和经历来磨炼才可获得，因此资深的工作人员便可谓是基层队伍的中流砥柱。而法治专门队伍中一直存在人才外流的问题，许多法官、检察官转而研究学术或者从事律师行业。基于此，我们可以尝试在源头上引进律师、法学研究者等高素质人才。当然，招录办法需要科学的设计，在参考律师、学者从业经验的基础上，综合考量其专业技能。同时，要坚决避免招录流于形式。横向打通法律人才交流的各个渠道将促进理论与实践更加有效地结合，有利于打造一个法律职业共同体，从而推动整个法律职业共同体的职业化与专业化。

其次，要完善培训体系。一是建立“以上带下”全面培训模式。在此次调研中，许多部门表示希望有更多的机会参加全面、系统、专业的培训，而这正是实际缺乏的：第一，上级部门应当充分利用优势资源，邀请有经验的办案能手或

者高校的法学专家定期举办一些业务培训活动，尤其在新法出台的时候及时组织学习、交流。第二，考虑到基层业务量大，应当使培训方式灵活化，通过课堂、讲座、视频学习、挂职锻炼等多种途径进行培训。

最后，要拓宽人才交流渠道，加强各部门之间资源共享与互帮互助。除了“以上带下”的模式，在同级之间也可以建立相应的交流培训模式，做到“以优促优”。在同级的法院或者检察院中同样存在着由各种原因导致的差异，而这些正是可以互相借鉴、学习之处。定期组织同级部门之间交流办案心得、分享业务经验，互相进行现场观摩学习等在很大程度上有助于各法治部门的共同进步与提高。

3、健全基层法治专门队伍的评价机制

首先要健全激励机制。激励机制有利于保持队伍中的积极性，有助于促进队伍在良性竞争的环境中发展，其对于加强基层法治专门队伍建设有着至关重要的作用。故此，我们不得不思考建立更为科学的、体系化的激励制度。第一，要设计一套相对完整的评估机制，针对不同岗位对个人的要求作出科学的评估。以法官为例，对其的评估要以审理案件的能力为核心，与学历、资历、职位等挂钩，并且体现法官平均办案量、审理案件的效率、办案质量（包括结案率、调解率、上诉率等）等核心。只有针对不同岗位的特点做出全面的评估，才不会打击个人的积极性，同时对该岗位的工作形成有效的规范和引导，更能及时地纠正不符合标准的职务行为。第二，在合理的评估机制的基础上建立升迁机制。此机制主要的考察对象是业务能力，对于高素质、高业务能力的人才要予以重视，在职位和经济方面给予鼓励，着力营造“学先进、赶先进”的良好氛围。

其次，要切实落实问责机制。近几年对于“终身负责制”的讨论层出不穷，虽然现在各界普遍接受这一观点，但关于问责制的具体制度安排亦存在许多难题。第一，应当明确“有权才有责”，终身问责的前提是确定是“谁”拥有权力，“谁”实施了权力；第二，错误行使“权力”的标准如何衡量，如何证明；第三，责任应当如何划分，如何由个人承担。所以，第一步应当打破行政化，使得法官、检察官真正享有独立的司法权，解决后顾之忧，不再受制于行政权力。第二步需要建立上文所提到的激励机制，通过合理的评估机制判断法治专门队伍人员是否错误行使权力，是否故意为之等。第三步则是明确在故意且情节恶劣，社会危害大的情况下对此行为作出刑事上的入罪和处罚，在过失且情节较轻的情形下作出民事赔偿。当然，终生问责制并不是一个简单的课题，还需要大量的研

究和实践才能逐步发展，我们应将其作为一个长远目标而努力。

最后，强化监督机制。监督机制是基层法治队伍廉洁发展的最后一道防线。内部的监督机制是公、检、法部门长久以来非常重视的，而外部监督往往遭遇了忽视和抵触。各法治机关与群众的联系较少，没有较好地处理与舆论的关系是导致外部监督没有发挥出积极作用的重要原因。第一，各法治机关应当加强与人民群众的联系。我们的问卷调查结果显示人民群众对于公、检、法机关的了解很少，除了极少部分有过亲身经历之外，大部分的人对公检法机关并不了解且存有疑惑。其实这需要各法治机关加强对自身职能的宣传，定期向当地群众报告自己的工作成效，开通便民的渠道以方便人民群众的监督。同时，对于“恶意监督”行为也应进行相关的惩治措施，保证监督质量，避免资源浪费。第二，在互联网信息时代，媒体的力量是以往任何宣传工具都无法比拟的。面对舆论，不能隐瞒更不能逃避。据我们的调研可以得知，部分法院已经在院内设置了专门的部门来负责与对外媒体的交流工作，这起到了积极的示范作用。舆论监督将事件的真相曝光，具有极强的独立性，其所进行的监督是立竿见影的。而各法治机关应当直面舆论监督，树立公开透明才能阻止恶意不实报道的传播。因此，完善外部监督机制，使公众更加全面、正面地了解各法治部门才是长久之计。

4、完善基层法治专门队伍的经济保障机制

首先，建立独立的经费保障体系。目前各地司法机关人财物由省级统筹的观念已经提出并在试点中。对此，调研过程中许多机关表现了积极的态度。在此之前，法院、检察院等部门的经费由地方政府提交预算和支付，这种“条块管理”的模式在一定程度上使其长期受到行政上的限制，影响了其地位的独立性。有学者表示：“法律实施不尽如人意的一个重要原因就是司法机关地位偏居弱势。”所以，此次省级统筹管理的提出方向是正确的，而各地的试点将为之后的改革提供更多有效的实践经验。随着打破地域模式的措施推进，省级统筹是否是最为合适的选择则有待实践来证明。统筹级别的进一步提升或许将成为真正实现司法独立的重要举措。

其次，提高基层法治专门队伍人员的待遇。调研中显示待遇和地区偏远的问题往往是导致基层法治专门队伍无法吸引高素质人才以及人才外流的重要原因。“招不进，留不住”的现象与亟需壮大基层法治专门队伍的现实需求之间产生了极大的矛盾。对此，我们需用待遇倾斜的方式来缓解偏远基层地区的法官断层问题。通过对基层法治专门队伍人员的待遇的保障，使该群体能够享受到与其工作

强度相适应的待遇。此举措既能维持基层法治专门队伍工作的效率与积极性，而且将有助于吸引并且留住更多高素质人才。

（二）发展壮大基层法律服务队伍

1、优化基层法律服务队伍的人员配置与待遇问题

首先，应充实工作队伍。在湖南省湘潭市湘潭县姜畲镇司法所和湘潭市雨湖区长城乡司法所调研的数据显示基层司法所的工作人员数量严重不足，几万人的乡镇仅有寥寥三四名司法所工作人员，同时这三四名工作人员身兼多重职务，还担任着综治维稳等其他工作。而同样面临此状况的不单单是基层乡镇的司法所，还有湘潭市岳塘区人民检察院，工作人员任务繁重且人员数量持续负增长，长此以往会导致个人任务繁重不堪。因此，增加基层法治队伍工作人员数量是发展基层法律服务队伍至关重要的一环。

其次，提升工作人员专业素养。近年来基层法律服务队伍质量大为提升，基本都要求为法学本科出身，通过国家司法考试的人员比例也逐步增加。调查问卷数据也反映出民众能感受到基层法律服务队伍的进步，但仍然有待提高，不少民众担心基层法律工作人员的专业素养不够，不足以胜任工作、解决实际问题。基层法律部门应通过“以上带下、以优促优”的方式来提高工作人员的专业素养，即组织向上级部门学习、基层法律部门之间互相学习。调研结果显示由于受到工作人员的数量及各级机构和同级机构之间的沟通不畅限制，无法进行全面综合的学习，对工作人员的提升不大，多流于形式。而在发展基层法律队伍建设中，提升工作人员专业素养是重中之重。各机构应当制定系统的学习计划，学习专业知识、借鉴经验，将其应用到工作中。

制定系统学习计划应当将各方面细化，且要考虑到部门本身的特性，根据本部门的实际情况制订计划。可具体采取如下措施：（1）基层机构可在每周的工作日中选定固定的时间进行部门内部的经验交流或培训，并将每周一次的培训列入工作安排，将之持续下去。学习内容可为本周工作总结、个人经验分享、老员工对新人的培训、本部门专业知识的培训或请专家教授讲学等。（2）同级之间进行交流或互相学习时，可通过联合举办活动或集中进行培训，可制定定期计划，如半年一次、一季度一次等。学习内容可为经验交流、合作发展等。（3）在学习上级指示、政策或集中培训时，同级机构可共同与上级沟通，选定时间进

行集中学习，以保证效率与质量。

最后，提高工作人员待遇保障。通过此次调研，几乎所有基层法律队伍建设与发展都被较低的福利待遇保障掣肘，基层法治单位直面全体民众，任务量极大，但基层的福利待遇与之所付出的劳动不成正比，影响工作人员的积极性。以基层法律服务机构为甚，如司法局，其在基层中担任着重要角色，调解、社区矫正、一般的法律援助等都是司法局的职责，但其福利待遇与其责任成反比，平均月工资与同级公务员持平，新招录的工作人员工资更低。如此的高付出低回报现象也导致了招录困难、资深人才流失，形成了恶性循环。因此，提高福利待遇保障是基层法律队伍建设与发展的先决问题。

提高福利待遇保障要落实到各方面，如工资、津贴、补贴、保险、福利、休假等。落实应从以下几个方面进行：（1）通过制定法律，行政法规、部门规章来确定基层法律服务队伍的福利待遇，制定详细、具体、操作性强的规定，尽可能将基层法律工作人员身心保护得周到细致。切实有力的福利待遇保障措施有效地保护了工作人员的效率，可促使广大基层法律工作人员始终保持“高度的工作热忱”和“原动力”。立法可确立福利待遇的保障，通过全国性的立法明确基层法律服务人员的福利待遇政策，同时明确监督机制。各省根据自身经济社会发展情况制定法规以明确福利待遇标准以及对工作人员的评定标准。（2）设置专门部门保障。在基层各单位设置专门部门进行管理。工作人员的福利待遇由此部门根据国家和省级制定的评定标准进行考核，包括人民调解的成功率、基本法律援助的正确性和全面性、法律普及的程度等多方面。福利待遇由考核的成绩决定，而后将考核结果公示。同时，考核由同一系统上级进行监督，以避免违法乱纪的情况。

工作人员数量、专业素养、福利待遇保障是基层法律服务队伍建设与发展的基础，三者缺一不可。

2、优化基层法律服务队伍之间的联动机制

首先，应该积极普及“三调联动”制度。调解从古至今都是中国的特色法律制度，调解充分体现了当事人意愿，是广大群众在参与社会管理、解决矛盾纠纷中当家做主的一种重要形式。构建社会矛盾纠纷人民调解、行政调解、司法调解“三调联动”工作体系符合党中央关于建设社会主义和谐社会的总体要求，符合推进社会主义法治的需要。

加强调解工作，就是要重视和维护人民群众最现实、最关心、最直接的利益

问题，从而密切党和人民群众的血肉联系，巩固党的执政基础。人民调解工作以其明确的法律地位和法律依据，已经成为我国社会主义民主政治建设的重要组成部分。而新形势下矛盾纠纷的发生发展与过去单纯的民间纠纷相比发生了很大的变化。因此，贴近实际、贴近群众、兼顾法理，把调解工作纳入法制化的轨道，是社会主义法治建设的重要内容，为法治建设赢得更多的群众基础和社会认同，也更有利于提高广大群众的法律意识。

所以“三调联动”机制是一项利国利民的政策，尤其是在最贴近民众的基层进行，正确把握“三调联动”工作的基本原则，通过实践，探索出合适的工作模式，三项调解成功对接，发挥综合优势，更好地促进社会和谐发展。

其次，要优化“三调联动”制度。可以从以下方面入手：

（1）强化“三调联动”队伍。在调研中有位司法所所长认为，在“三调联动”的队伍里要加入德高望重的老人，有些人会听取老人家的意见。这是该所长在村民间进行多年调解的经验，此话不无道理。同样，在进行调解的时候可适当在队伍中加入对被调解人员有较大影响力的人员，能提高调解的成功率。这位所长的经验可推行到全省实行，不止可以加入德高望重的老人，同样可如山东省胶州市司法局一样加入律师，从利益方面出发，为居民权衡利弊。除此以外，引入美国的 ADR 制度，对调解人员进行 ADR 培训，也能使其更好地为民众服务。

（2）淡化“三调联动”的行政色彩。“三调联动”应被视为解决纠纷的社会组织，这个社会组织不是纯粹的民间组织，而是人民调解资源、行政调解资源与司法调解资源合理整合的组织。诚然，“三调联动”因有行政机关和司法机关的参加使其不可避免地具有行政色彩，但其存在的目的是通过与当事人的沟通达成协议，参与其中的行政机关、司法机关、人民调解员等都可视为双方沟通的桥梁，官方机构既不能够凭借自己的权力强制当事人双方通过协商达成一致协议，又不能强制协议履行方去履行义务。因此，行政色彩的淡化可谓是必经之路。

（3）落实责任追究。在调解中有些矛盾纠纷久拖不决，久调不息，错过了最佳调解时机，有些小事甚至拖成了大事，最终在追究责任时，互相推诿、互相扯皮。基于此，建立考核与追责机制非常关键。每年或每季度进行调解工作的考核，对成功率、结案率进行考核，如同上述，可将考核成绩与福利待遇挂钩。建立追责制，对在工作中敷衍塞责，不负责任而导致矛盾纠纷久拖不决、久调不息的人员和单位，进行责任倒查，根据后果和情节轻重给予相应的处罚，督促单位和人员都能做到尽忠尽责。建立考核与追责制可完善“三调联动”机制，使其更好地服务社会。

（4）加强“三调联动”各组织的工作的衔接。“三调联动”是一个完整的系统，要促进队伍的建设与发展应加强各机构之间的合作与衔接，通过对基层民众更好的服务来体现进步。通过调研发现基层“三调联动”的衔接较为混乱，效率较低，可通过以下方法进行改善：一是建立统一的专职管理机构。可在村委会建立“三调联动”三方的管理机构，其职责仅限于在调解时对三方进行管理，同时将村内所发生的通过村内无法调解的纠纷上报给三方机构，组建“三调”队伍。二是合理分流。调解只是众多解决方法中的一种方法，基层并不能将调解结案当成一种硬性规定，而是应在前期发现明显无法调解解决或调解进行一段时间后发现无法解决时，将案件进行分流，以节省人力物力。

通过本次调研，我们认识到基层要想稳落实、求发展，必然要通过福利待遇保障来进一步保障工作人员的数量以及专业素养，再通过加强各部门之间的合作与工作之间的衔接才能有所建树。

四、参考文献

[1] 中共中央关于全面推进依法治国若干重大问题的决定辅导读本［M］. 北京：人民出版社，2014。

[2] 党的十八届四中全会〈决定〉学习辅导百问［M］. 北京：学习出版社，2014。

[3] 蔡高强. 社会调研：法学实践教学的方法和成果［M］. 湘潭：湘潭大学出版社，2013。

[4] 尹力中. 中国调解机制研究［M］. 北京：知识产权出版社，2009。

[5] 苏力. 法治及其本土资源［M］. 北京：中国政法大学出版社，2004。

[6] 刘佳义. 推进基层治理法治化［N］. 光明日报，2014（12）。

[7] 赵瑜磊. 基层法治建设需要解决的问题与对策［J］. 法制与社会，2015（04）。

[8] 吴杰. 依法治国背景下法治队伍建设的思考［J］. 新东方，2014（06）。

[9] 贾京平. 湖南基层法治建设扎实推进［N］. 法制日报，2012（07）。

[10] 夏崇源，肖声，刘武俊. 加强法治工作队伍思想政治建设［J］. 思想政治工作研究，2014（12）。

[11] 湖南省贯彻落实《中共中央关于全面推进依法治国若干重大问题的决定》的实施方案［N］. 湖南日报，2014（12）。

[12] 李静. 基层检察队伍专业化建设调查分析 [J]. 法制与经济，2011 (02)。

[13] 王增杰. 推进基层治理法治化的思考 [J]. 中共太原市委党校学报，2015 (01)。

[14] 王清. 公正廉洁司法与队伍建设 [J]. 法制与社会，2010 (05)。

[15] 刘晓红. 构建中国本土化 ADR 制度的思考 [J]. 河北法学，2007 (01)。

五、附录

附件一：

基层法院队伍建设访谈提纲

1、基层法院的队伍人数？编制人数？审判庭的设置和庭内人员的配置情况？

2、基层法院的招录情况（高学历人才所占比例）？整体水平（全院司法考试通过情况）？

3、法官配备是否足够？青年法官所占比例（40 岁以下）？

4、如何看待办案法官终身负责制（正在试点）？办案法官终身负责制是否给法官带来很大的压力？

5、是否有与职业能力相关的培训？

6、是否有机会与同级或上级法院交流学习？

7、工作队伍是否面临来自地方权力的压力？民众的压力？或者其他？

8、法院与新闻媒体和普法部门有无配合？具体的工作机制如何？

9、“人财物”省级统筹之后的经费收支总量、经费构成情况、人均经费状况？

10、执行办案所需交通、通讯、公办等物质装备是否齐全？办案经费的比例如何？

11、人员流动去向以及频率如何？工资待遇对人员流动的影响大不大？

12、法院的结案率、上访率、上诉率、错判率以及发回重审、再审的比例？通过调解结案的案件所占比率？

13、落实“司法公开”（文书上网）的工作成效如何？

14、被执行人的义务履行情况怎么样？怎么解决执行难的问题？

附件二：
基层检察院队伍建设访谈提纲

1、目前检察院队伍人数？编制人数？

2、招录情况（高学历人才所占比例）？整体水平（如整个检察院司法考试资格证获证人数）？

3、近两年案件类型？办案效率？处理案件的人员是否充裕？

4、是否有向法院申请延期审理的情况？是否有退回补充侦查的案件？

5、提起检察建议的情况？

6、案件回访机制如何？

7、“方便诉讼”方面的举措？

8、检察院在履行职责过程中遇到的困难主要来自于哪些方面？最大的困难是什么？如何解决？

9、通过何种方式提高检察院内部人员法律素养？

10、检察院落实司法改革的措施？

附件三：
乡镇司法所队伍建设访谈提纲

1、贵所各部门设置现状（人员数量？是否存在编制上的不平衡导致各部门工作量和人数不成正比的问题）？

2、贵所如何招录新的工作人员（是上级分配，还是自主招录，或者其他渠道）？

3、贵所的干部学历现状（本科以上、本科、专科的比率）？

4、贵所的队伍中具法律专业毕业学历或者取得法律职业资格证书的人数？

5、贵所人员工资待遇处于什么水平？与其他法治机关相比如何？

6、贵所对于人员的考核激励机制如何操作？

7、贵所工作人员职业上升通道有哪些？近年来，职位上升人数的比例？

8、贵所认为应如何强化基层法律服务工作？

9、关于社会矫正和人民调解，近年来贵所工作部署情况，以及遇到的最大困难？

10、近年来贵所在法制宣传教育方面做出了哪些努力，效果如何？

11、近年来的经费开支情况以及今后的重点开支项目，经费是否充足？

12、贵所认为应该如何强化基层司法所的建设？

附件四：

湘潭大学2015年暑期“三下乡”调研团

——湖南基层法治工作队伍建设现状调查问卷

尊敬的____________女士（先生）：

您好，我们是湘潭大学法学院的学生，现在正在进行一项以“湖南省基层法治工作队伍建设现状调研”为主题的暑期调研活动。本次调研旨在了解湖南省基层法治队伍在推进基层治理法治化过程中的成功经验和面临的困境，并针对调研发现的问题，结合基层法治工作的实际情况，提出完善基层法治工作队伍建设的建议，为湖南省基层法治工作队伍建设现状提供理论支持。现通过调查问卷了解您对于基层法治工作的满意度，以及对推进基层治理法治化的意见和建议。

此问卷仅限于学术研究，采取不记名形式。如果您有时间，希望您能积极参与并请实事求是地予以回答。我们将本着专业精神承诺：在调查过程中严格保守秘密，不向任何第三方透露被调查单位的任何非公开信息，不将被调查单位的答卷信息用于本次调查以外的任何目的。请您在符合贵单位情况的序号下画“√”。谢谢您的合作！同时对您提供的热忱帮助表示由衷的感谢！

湘潭大学“湖南省基层法治工作队伍建设现状调研课题组”

指导老师：蔡高强　1397322××××

负 责 人：刘功奇　1837329××××

1．您的年龄？

A．18－30　　B．31－50　　C．51以上

2. 您身边是否有人从事公安工作，工作状态如何？

A. 有，工作辛苦　　B. 有，工作轻松　　C. 无

3. 您认为公安机关办案是否公正？

A. 是　　B. 否　　C. 不好说

4. 您对本地公安机关依法办事评价如何？

A. 依法办事的能力强　　B. 依法办事的能力一般　C. 依法办事能力差

5. 您对于公安人员的工作是否满意？

A. 非常满意　　B. 满意　　C. 不满意

6. 您通过什么方式向公安机关表达意见和建议？

A. 信箱　　B. 网站　　C. 电话　　D. 找不到表达方式

7. 您认为公安机关为民服务做得怎么样？

A. 做得很好　　B. 有待提高　　C. 没有做过　　D. 不了解

8. 您是否参加过法制宣传教育活动？

A. 是　　B. 否

9. 您认为检察院人员素质是否在提高？

A. 有很大提高　　B. 有一点提高　　C. 没有提高

10. 您对检察院公正司法是否满意？

A. 非常满意　　B. 基本满意　　C. 不满意

11. 您对检察机关在维护社会稳定、提供司法保障方面是否满意？

A. 是　　B. 否

12. 您是否有参与过诉讼或者您周围是否有人参与过？

A. 有　　B. 没有

13. 您对现在的法院的工作是否满意？

A. 非常满意　　B. 满意　　C. 不满意

14. 如果您去诉讼，您是否不愿意在基层法院诉讼而会选择更高一级的法院？

A. 是　　B. 不是

15. 如果您在基层法院诉讼，你最担心法院什么？（多选）

A. 不依法办事　　B. 专业素养不够

C. 执行能力不足　　D. 不担心

附件五：
湘潭大学法学院送法下乡普法手册

一、宪法上公民的基本权利与义务

（一）选举权和被选举权

第三十四条　中华人民共和国年满十八周岁的公民，不分民族、种族、性别、职业、家庭出身、宗教信仰、教育程度、财产状况、居住期限，都有选举权和被选举权；但是依照法律被剥夺政治权利的人除外。

（二）宗教信仰自由

第三十六条　中华人民共和国公民有宗教信仰自由。

任何国家机关、社会团体和个人不得强制公民信仰宗教或者不信仰宗教，不得歧视信仰宗教的公民和不信仰宗教的公民。

国家保护正常的宗教活动。任何人不得利用宗教进行破坏社会秩序、损害公民身体健康、妨碍国家教育制度的活动。

宗教团体和宗教事务不受外国势力的支配。

（三）人身不受侵犯

第三十七条　中华人民共和国公民的人身自由不受侵犯。

任何公民，非经人民检察院批准或者决定或者人民法院决定，并由公安机关执行，不受逮捕。

禁止非法拘禁和以其他方法非法剥夺或者限制公民的人身自由，禁止非法搜查公民的身体。

（四）住宅不受侵犯

第三十九条　中华人民共和国公民的住宅不受侵犯。禁止非法搜查或者非法侵入公民的住宅。

（五）劳动的权利和义务

第四十二条　中华人民共和国公民有劳动的权利和义务。

国家通过各种途径，创造劳动就业条件，加强劳动保护，改善劳动条件，并在发展生产的基础上，提高劳动报酬和福利待遇。

劳动是一切有劳动能力的公民的光荣职责。国有企业和城乡集体经济组织的劳动者都应当以国家主人翁的态度对待自己的劳动。国家提倡社会主义劳动竞赛，奖励劳动模范和先进工作者。国家提倡公民从事义务劳动。

国家对就业前的公民进行必要的劳动就业训练。

（六）休息的权利

第四十三条　中华人民共和国劳动者有休息的权利。

国家发展劳动者休息和休养的设施，规定职工的工作时间和休假制度。

（七）受教育的权利和义务

第四十六条　中华人民共和国公民有受教育的权利和义务。

国家培养青年、少年、儿童在品德、智力、体质等方面全面发展。

（八）服兵役的义务

第五十五条　保卫祖国、抵抗侵略是中华人民共和国每一个公民的神圣职责。

依照法律服兵役和参加民兵组织是中华人民共和国公民的光荣义务。

（九）纳税的义务

第五十六条　中华人民共和国公民有依照法律纳税的义务。

二、城镇居民委员会制度

（一）居委会定位：

《居委会组织法》第二条规定：“居民委员会是居民自我管理、自我教育、自我服务的基层群众性自治组织。”

（二）居委会任务：

《居委会组织法》第三条规定：“（一）宣传宪法、法律、法规和国家的政策，维护居民的合法权益，教育居民履行依法应尽的义务，爱护公共财产，开展多种形式的社会主义精神文明建设活动；（二）办理本居住地区居民的公共事务和公益事业；（三）调解民间纠纷；（四）协助维护社会治安；（五）协助人民政府或者它的派出机关做好与居民利益有关的公共卫生、计划生育、优抚救济、青少年教育等项工作；（六）向人民政府或者它的派出机关反映居民的意见、要求和提出建议。”

（三）居委会组成及产生：

《居委会组织法》第七条规定：“居民委员会由主任、副主任和委员共五至九人组成。多民族居住地区，居民委员会中应当有人数较少的民族的成员。

《居委会组织法》第八条规定：“居民委员会主任、副主任和委员，由本居住地区全体有选举权的居民或者由每户派代表选举产生；根据居民意见，也可以由每个居民小组选举代表二至三人选举产生。居民委员会每届任期三年，其成员可以连选连任。”

（四）居民会议：

《居委会组织法》第九条规定："居民会议由十八周岁以上的居民组成。居民会议可以由全体十八周岁以上的居民或者每户派代表参加，也可以由每个居民小组选举代表二至三人参加。居民会议必须有全体十八周岁以上的居民、户的代表或者居民小组选举的代表的过半数出席，才能举行。会议的决定，由出席人的过半数通过。"

《居委会组织法》第十条规定："居民委员会向居民会议负责并报告工作。居民会议由居民委员会召集和主持。有五分之一以上的十八周岁以上的居民、五分之一以上的户或者三分之一以上的居民小组提议，应当召集居民会议。涉及全本居民利益的重要问题，居民委员会必须提请居民会议讨论决定。居民会议有权撤换和补选居民委员会成员。"

三、农村村民委员会制度

（一）村委会定位：

《村委会组织法》第二条规定："村民委员会是村民自我管理、自我教育、自我服务的基层群众性自治组织，实行民主选举、民主决策、民主管理、民主监督。"

（二）村委会组成及产生：

《村委会组织法》第六条规定："村民委员会由主任、副主任和委员共三至七人组成。村民委员会成员中，应当有妇女成员，多民族村民居住的村应当有人数较少的民族的成员。"

《村委会组织法》第十一规定："村民委员会主任、副主任和委员，由村民直接选举产生。任何组织或者个人不得指定、委派或者撤换村民委员会成员。村民委员会每届任期三年，届满应当及时举行换届选举。村民委员会成员可以连选连任。"

《村委会组织法》第十六条规定："本村五分之一以上有选举权的村民或者三分之一以上的村民代表联名，可以提出罢免村民委员会成员的要求，并说明要求罢免的理由。被提出罢免的村民委员会成员有权提出申辩意见。"

（三）村民会议：

《村委会组织法》第二十二条规定："召开村民会议，应当有本村十八周岁以上村民的过半数，或者本村三分之二以上的户的代表参加，村民会议所作决定应当经到会人员的过半数通过。"

《村委会组织法》第二十三条规定："村民会议审议村民委员会的年度工作报告，评议村民委员会成员的工作；有权撤销或者变更村民委员会不适当的决定；有权撤销或者变更村民代表会议不适当的决定。"

（四）民主监督

《村委会组织法》第三十条规定："村民委员会实行村务公开制度……一般事项至少每季度公布一次；集体财务往来较多的，财务收支情况应当每月公布一次；涉及村民利益的重大事项应当随时公布。"

《村委会组织法》第三十六条规定："村民委员会或者村民委员会成员作出的决定侵害村民合法权益的，受侵害的村民可以申请人民法院予以撤销，责任人依法承担法律责任。村民委员会不依照法律、法规的规定履行法定义务的，由乡、民族乡、镇的人民政府责令改正。"

四、农村土地征收制度

（一）法律基础

《土地管理法》第二条规定："国家为了公共利益的需要，可以依法对土地实行征收或者征用并给予补偿。"

《物权法》第四十二条规定："为了公共利益的需要，依照法律规定的权限和程序可以征收集体所有的土地和单位、个人的房屋及其他不动产。"

（二）征收补偿

《土地管理法》第四十七条规定：“征收土地的，按照被征收土地的原用途给予补偿。征收耕地的补偿费用包括土地补偿费、安置补助费以及地上附着物和青苗的补偿费。征收其他土地的土地补偿费和安置补助费标准，由省、自治区、直辖市参照征收耕地的土地补偿费和安置补助费的标准规定。被征收土地上的附着物和青苗的补偿标准，由省、自治区、直辖市规定。”

《土地管理法》第四十九条规定：“被征地的农村集体经济组织应当将征收土地的补偿费用的收支状况向本集体经济组织的成员公布，接受监督。禁止侵占、挪用被征用土地单位的征地补偿费用和其他有关费用。”

《土地管理法实施条例》第二十六条规定：“土地补偿费归农村集体经济组织所有；地上附着物及青苗补偿费归地上附着物及青苗的所有者所有。”

（三）具体权利义务

《湖南省征地程序暂行规定》第五条规定：“征地告知后，集体经济组织和农户在拟征地上抢栽、抢种的青苗（属正常的农业生产活动需要栽种的除外），抢建或突击装修的地上附着物，以及征地告知前违法违章修建的地上附着物等，征地时不予补偿。

《湖南省征地程序暂行规定》第九条规定：“市州、县市人民政府国土资源部门根据经批准的征地方案，会同有关部门拟订征地补偿安置方案，并将征地补偿安置方案在被征地所在地的乡镇、村、村民小组公告3天以上，同时告知被征地的农村集体经济组织和农民对征地补偿标准、安置途径等有申请听证的权利。”

《湖南省征地程序暂行规定》第十一条规定：“征地补偿安置方案经依法批准后，征地补偿安置费应在3个月内全额支付到位。”

五、城镇房屋征收与补偿制度

（一）法律基础

《物权法》第四十二条规定：“为了公共利益的需要，依照法律规定的权限和程序可以征收集体所有的土地和单位、个人的房屋及其他不动产。征收单位、个人的房屋及其他不动产，应当依法给予拆迁补偿，维护被征收人的合法权益。”

（二）征收事由

《国有土地上房屋征收与补偿条例》第八条规定：“有下列情形之一，确需要征收房屋的，由市、县级人民政府作出房屋征收决定：（一）国防和外交的需要；（二）由政府组织实施的能源、交通、水利等基础设施建设的需要；（三）由政府组织实施的科技、教育、文化、卫生、体育、环境和资源保护、防灾减灾、文物保护、社会福利、市政公用等公共事业的需要；（四）由政府组织实施的保障性安居工程建设的需要；（五）由政府依照城乡规划法有关规定组织实施的对危房集中、基础设施落后等地段进行旧城区改建的需要；（六）法律、行政法规规定的其他公共利益的需要。”

（三）征收补偿

《国有土地上房屋征收与补偿条例》第十七条：“作出房屋征收决定的市、县级人民政府对被征收人给予的补偿包括：（一）被征收房屋价值的补偿；（二）因征收房屋造成的搬迁、临时安置的补偿；（三）因征收房屋造成的停产停业损失的补偿。”

《国有土地上房屋征收与补偿条例》第十八条：“征收个人住宅，被征收人符合住房保障条件的，作出房屋征收决定的市、县级人民政府应当优先给予住房保障。”

《国有土地上房屋征收与补偿条例》第十九条：“对被征收房屋价值的补偿，

不得低于房屋征收决定公告之日被征收房屋类似房地产的市场价格。”

《国有土地上房屋征收与补偿条例》第二十七条：“实施房屋征收应当先补偿、后搬迁。任何单位和个人不得采取暴力、威胁或者违反规定中断供水、供热、供气、供电和道路通行等非法方式迫使被征收人搬迁。”

（四）具体权利义务

《国有土地上房屋征收与补偿条例》第十四条：“被征收人对市、县级人民政府作出的房屋征收决定不服的，可以依法申请行政复议，也可以依法提起行政诉讼。”

《国有土地上房屋征收与补偿条例》第二十八条：“被征收人在法定期限内不申请行政复议或者不提起行政诉讼，在补偿决定规定的期限内又不搬迁的，由作出房屋征收决定的市、县级人民政府依法申请人民法院强制执行。”

六、农村宅基地制度

（一）所有权和使用权：

《土地管理法》第八条规定：“农村和城市郊区的土地，除由法律规定属于国家所有的以外，属于农民集体所有；宅基地和自留地、自留山，属于农民集体所有。”

《土地管理法》第九条规定：“ 国有土地和农民集体所有的土地，可以依法确定给单位或者个人使用。使用土地的单位和个人，有保护、管理和合理利用土地的义务。”

（二）湖南省农村宅基地面积：

《土地管理法》第六十二条规定：“农村村民一户只能拥有一处宅基地，其宅基地的面积不得超过省、自治区、直辖市规定的标准。”

《湖南省实施〈中华人民共和国土地管理法〉办法》第三十二条规定：“农村村民一户只能拥有一处宅基地。农村村民建住宅应当符合乡（镇）土地利用总体规划。每一户用地面积使用耕地不超过一百三十平方米，使用荒山荒地不超过二百一十平方米，使用其他土地不超过一百八十平方米。”

（三）宅基地的流转：

《土地管理法》第六十二条规定：“农村村民出卖、出租住房后，再申请宅基地的，不予批准。”

湖南省《关于规范和改进农村宅基地管理的若干意见》规定：“农村村民一户只能拥有一处宅基地。将原有住房出卖、出租或赠与他人后，再申请宅基地的，不得批准。”

（四）宅基地申请条件及收费：

湖南省《关于规范和改进农村宅基地管理的若干意见》规定：“各地应根据本地实际依法制定宅基地申请条件。严禁城镇居民在农村购买宅基地，严禁为城镇居民在农村购买和违法建造的住宅办理土地使用权证。”

湖南省《关于规范和改进农村宅基地管理的若干意见》规定：“除权证工本费以外，禁止各级国土资源部门在宅基地审批过程中收取行政事业性、服务性费用。”

七、民事合同制度

（一）《合同法》的适用范围：

《合同法》第二条规定：“本法所称合同是平等主体的自然人、法人、其他组织之间设立、变更、终止民事权利义务关系的协议。婚姻、收养、监护等有关身份关系的协议，适用其他法律的规定。

（二）合同的订立：

《合同法》第九条规定：“当事人订立合同，应当具有相应的民事权利能力和民事行为能力。当事人依法可以委托代理人订立合同。”

《合同法》第十条规定：“当事人订立合同，有书面形式、口头形式和其他形式。法律、行政法规规定采用书面形式的，应当采用书面形式。当事人约定采用书面形式的，应当采用书面形式。”

（三）合同的内容：

《合同法》第十二条规定：“合同的内容由当事人约定，一般包括以下条款：

（一）当事人的名称或者姓名和住所；

（二）标的；

（三）数量；

（四）质量；

（五）价款或者报酬；

（六）履行期限、地点和方式；

（七）违约责任；

（八）解决争议的方法。

当事人可以参照各类合同的示范文本订立合同。”

（四）可变更、可撤销的合同：

《合同法》第五十四条规定：“下列合同，当事人一方有权请求人民法院或者仲裁机构变更或者撤销：

（一）因重大误解订立的；

（二）在订立合同时显失公平的。

一方以欺诈、胁迫的手段或者乘人之危，使对方在违背真实意思的情况下订立的合同，受损害方有权请求人民法院或者仲裁机构变更或者撤销。”

（五）无效合同：

《合同法》第五十二条规定：“有下列情形之一的，合同无效：

（一）一方以欺诈、胁迫的手段订立合同，损害国家利益；

（二）恶意串通，损害国家、集体或者第三人利益；

（三）以合法形式掩盖非法目的；

（四）损害社会公共利益；

（五）违反法律、行政法规的强制性规定。”

（六）违约金：

《合同法》第一百一十四条规定：“当事人可以约定一方违约时应当根据违约情况向对方支付一定数额的违约金，也可以约定因违约产生的损失赔偿额的计算方法。”

约定的违约金低于造成的损失的，当事人可以请求人民法院或者仲裁机构予以增加；约定的违约金过分高于造成的损失的，当事人可以请求人民法院或者仲裁机构予以适当减少。

当事人就迟延履行约定违约金的，违约方支付违约金后，还应当履行债务。

（七）定金：

《合同法》第一百一十五条规定：“当事人可以依照《中华人民共和国担保法》约定一方向对方给付定金作为债权的担保。债务人履行债务后，定金应当抵作价款或者收回。给付定金的一方不履行约定的债务的，无权要求返还定金；收受定金的一方不履行约定的债务的，应当双倍返还定金。

《合同法》第一百一十六条规定：“当事人既约定违约金，又约定定金的，一方违约时，对方可以选择适用违约金或者定金条款。”

八、婚姻家庭制度

（一）基本主旨：

《婚姻法》第四条规定：“夫妻应当互相忠实，互相尊重；家庭成员间应当敬老爱幼，互相帮助，维护平等、和睦、文明的婚姻家庭关系。”

（二）结婚：

《婚姻法》第五条规定："结婚必须男女双方完全自愿，不许任何一方对他方加以强迫或任何第三者加以干涉。"

《婚姻法》第十七条规定："夫妻在婚姻关系存续期间所得的下列财产，归夫妻共同所有：（一）工资、奖金；（二）生产、经营的收益；（三）知识产权的收益；（四）继承或赠与所得的财产，但本法第十八条第三项规定的除外；（五）其他应当归共同所有的财产。"

《最高人民法院关于适用〈中华人民共和国婚姻法〉若干问题的解释二》第十一条规定："婚姻关系存续期间，下列财产属于婚姻法第十七条规定的'其他应当归共同所有的财产'：（一）一方以个人财产投资取得的收益；（二）男女双方实际取得或者应当取得的住房补贴、住房公积金；（三）男女双方实际取得或者应当取得的养老保险金、破产安置补偿费。"

（三）离婚：

《婚姻法》第三十一条规定："男女双方自愿离婚的，准予离婚。双方必须到婚姻登记机关申请离婚。婚姻登记机关查明双方确实是自愿并对子女和财产问题已有适当处理时，发给离婚证。"

《婚姻法》第三十二条规定："男女一方要求离婚的，可由有关部门进行调解或直接向人民法院提出离婚诉讼。有下列情形之一，调解无效的，应准予离婚：（一）重婚或有配偶者与他人同居的；（二）实施家庭暴力或虐待、遗弃家庭成员的；（三）有赌博、吸毒等恶习屡教不改的；（四）因感情不和分居满二年的；（五）其他导致夫妻感情破裂的情形。一方被宣告失踪，另一方提出离婚诉讼的，应准予离婚。"

《婚姻法》第三十九条规定："离婚时，夫妻的共同财产由双方协议处理；协议不成时，由人民法院根据财产的具体情况，照顾子女和女方权益的原则判决。"

（四）其他：

《最高人民法院关于适用〈中华人民共和国婚姻法〉若干问题的解释二》第十条规定："当事人请求返还按照习俗给付的彩礼的，如果查明属于以下情形，人民法院应当予以支持：（一）双方未办理结婚登记手续的；（二）双方办理结婚登记手续但确未共同生活的；（三）婚前给付并导致给付人生活困难的。适用前款第（二）、（三）项的规定，应当以双方离婚为条件。"

九、继承制度

（一）财产：

《继承法》第三条规定：" 遗产是公民死亡时遗留的个人合法财产包括：（一）公民的收入；（二）公民的房屋、储蓄和生活用品；（三）公民的林木、牲畜和家禽；（四）公民的文物、图书资料；（五）法律允许公民所有的生产资料；（六）公民的著作权、专利权中的财产权利；（七）公民的其他合法财产。"

（二）法定继承：

《继承法》第十条规定："遗产按照下列顺序继承：第一顺序：配偶、子女、父母；第二顺序：兄弟姐妹、祖父母、外祖父母；继承开始后由第一顺序继承人继承，第二顺序继承人不继承；没有第一顺序继承人继承的，由第二顺序继承人继承。本法所说的子女包括婚生子女、非婚生子女、养子女和有扶养关系的继子女；本法所说的父母包括生父母、养父母和有扶养关系的继父母；本法所说的兄弟姐妹包括同父母的兄弟姐妹、同父异母或者同母异父的兄弟姐妹、养兄弟姐妹、有扶养关系的继兄弟姐妹。"

《继承法》第十二条规定："丧偶儿媳对公、婆丧偶女婿对岳父、岳母尽了主要赡养义务的作为第一顺序继承人。"

《继承法》第十三条规定："同一顺序继承人继承遗产的份额一般应当均等；对生活有特殊困难的缺乏劳动能力的继承人分配遗产时应当予以照顾；对被继承